2017年 第1辑

法律與新金融

LAW AND NEW FINANCE

彭冰 主编

法律出版社 LAW PRESS · CHINA

主编简介

彭　冰　北京大学法学院教授，法学博士，北京大学金融法研究中心副主任，主要研究领域包括金融法、证券法和公司法。

卷首语

“小而美”和“大而强”

吴志攀
（北京大学金融法研究中心）

《互联网金融与法律》要改版，彭冰老师嘱我写个卷首语。具体的出版思路以及未来的计划等，完全交给彭冰他们去考虑，我压根儿没想过去操这个心。我也相信，在这样一个互联网的时代、创新创业的时代，年轻人一定会比我们强。王国维在《宋元戏曲考》中曾经有一论断：“凡一代有一代之文学：楚之骚，汉之赋，六代之骈语，唐之诗，宋之词，元之曲，皆所谓一代之文学，而后世莫能继焉者也。”那么，在法学领域，也是一代有一代之学问，潮流不断在变化。我读博士的时候，研究香港地区的银行法，就是新得不得了的题目了，而今则必须要研究互联网金融，必须要有“互联网思维”，否则，大概是跟不上时代了。

借写卷首语的机会，我谈一点点自己最近的感想。这两年互联网金融火爆，为避免被淘汰，我也投入其中，在校友和学生们的帮助下，做了一点调研工作。有那么一段时间，我带着研究生，每周都去现场访问一家互联网企业，其中也有几家做餐饮的企业，但他们均自称不仅仅是做餐饮，其“本质上”是互联网企业。看了这些，我就在想一个问题，金融资本怎样进入传统中餐馆？注意，这个问题和“互联网思维”“互联网经济”有关。

曾经在投行工作多年的台湾地区的钟先生告诉我，外国的金融资本对快餐行业是很感兴趣的，比如美国的那几家连锁快餐，表面上人家卖炸鸡薯条，背后实际上有强大的金融的力量，经营的模式和发展链条很清楚。餐品简单，不讲究口味和食材，可复制、标准化、流水线生产，形成规模效益，质量可控，遍地开花之后，很快就可以做上市。

但是，对于讲究“色香味形”的传统中餐，就不好办了。菜品质量和效益依赖大厨、依赖食材，甚至依赖气候和风水。一家店开成功了，很好，但不太可能大量复制，而且受到地域限制，广州的馆子再火，到了东北，也会水土不服。金融资本不会青睐这样的发展模式，投行的精英当然喜欢吃高水平的中餐，越小众越好，可要是谁说能让一家私房菜馆做到上市，恐怕就是在忽悠了。

如何在“小而美”和“大而强”之间寻找结合点呢？

在调研中我发现，“小而美”的传统中餐馆，要突破各种限制，做成“大而强”的连锁店，既要保持菜品口味，又要规模效益，那就必须想办法克服“人的因素”，也就是要变农业、手工业的生产为工业生产。

类似的成功例子已经有过，有的中式餐饮企业就成功上市了。但也有问题，走高档餐饮路线，遇到政策变化，迅速就现出了原形，日子难过。

因此，能够走流水线、标准化生产路子的中餐馆，一定要大众化。而互联网信息技术为这类餐馆提供了快速扩张的可能。举个例子，“上海小南国”这个公司上市了，它在内地有 90 多家分店，在香港和澳门也开了好几家分店，而且仍在继续扩张。小南国董事长杨慧敏女士告诉我，内地的中餐厅要在香港开一家门店其实很不容易，因为地价高、人工贵，港澳客人口味“刁”，质量控制的难度也大。她的公司很早就采用了香港开发的一款餐厅管理系统，实现了从“食材采购”到“顾客点菜”的电子信息化整合。后来，她的公司又采用系统集成度更高的北京奥琦玮公司开发的互联网管理系统，建立了自己的中央厨房。此后，公司的所有管理行为都建立在互联网平台上。此举不但提高了效率，还进一步降低了从采购员到大厨等所有“人为因素”对菜品质量的影响。

我又去了北京奥琦玮公司，董事长孔令博先生告诉我，采用互联网技术重新打造餐饮业的供应链，最近几年非常流行。现在由奥琦玮公司提供的“餐行健”互联网管理平台，已经被数千家餐饮企业所采用。如果客人在采用“餐行健”系统的中餐厅点菜，相关数据信息同时会传递到该餐饮集团管理总部的终端，高管们可实时监控最新的数据。这样能够监控从采购环节到中央厨房再到店面日常管理的全过程。

此外，中餐的复杂程度高、种类繁多、口味也多，这是很麻烦的事情。而美国快餐店主要就 5 种食品，汉堡、薯条、炸鸡、沙拉和可乐就是大头，没多少口味变化。现在中餐馆，特别是那些立志做大做强的中餐馆，这种趋势也开始显现了。原来我特别喜欢去西贝莜面村，它过去走的是粗犷西北菜路线，现在它把更多的店开到了大商场里，店铺越来越精致，而且菜品越来越少，只保留了那些最叫座、最有代表性的菜。我推断西贝莜面村的经营者就是在动这个脑筋。

我和学生们还访问了位于燕郊的福成五丰食品有限公司，这是一家上市公司，也是北京餐饮业最大的“中央厨房”。总经理王晓阳告诉我，他们不仅为快餐业提供成品或半成品，也为传统中餐厅提供菜品。随着用餐观念的改变，依靠“大厨”的中餐馆，会越来越贵，门店也越来越少，而选择中央厨房加工的中餐馆会越来越便宜，规模也越来越大。我们通过布满电视屏幕的总监控室观看了中央厨房的生产工作情况：依靠电脑程序控制的现代化大型厨房设备，正在将食品源源不断地传送到包装车间，然后速冻，最后装车发运。

我很感慨，传统中餐也许会受到巨大的冲击，情调会越来越少，可工业化的力量太大了，这是人类经济社会发展的必然结果，我们只有面对。

好几位从事风险投资的校友认为，现在风投很喜欢餐饮业，很喜欢跟那些流行的中餐馆老板打交道。不用再说“海底捞”这样的明星企业了，类似的品牌层出不穷，中国这么大，民以食为天，将来有几百家餐饮类上市企业不算什么稀奇事。

是什么造成了这样的变化？当然，原因很多很多。社会在急剧变化，生活节奏在加快，吃饭的模式当然也会变。但实现这种变化的是互联网技术与互联网思维，而加速这种变化的是金融资本的力量。资本的力量太大了。

我也想到马克思早就论述过的一个道理，划分社会阶段的不是看生产什么，而是怎样生产。我们所处的时代，确实是一个全新的时代，生产方式、生产工具在变，将来也一定会带动生产关系的变化。

我就将上述一点粗浅的体会与大家分享，并以此为卷首语，祝愿本书改版成功，祝愿新时代的年轻学者们青出于蓝而胜于蓝！

目录 Contents

第三部分

第一部分

金融新实践

人民币加入SDR:一个法律层面的思考

宋晓燕*

内容提要

人民币加入SDR,是要在人民币资本项目尚未完全自由兑换的前提下,通过IMF对中国在全球经济和金融市场中地位不断上升的认可,推动更多国家选择人民币作为储备货币,从而加快人民币国际化进程。根据SDR货币篮子定值框架实行的两个货币选择标准,我国央行采取了一系列针对性举措,有力提高了人民币的"可自由使用性"。但加入之后中国货币政策独立性、汇率政策框架的透明和稳定,都需要通过完善国内法律和依托国际法来促进金融改革的制度化。

关键词

可自由使用　操作性问题　央行独立性　汇率干预

人民币加入国际货币基金组织(IMF)特别提款权(SDR)[1]货币篮子,历时六年[2],被认为是近年来中国以货币国际化融入全球的最重要事件。国内评论多给予正面回应和高度评价,当然其间也不乏从建设性角度提出问题和建议者。究竟如何看待人民币入篮,其根本恐怕还是要回到国内金融改革和人

* 作者单位:北京大学金融法研究中心。

〔1〕 在IMF官方网站和官方文件中,用SDRs和SDR作为缩写的都有。前者多用于指被分配的特别提款权单位,后者多用于指该制度。本文采后一种缩写方式。

〔2〕 2010年IMF对人民币加入特别提款权货币篮子进行过定值评估,但由于第二个条件不能满足未获通过。2015年再次对人民币入篮进行全面审核并予以通过。

民币国际化的大格局下，来分析人民币入篮对我国的汇率市场、货币政策、资本项目可兑换所带来或将带来的影响。在此基础之上文章将进一步讨论，我们距离人民币国际化所需要的市场和法律还存在多远的距离。

对于该问题，已有的研究成果基本是从对国内金融改革的影响来进行分析阐述的，为进而展开的法律问题研究提供了极大的贡献。文章将在前述研究基础之上首先进一步分析人民币加入 SDR 的法律框架。SDR 定值框架实行两个货币选择标准：一是出口额标准，二是可自由使用性标准。正是第二个标准的认定，最终决定了人民币可以被纳入货币篮子。中国人民银行为了推动人民币加入 SDR，采取了一系列措施来促进汇率和利率市场化，以解决若干操作性问题。然而每五年一次的评估使得我们不得不对这个问题一直保持着警醒：应充分了解可自由使用性标准的含义的具体指标的发展，了解人民币在国际市场中的发展和差距，以促进人民币在国际化进程中逐步拥有越来越高的可自由使用性。文章接下来重点研究了在入篮之后如何保持货币政策独立性、汇率政策框架的透明和稳定及提升人民币国际储备货币的职能，这些均涉及如何通过法律层面的完善来促进金融改革的制度化。文章将从三个方面对此内容展开论述：从央行独立性问题探讨货币政策独立性对币值稳定的影响；从汇率政策框架的透明和稳定的制度化建设进而探讨汇率干预的国际法依据；从国债市场法律问题的完善来提升人民币国际储备货币的功能。

一、人民币加入 SDR 的缘起

（一）SDR 的国际作用

特别提款权是国际货币基金组织于 1969 年创设的一种用于补充成员国官方储备的国际储备资产。

布雷顿森林体系造就了直到 20 世纪 60 年代，由美国一国为全球提供储备货币的情况，这被认为是该体系的根本性缺陷——“特里芬难题”：世界必须在全球货币流动性匮乏与对美元的信心丧失之间做选择。为了让布雷顿森林体系的固定汇率制继续运转，IMF 提出创设一种补充性的国际储备资产，以作为对美元供给的补充。

就性质而言，“SDR 并不是一种货币，也不是对 IMF 的债权，而是对 IMF 成员国的（可自由使用货币的）潜在求偿权”。[1]SDR 不能在国际贸易或其他交易中充当支付手段，仅相当于一种账面资产，也被称作“纸黄金”。其既不像黄金本身具有价值，也不像外汇是以一国的经济实力作为汇率影响的根本因素，而是仅以 IMF 的信用为基础来发行。根据 IMF 的解释，SDR 目前的功能除了作为补充性的国际储备资产，还是 IMF 及其他一些国际组织的记账单位，另外还被用于 IMF 与其成员国的融资安排。[2]

从 SDR 发行分配来看，迄今共进行了三轮。1970 年开始的是第一轮。[3]1970~1972 年三年共分配 93 亿 SDR，使 SDR 在世界非黄金储备资产中的占比达到 9.5%。1978~1981 年为第二轮，[4]共发行 121 亿 SDR。2009 年，IMF 发行了 1826 亿 SDR，这是历史上第三轮，也是规模最大的一次发行。[5]全球各国持有的 SDR 总额至此达到 2041 亿（相当于 2850 亿美元）。每一轮发行都根据成员国的份额进行分配，分配到的 SDR 是一种无成本、无条件的国际储备资产。

从 SDR 币值设定来看，1969 年创设时初始价值被设为 1 单位 SDR 对 1 美元，相当于 0.888671 克黄金。随着固定汇率体系被打破，SDR 定值标准也

---

〔1〕 载国际货币基金组织网：http://www.imf.org/external/np/exr/facts/sdr.htm，最后访问日期：2016 年 7 月 11 日。会员国在发生国际收支逆差时，可用它向基金组织指定的其他会员国换取外汇，以偿付国际收支逆差或偿还基金组织的贷款。

〔2〕 载国际货币基金组织网：http://www.imf.org/external/np/exr/facts/sdr.htm，最后访问日期：2016 年 7 月 11 日。

〔3〕 第一轮发行的原因是由于美国货币政策从紧，导致全球范围内外汇储备流动性匮乏。

〔4〕 1978 年，由于卡特政府实行宽松货币政策，导致美国物价水平迅速上升，美元的全球信用再次受到质疑。包括石油输出国组织成员国在内的石油出口国开始担心美元币值的稳定，沙特阿拉伯开始将部分盈余资金转换为瑞士法郎和德国马克。1978 年 10 月 30 日，美元对主要货币发生了恐慌性暴跌。许多国家对日益增长的美元外汇储备感到警觉，不愿意增持美元资产。此为第二轮发行 SDR 的背景。

〔5〕 2008 年全球金融危机爆发，美元的地位再次受到冲击和质疑。为了缓解全球金融体系的流动性紧张，同时也希望通过将 SDR 分配给以往不曾分得 SDR 的新兴市场国家来更好反映他们的经济地位，IMF 做出了此次发行的决定。巨大的发行规模对缓解金融危机的流动性紧张起到了重要的作用。

随之改变。1974年7月，IMF正式宣布SDR与黄金脱钩，改用16种货币作为定值标准。[1]为了简化SDR定值方法、增强SDR吸引力，1980年9月18日，IMF又宣布将组成“一篮子”的货币简化为5种西方国家货币，即美元、联邦德国马克、日元、法国法郎和英镑。2000年欧元取代德国马克和法国法郎，篮子货币至今便一直由美元、欧元、日元和英镑组成。[2]2016年10月1日起增加人民币作为第五位篮子货币。[3]

（二）加入SDR有助于人民币国际化，但并非必要条件

在不少人看来，纳入SDR对于人民币国际化会有很大的推动。不过，纳入SDR对于一种货币成为全球性储备货币并非必要条件。瑞士法郎不是SDR货币篮子成员，但依然是全球最受肯定的高信誉储备货币之一。2014年末配置到全部SDR货币的资金总计2960亿美元，仅占全球储备资产的2%。与此同时，储备资产必须有充足的流动性，而SDR并没有这个作用，SDR无法发挥储备资产的首要功能，因此并非人民币加入SDR就立刻会引起各国实际增加人民币储备，这种权利并不要求SDR持有方真的按比例计提人民币，在兑换自由货币时也未必非要兑换人民币。所以人民币在SDR的占比并不等于全球外汇储备中人民币占比，成为真正的全球性储备货币还要取决于人民币在交易支付、投资领域被全面接受。

央行之所以积极推进人民币纳入SDR，要放在人民币国际化的大背景下来分析。概言之，就是要在人民币资本项目尚未完全自由兑换的前提下，通过IMF对中国在全球经济和金融市场中地位不断上升的认可，推动更多国家选择人民币作为储备货币，从而加速人民币国际化进程。即使只具有象征意义，

---

〔1〕 这16种货币包括截至1972年的前5年中在世界商品和劳务出口总额中占1%以上的成员国的货币。之后随着世界出口总额的变化IMF也曾经做过调整。

〔2〕 参见“Review of the Method of Valuation of the SDR”，IMF，October 26，2010（即《基金组织执董会结束2010年特别提款权定值审查》）；“Criteria for Broadening the SDR Currency Basket”，September 23，2011（即《基金组织执董会讨论扩大特别提款权货币篮子的标准》）。

〔3〕 参见“Review of the Method of Valuation of the SDR”，IMF，November 13，2015。增加人民币之后五种篮子货币的权重将分别为：美元41.73%、欧元30.93%、人民币10.92%、日元8.33%、英镑8.09%。

对中国政府而言也是极其重要的，加入即相当于对全球市场做出了表态：未来人民币等相关市场化改革仍将持续，因为 SDR 要求相关的篮子货币遵循市场原则，否则可能会由于影响 SDR 的稳定性而被淘汰出货币篮子。此举有助于提高各国央行持有人民币作为国际储备货币的积极性，通过 IMF 为人民币信用背书来增强人民币在国际贸易、投资结算等方面的国际市场地位，降低中国企业在国际市场上融资成本，促进中国居民全球资产配置效率。当然，这些良好愿望如何得以实现，下文还会进一步分析。

二、人民币加入 SDR 的法律框架

IMF 对 SDR 货币篮子每 5 年进行例行审议[1]，这原本是一个惯例，但央行抓住了这个重要的战略机会。随着中国经济金融实力加速发展，中国政府认为人民币加入 SDR 是推进人民币国际化和提升中国经济金融地位的重要机遇，因此正式向 IMF 提出申请。执行董事会于 2010 年进行了 SDR 定值审查，审查结论是：SDR 篮子将继续由四种货币（英镑、欧元、日元、美元）组成。中国当时达到了出口标准，但人民币由于被判定为不能自由使用，即没有达到选择货币的第二个标准，故未能进入 SDR 篮子。IMF 于 2011 年重新探讨了货币选择标准。虽然有一些执行董事愿意考虑不同的货币选择标准，但大多数还是认为不应降低进入 SDR 篮子的门槛，应继续维持现行标准。[2]经历了 5 年的改革发展，2015 年我国再次要求 IMF 对人民币能否进入 SDR 启动全面审核，并最终通过了投票表决。

（一）SDR 货币选择标准的发展

SDR 定值框架实行两个货币选择标准：(1)这些货币是基金组织成员（或包括基金组织成员的货币联盟）发行的货币，在比定值决定生效日期提前 12 个月截止的 5 年期间内，这些成员的货物和服务出口值是最大的；(2)这些货币须经基金组织确定，是符合第 30 条(f)款的可自由使用货币（Free Usable

---

〔1〕 特别提款权货币篮子五年期审查的依据 2000 年 10 月 11 日通过的第 12281-(00/98) G/S 号决定（以下简称 2000 年决定）。

〔2〕 See “Criteria for Broadening the SDR Currency Basket”, September 23, 2011.

Criteria，FU）。

因此，第一个标准就是在过去5年内货物和服务出口额。这个有关规模的标准是为了反映国家在全球贸易中的相对重要性，确保其有足够的能力提供储备资产，并以此来限制篮子中的货币数目。根据“2000年决定”，如果要用某种货币取代篮子中的另一货币，必要条件之一是，某个其货币没有被纳入SDR篮子的成员或货币联盟的出口价值在有关期间内超过某个其货币被纳入篮子的成员或货币联盟，而且超过幅度至少为1%。

可自由使用性标准是为了保证，纳入SDR篮子的是最可代表世界贸易和金融体系中的使用情况的货币。这个标准于2000年被增列为选择货币的第二条标准，以考虑到衡量金融市场广度和深度的各种指标。

“可自由使用货币”一词的定义是《基金组织协定》规定的。其第30条（f）款把可自由使用货币定义为“经基金组织确定，（1）事实上在国际交易的支付中广泛使用和（2）在各主要外汇市场广泛交易的货币”。一种货币必须同时具备这个定义中的两个要素，即“广泛使用”和“广泛交易”，才能被确定为可自由使用。“广泛使用”要素的目的是保证有关货币可以直接用于满足某个基金组织成员的国际收支需要，而“广泛交易”要素则是为了保证该货币可以间接使用，即可以在市场上兑换成另一种货币，用以满足某个成员的国际收支需要，同时可以合理地保证，这样做不会产生重大的不利汇率影响。可自由使用货币不一定必须在所有外汇市场广泛交易，但必须在一个以上的主要外汇市场中交易。[1]

执行董事会一直依靠量化指标来评估某种货币是否可以自由使用。在评估“广泛使用”程度时，重要因素包括货币在所持官方储备、国际银行负债和国际债务证券当中所占份额，而在评估“广泛交易”程度时，重要因素则包括在外汇市场上的交易量（即交投总额）。在2015年定值评估中，IMF又将货币在官方所持外币资产、国际债务证券发行量以及跨境支付和贸易融资中所占份额作为主要的补充指标，以反映动态的增长状况。这些指标对于人民币入

---

〔1〕 See “Review of the Method of Valuation of the SDR”, IMF, November 13, 2015.

篮起到了较好的推动作用。

（二）中国人民银行的针对性措施

根据前述两个标准，央行采取了多种措施促使人民币满足第二个标准，同时针对货币入篮的操作性问题即如何帮助 SDR 使用方开展人民币业务也采取了很多方法。

1. 关于人民币满足可自由使用货币的量化成果

从“使用广泛性指标”来讲，用各种使用广泛性指标衡量，SDR 货币篮子中现有的四种货币仍然在国际交易中占有很大比例，与 2010 年审查时一样，美元仍然远远领先于其他币种。人民币的国际使用程度尽管起点较低，但 2010 年 SDR 定值审查以来不断上升，主要表现为：第一，官方外汇持有者已开始积累一些人民币资产，2014 年持有的人民币资产相当于 510 亿 SDR，超过前一年的 290 亿 SDR，占官方外币资产总额的 1.1%。[1]第二，用人民币计值的国际银行负债达到很大数额。国际清算银行的国际银行负债数据仅将当前的四种可自由使用货币和瑞士法郎分开列报。这些货币在国际银行负债总额中占绝大多数。[2]用人民币计值的国际银行负债截止到 2015 年第二季度大约为 4790 亿美元，占总额的 1.8%。[3]第三，用人民币计值的国际债务证券的数额尽管起点很低，但正在增加。各 SDR 货币仍占证券的未清偿存量和新发行量的 90% 以上。2015 年用人民币计值的国际债务证券的未清偿余额和发行额从 2010 年的都几乎为 0 分别上升至总额的 0.4% 和 1%，各位于第 9 位

---

〔1〕 IMF, currency composition of official foreign exchange reserves survey. 基金组织的官方外汇储备货币构成（COFER）调查中分开指明的七种货币包括四种储备货币，以及加拿大元、澳大利亚元和瑞士法郎。其他国家货币都被放入“其他”之列。2014 年这七种货币的相应比例分别为：美元 63.8%、欧元 20.5%、英镑 4.7%、日元 3.8%、加元 1.9%、澳元 1.9%、瑞士法郎 0.3%。

〔2〕 国际银行负债可以作为替代参数，显示银行及其客户使用国际货币的情况，但它仅反映未清偿的存量，因此可能反应迟钝，在货币的使用量迅速增加的情况下可能引发问题。

〔3〕 See BIS Locational Banking Statistics. 单独列报货币的该比例分别为：美元 52.8%、欧元 28.5%、英镑 5.8%、日元 2.6%、瑞士法郎 1.8%。如将香港特别行政区、澳门特别行政区和中国台湾省视为单独实体，用人民币计值的国际银行负债的上限大约为 11，390 亿美元。

和第6位。[1]第四，人民币在跨境支付和贸易融资中的使用量正迅速增加。环球银行金融电信协会（SWIFT）数据虽然覆盖不全面，但作为替代参数，很接近地显示了在跨境交易中把货币用于支付的情况。根据2014年第三季度至2015年第二季度的SWIFT数据，各SDR货币占跨境支付的86%，人民币所占份额从2010年的0.1%增至1.1%，[2]在贸易融资信用证的所占份额则达到3.4%。[3]

从“交易广泛性指标”来看，人民币在全球外汇交投总额中所占比重已经从2010年审查时的低起点迅速上升，人民币在各主要人民币交易中心的即期市场交易额按总净额计算，大约为800亿美元，其中500亿美元是离岸交易。以确认外汇交易的银行间电文为依据的SWIFT数据显示，从2013年第一季度至2015年第二季度，人民币总交易额增加了110%。不过按地区分列的外汇市场活动信息显示，人民币交易在亚洲最为普遍，在欧洲所占比重很小但正在上升，在北美的交易仍然很少。[4]

2. 关于人民币成为SDR篮子货币的操作性问题

在确定一种货币是可自由使用货币并将其纳入特别提款权篮子时，会引起一些重要的操作性问题。这些问题包括：（1）必须保证基金组织成员及其代理人和其他SDR使用方（下文统称为SDR使用方）可以不受妨碍地使用人民币利率和汇率工具进行投资和对冲；（2）必须确定可以用于SDR定值和基金组织业务的由市场决定的汇率；（3）必须确定一个适当的人民币金融工具，将其纳入SDR利率篮子。央行采取的改革措施包括改善SDR使用方的市场准入、更多地由市场决定在岸利率和提高数据透明度等（汇率改革在下文专门

---

〔1〕 BIS Quarterly Review, Q2, 2015.

〔2〕 See “Review of the Method of Valuation of the SDR”, IMF, November 13, 2015. 在人民币之前的其他货币比例分别为：美元42.7%、欧元35.4%、英镑4.1%、日元3.4%、瑞士法郎2.5%、加元2.3%、澳元1.8%。

〔3〕 美元比重最大，为86%，欧元7.2%排列第二，人民币则为第三。

〔4〕 BIS, Triennial Central Bank Survey.

阐述)[1]。

首先，SDR 使用方需要得到在岸外汇市场和人民币金融工具的充分准入，以便进行储备管理，包括能够对冲风险。2015 年 7 月，央行放开了在岸固定收益市场对官方机构储备经理的准入，不再对外国中国人民银行、国际金融机构、主权财富基金和它们的代理人实行固定收益市场投资配额，它们还可以不受限制地使用固定收益衍生工具，并能够选择自己的结算代理人。此外，现在还可以通过电子手段进行交易和确认，有关账户、托管、交易和结算服务的程序也已经简化和标准化。9 月下旬，对同一批机构给予了在岸外汇市场的同样准入。这些投资者可以根据已知汇率，直接与在岸商业交易对手谈判和进行即期外汇交易与衍生金融工具外汇交易。这些机构还获得允许对冲所有期限的外汇风险，没有任何关于持有某种人民币标的资产或显示需要使用有关金融工具的规定。这些措施与 7 月的固定收益市场改革一样，一旦得到实际执行，应使 SDR 使用方能够不受妨碍地进行与基金组织有关的交易或其他储备管理操作。[2]

其次，央行进一步采取措施，由市场来决定在岸利率。在以前所采取措施的基础上，央行于 2015 年 10 月 23 日宣布存款利率充分自由化(贷款利率已经充分自由化)。6 月，各大银行获准在遵守年度目标余额配额的情况下，“按市场利率”向家庭和非金融公司发行可转让定期存单，期限从 1 个月到 5 年不等，既可采用固定利率，也可采用浮动利率；8 月，取消了一年以上定期存款的利率上限。而在以前(2013 年以来)只能向金融机构发行可转让定期存单。此外，财政部于 9 月宣布，开始根据公布的日程安排每星期拍卖三个月债券，第一次拍卖于 10 月初进行。SDR 利率是在其构成货币三个月期国债利率的

---

〔1〕 其他的主要措施还包括：811 汇率形成机制改革后，通过干预，使人民币离岸与在岸价逐渐靠拢；央行自己开发的人民币跨境支付系统(CIPS)已运行，助推人民币跨境使用便捷；央行与多个国家政府签订双边本币互换协议并提高互换规模，同时与多国央行签署建立人民币清算安排的合作备忘录；等等。

〔2〕 2015 年 9 月 22 日，中国人民银行批准汇丰和中银香港在中国银行间债券市场发行 10 亿和 100 亿元人民币金融债券，这是国际性商业银行首次获准在银行间债券市场发行人民币债券。此举意在满足 IMF 关于 SDR“可自由使用”标准。

基础上形成的。有效的三个月期国债市场是一货币加入 SDR 篮子的技术前提之一。

再次，央行在数据透明度方面取得了显著进展。SDR 货币的发行者通常要达到很高的数据透明度标准，尽管这并不是将货币纳入 SDR 篮子的正式标准。央行为此采取了若干步骤，包括：(1)宣布接受基金组织的数据公布特殊标准；(2)首次公开发表每季度实际 GDP 水平；(3)加入 IMF 官方外汇储备货币构成(COFER)调查，首次报告中国储备中一个有代表性部分的货币组成，并保证逐渐增加报告的部分所占比重；(4)首次向国际清算银行上报国际银行负债数据，并确认将争取在 2015 年 12 月底之前加入国际清算银行的按地点编制的国际银行统计计划和基金组织协调的证券投资调查。

三、加入 SDR 之后亟待解决的重要法律问题

央行通过在市场准入、利率市场化、汇率市场化和加强透明度等方面进行的高质量、高密度改革，使人民币达到了入篮的标准。但加入 SDR 并非一劳永逸。IMF 每 5 年做一次评审，一种货币符合条件时可以加入 SDR，不符合条件时也会退出 SDR。IMF 亦强调，既然 IMF 的 189 个成员国愿意接受人民币作为 SDR 的一部分，那么中国在过去一年中对货币政策、利率、汇率的一系列改革必须要制度化，要经得起运营和操作的测试。展望加入之后的中国金融改革，必然绕不开人民币利率、汇率市场化改革如何制度化以及如何提升储备货币功能的重要法律问题。

(一)货币政策独立性改革与央行独立性法律问题

2015 年 8 月 11 日的“新汇改”是人民币加入 SDR、进行市场化改革必要且重要的一步。过去，人民币汇率弹性增强主要体现在日波幅限制不断扩大，2014 年 3 月 15 日扩大至 2%，已基本可满足汇率日内波动需要。中间价的改革则一直滞后，由于做市商报价和权重等信息不公开，人民币中间价形成实质上是不透明的，央行保有较大的操作空间。人民币要加入 SDR，就操作性而言必须有一个市场化的、被双方接受的人民币汇率用以计算 SDR 的汇率。IMF 显然不能接受不透明的中间价，而以离岸市场上的人民币汇率为标准更不能为央行所接受。为了消除人民币加入 SDR 的技术障碍，中间价市场化是

必经之路。

当汇率中间价改革真正启动，意味着有管理的浮动汇率制朝向市场化迈出了实质一步。随着资本项目进一步开放，资本管制的逐步放开，央行追求货币政策独立性的意图已非常清晰。根据蒙代尔－克鲁格曼三元悖论，资本自由流动、货币政策独立和固定汇率制度三者不能同时存在，追求前两个制度目标则必须放弃第三。中国多年的实践也证实了这一点，固定汇率制下为了维持汇率稳定央行不得不被动实施货币政策。那么现在问题来了，央行独立性问题对货币政策的制定、实施进而对货币稳定的影响，通过人民币加入 SDR 又重新摆在我们面前。

央行独立性问题是指央行履行自身职责时法律赋予或实际拥有的权力、决策与行动的自主程度，主要是指央行与政府的关系。SDR 篮子中的其他四种货币，其本国央行都具有法律赋予的极高的独立性地位。这种法律地位可以用立法明确规定，可以用问责机关为立法而非行政部门来保障，也可以通过将稳定币值作为央行首要或唯一法定目标来实现。央行独立性之所以重要，在于其是货币稳定性的前提。一国政府追求的宏观经济目标，一般包括经济增长、充分就业、币值稳定和国际收支平衡这四项，其中唯有币值稳定和另外三项存在内在冲突，因为它们的实现必须依赖流动性的增加。如果没有约束，政府短期行为导向会使其选择牺牲币值稳定。这就是为什么几个储备货币国家都会用法律赋予央行独立性地位的原因。

《中国人民银行法》第 7 条规定，“中国人民银行在国务院领导下依法独立执行货币政策，履行职责，开展业务，不受地方政府、各级政府部门、社会团体和个人的干涉”。“在国务院领导下”这几个字明示了中国央行从本质上缺乏独立决策权。客观而言，央行一直在努力提升自己的地位，2014 年央行定向降准的举措，排除了财政部、发改委等有关降息的压力，可以理解为货币政策制定部门第一次完整性地对经济局势宏观判断的展示。但是，独立性地位的法律缺失却使央行的货币政策一再被绑架。危机之后，中央决定实施财政四万亿刺激计划，货币政策也随之不断宽松，央行多次下调存款准备金率。而针对农业、小微企业释放的 1000 亿元再贷款，以及对保障房领域投入的 3000

亿元等甚至被认为已经偏离了货币政策的轨道，成为财政政策的替身。

SDR货币篮子要求的是币值稳定，不能给储备货币持有国带来过大的风险和成本。我国央行独立性的问题将直接影响货币政策的目标、实施和效果。

（二）汇率政策框架的制度化建设与汇率干预的国际法依据

1. 保持汇率政策框架透明、稳定的制度化建设

汇率中间价的改革是人民币加入SDR的重要市场化举措，获得了IMF的赞同。但是IMF也认为，如果在岸与离岸人民币的汇率出现大幅度差异，会给特别提款权使用方的操作带来更大困难。[1]IMF非常关注中国将如何长期保持汇率政策框架的透明与稳定。

在“811新汇改”之前，离岸人民币（CNH）和在岸人民币（CNY）汇率一直在逐渐趋同。然而，在央行于8月11日宣布用新方法确定人民币汇率中间价之后，由于股票市场也同时发生大幅度动荡，市场对经济增长非常担心，离岸与在岸汇率之间的差异急剧扩大。[2]这样的利差凸增给人民币使用方带来了不确定性，如果持续下去可能导致人民币交易的复杂性和相关成本的升高。在岸和离岸市场的无障碍准入应使成员国在最有利的条件下进行市场交易，从而降低他们的金融风险，但必须同时在两个单独的人民币市场进行金融操作，这可能意味着会产生一些额外的行政负担，对冲难度更大，成本更高。

央行采取了一系列的汇率干预措施：一是动用外汇储备干预，即通过即期市场抛售外汇的直接干预，以及通过远期协议与掉期协议的间接干预，取得了显著的效果。但从中长期来看，消耗外汇储备来维持汇率并不是有效且持续的做法。外汇储备的规模毕竟有限，外汇资产的持续流失会造成国内市场的

〔1〕 基金组织借款人如果是按大大高于现行离岸汇率的在岸汇率收到人民币，与获得其他篮子货币的成员相比，可能会处于不利的地位。汇率差的大幅度波动还会使特别提款权使用方更加难以充分对冲其特别提款权风险暴露。

〔2〕 大幅度汇率差持续了大约六个星期（平均为大约0.9%），随后短暂地缩小，恢复到早先的水平，然后再度出现幅度较大的波动。

流动性紧缩，引发短端利率上行，这与央行放松货币政策，应对经济下行的目标相悖。二是通过资本项目进行干预。首先进一步推动资本项目开放，央行通过调整房地产外资准入政策扩大人民币购售业务范围、升级跨国公司外汇集中运营政策、取消企业发行外债的额度审批、降低参与跨境双向人民币资金池业务企业的门槛等方式推动跨境人民币资本项目双向流动。短期来看，这些政策对于稳定即期汇率作用不大；但长期来看，资本项目的进一步开放为更加市场化的汇率奠定了基础。其次是加强对资本流出的监控，增强真实性审核，抑制非正常途径外汇流失。最后就是干预离岸市场，增加套利与做空成本。央行通过收窄 CNH 和 CNY 汇差，缩小套利空间；通过限制境内人民币向境外流通，使 CNH 拆借市场供不应求，离岸拆借利率大幅飙升，增加做空人民币的成本。采用政策包括暂停向离岸参加行提供跨境融资、离岸人民币清算行的境内债券回购交易停止、合格境内机构投资者（QDII）停止新增、暂停个别外资行跨境业务及其参加行的境内外汇业务、对境外同业存款征收存款准备金等。用行政手段来稳定汇率、管制资本流动、打击境外离岸市场，似乎又背离了新汇改的市场化方向。已经有一些特别提款权使用方指出，中国央行针对一系列外汇衍生工具出台的一年无息准备金规定减少了在岸衍生工具市场的流动性，影响在岸市场的对冲。[1]

人民币所完成的有管理的浮动汇率制度，改革了管理框架，获得了 IMF 的认同。IMF 认为中国在保持这样的汇率政策不变的基础上，保持政策框架不变、维持框架的透明和稳定是特别提款权审批所要继续坚持的。上述的汇率干预措施，既有对汇率稳定、保持政策框架的努力，也有一些难以长期施行的、并不稳定的暂时性举措。透明、稳定才可以让储备货币持有者对该货币币值具有长期和稳定的预期。如何保持汇率政策框架的透明、稳定，仍需进一步探索。

---

〔1〕 2015 年 8 月下旬，央行要求各银行将其远期外汇出售的 20% 存入在央行开立的无息账户，一年不取。这项措施会导致短期交易的成本高于长期交易。自从其出台以来，远期市场的流动性大幅度下降。

2. 防范人民币汇率干预的国际法风险

前述我们看到了中国央行在面对汇率剧烈波动时的干预，其实国际货币基金组织也并未排除政府进行汇率干预的可能。前四种篮子货币均实行浮动汇率制，偶尔也进行干预。[1]因为即使是这些货币，在一段时期内出现不确定性和偏离经济基本面的情况也不罕见。[2]20世纪80年代的《卢浮宫协定》和《广场协定》是以市场干预消除被视为重大汇率失调的重要例子。这一时期的波动和政策干预没有对有关货币作为储备资产的使用情况产生长期影响。可见，汇率干预在IMF的框架下是完全允许的。但是，在对人民币汇率干预时应特别注意可能存在的国际法风险，即中国政府是否非法操纵了人民币汇率问题。

在中国政府是否操纵了人民币汇率问题上，国内学者存在两种截然相反的观点。

一种观点认为，人民币汇率是市场决定的，不存在政府操纵。如有学者指出，“2005年7月21日，我国进一步改革人民币汇率形成机制……决定人民币汇率的基础是市场供求关系，人民币汇率反映了市场力量，中国政府不是人民币汇率的决定者或提供者”。[3]另有学者持同一观点，但理由有所不同，其认为：(1)中国人民银行作为银行间外汇市场的会员之一，有权利选择买入或者卖出本币和外币；(2)中国人民银行通过银行间外汇市场这一外汇自由交易平台买卖货币，是以市场而非行政的方法影响汇率，在方法上无可指摘；(3)中国人民银行通过正常市场操作影响汇率，必然不存在人为压低汇率的情况，最

〔1〕 本次全球金融危机以来，日元是唯一发生重大官方外汇干预的特别提款权货币。2010年9月至2011年11月，日本当局进行了四次干预，以阻止日元升值，并在2011年东北地方地震之后加强干预。每次干预最多持续几天。这些干预没有对日元的波动性产生重大持续影响。

〔2〕 英镑于1992年脱离欧洲汇率机制，在一段时期内出现高度波动，英镑汇率达到新的水平。

〔3〕 韩龙：《人民币汇率补贴论：基于WTO补贴构成条件的审视》，载《中外法学》2009年第3期。

终所体现的汇率价格也是正常的。[1]

另一种观点认为，中国政府（具体通过中国人民银行）干预了人民币汇率的形成。有学者对中国人民银行对外汇市场的干预做了实证检验，得出了以下基本结论：2005 年 7 月汇率改革之前，我国采用变相的固定汇率制，中国人民银行每日公布人民币的汇率价格，并且不允许汇率过度波动。这一时期人民币汇率很大程度上是中国人民银行“自主定价”的结果。2005 年 8 月后，迫于国外舆论压力，中国人民银行对外汇市场的政策性干预逐渐减弱，取而代之的是中国人民银行积极参与到人民币外汇的买卖中，通过影响市场上买卖双方的力量来间接决定人民币汇率的价格。中国人民银行此时实际上担当了市场上出清者的作用，被动的提供流动性和吸收流动性。[2]也有其他学者持有类似观点，“当前人民币汇率形成机制的最大特点是……官方干预色彩太浓，甚至是官方主导了人民币汇率定价。长期以来，货币当局通过买入或卖出外汇以及通过中间价管理等方式，确定人民币汇率价格”。[3]

中国人民银行的干预对人民币汇率的形成有着重要影响。但一国政府对于汇率进行管理和某种形式的干预是广泛存在的，中国政府对于人民币汇率的干预是否构成《国际货币基金协定》中规定的汇率操纵，还要看其是否符合《国际货币基金协定》及相关法律文件的规定。在牙买加体系下，基金组织承认各成员国有选择汇率安排的自由，但《国际货币基金协定》第 4 条第 1 款规定成员国有义务建立相互间有秩序的外汇关系，该款第 3 项要求各成员国应避免为阻止国际收支的有效调整或获得对其他会员国不公平的竞争优势而操纵汇率，但该规定原则性比较强。2007 年 6 月 15 日 IMF 执行董事会通过了《对成员国政策双边监督的决定》（下称《2007 年新决定》），废止了《1977 年汇率政策监督的决定》。《2007 年新决定》附件对有关汇率操

〔1〕 参见李永博、苑文博：《WTO 反补贴协定框架下人民币汇率问题探讨——以补贴构成要件为视角》，载《保定学院学报》2012 年第 4 期。

〔2〕 参见王雅杰等：《外汇指令流，中央银行干预与人民币汇率的形成》，载《经济研究导刊》2014 年第 14 期。

〔3〕 张斌：《加快实现既定的人民币汇率形成机制改革目标》，载《新金融评论》2014 年第 3 期。

纵的问题做了进一步澄清。[1]从语言表述来看,《2007 年新决定》并不是在界定“操纵汇率”,而是在界定在什么情况下成员国“违反了 IMF 协定第 4 条第 1 款(iii)项的义务”。只有同时具有操纵行为(客观要件)及特定目的(主观要件),才构成违反义务的行为;若只有操纵行为而不满足目的要求,则并不违反义务。由此看来,“操纵汇率”是一种中性的表述,不能当然视为违反义务的行为。只有在操纵汇率的成员国进一步具有“为阻止有效的国际收支调整或取得对其他成员国不公平的竞争优势”目的时,才构成“非法操纵汇率”。[2]

IMF 指出,“2015 年 8 月 11 日,中国人民银行宣布采用一个新的机制来确定每日参考汇率。新机制要求做市商的报价反映前一天的在岸人民币汇率收盘价、市场供求情况以及其他主要货币的走势。然而,计算每日参考汇率的机制本身没有被公布。此外,人行在市场接近收盘时为指导在岸汇率而进行干预的程度将对参考汇率和市场汇率都产生影响”。[3]这段报告中的文字事实上提示了人民币汇率干预时应注意透明,尽量减少其他国家对央行操作空间的可能想象,以确保相应的干预具有充分的国际法依据。

(三)提升国际储备货币职能与国债市场法律问题的突破

一国货币充分履行国际储备货币的职能,必须要以有良好深度的国债或其他流动性较强的债券市场为基础,因为储备资产的管理和投资,不一定追求极高的收益,但必须是安全性和流动性兼顾,在各类债券产品中,国债最符合这个要求。在实践中,各国持有的美元储备最多,当然会选择投资于美国国债

〔1〕《2007 年新决定》中该部分原文为:1.《基金协定》第 4 条第 1 款(iii)项规定,“成员国应避免为阻止有效的国际收支调整或取得对其他成员国不公平的竞争优势而操纵汇率或国际货币体系”。该条款的措辞在本《决定》第二部分的原则 A 做了重复。下文旨在就此项规定的含义提供进一步指导。2. 只有基金组织认定:(a)一个成员国在操纵其汇率或国际货币体系,并且(b)这种操纵是出于第 4 条第 1 款(iii)项具体规定的两种目的之一时,该成员国才违反了第 4 条第 1 款(iii)项的规定。

〔2〕以上内容采自上海财经大学法学院张军旗教授的学术观点。

〔3〕“Review of the Method of Valuation of the SDR”, IMF, November 13, 2015.

市场，而全球外汇储备的增长也确实一直伴随着美国国债余额的扩张。[1]为推进人民币成为国际储备货币，中国一直推动着债券市场的开放。目前已有300多家境外机构获准进入银行间债券市场，[2]其中境外央行、国际金融组织、主权财富基金这三类机构通过备案即可运用人民币投资中国银行间债券市场；投资范围也得到大幅拓展，从仅限于债券现券交易拓展至债券回购、债券借贷，以及债券远期、利率互换、远期利率协议等衍生产品；取消了投资额度限制，参与的境外机构可自主决定投资规模。除了这些提升人民币债券在岸市场储备功能的措施，中国人民银行也同时加大了离岸市场的力度[3]。

但是，债券市场的规模和深度仍存在较大问题。根据中国人民银行发布的《2016年6月份金融市场运行情况》，截至6月末，债券市场总托管余额为57.0万亿元（在2000年时仅为26，518.5亿元），尽管总体规模上已有了很大的发展，但储备货币所要求的高安全性、高流动性的国债托管余额仅为10.7万亿元。就数据而言，中国债券市场仍然缺乏应有的深度和规模，尚难以满足大规模的国际储备管理者债券配置需求。因此，要让人民币在将来发挥国际储备货币的职能，就要进一步发展中国的债券市场，尤其是政府债券市场，逐步扩大中国政府债券的发行规模，丰富政府债券的期限结构。在这个过程中，国债市场存在已久的法律问题显得越发突出，对债券市场发展的限制作用也日益明显，这些问题的系统性解决便显得尤为迫切。

第一，重点解决监管主体和程序的协调与透明问题。长期存在的多头监

---

〔1〕 美国财政部统计，2007~2014年，国外持有的美国有价证券的量大幅上升，到2014年6月，国外持有的美国长期证券总量达到了约15.54万亿美元，较2007年的9.136万亿美元增长了6万多亿美元；其中，长期国债持有量达到了53，820亿美元，较2007年的19，650亿美元大幅增加34，170亿美元。进一步看，国外部门持有的美国长期国债量占美国长期国债余额的比重，一直高于50%。

〔2〕 载中国债券信息网：http://www.chinabond.com.cn/d2s/index.html，最后访问日期：2018年3月28日。

〔3〕 离岸市场中，仅在伦敦交易所挂牌的人民币债券约有34只，规模约为233亿元人民币。据彭博数据显示，目前离岸人民币债券市场整体规模已达约5500亿元人民币。2015年10月，中国人民银行在伦敦发行50亿元的人民币债券，就是中国在推进人民币从贸易的计价、结算货币，向金融资产的定值和储备迈进的既定步骤。

管人为分割了中国国债市场，造成了很多复杂的后果。监管和管辖的繁复和不确定性不只是国际储备管理者面临的一个阻碍，实际上已成为一项非关税贸易壁垒。监管的高度协调性、透明度和稳定性，对于完善的国债市场至关重要。监管机构应改善协调性和透明度，减少不确定性，增强市场信心。

国债市场包括三个部分：银行间国债市场、沪深证券交易所国债市场和凭证式国债买卖市场（银行柜台）。三大市场被人为地进行严格区分，彼此互不相通。就监管主体而言，中国人民银行负责监管银行间债券市场，交易所债券市场由证监会来监管，而银行柜台上的国债买卖至今仍缺乏明确的监管部门。不同监管者之间的监管，很难做到信息共享和监管行为的协调一致，目前互联互通的机制仍不够畅通。各监管部门制定的相关规章和规范性文件主要是针对其所辖市场，导致国债立法缺乏统一性和协调性，往往同一问题会涉及多部法律规定，而在不同市场上又面临着法律适用冲突，甚至无法可依的情况。[1]这种监管模式直接给市场带来了负面影响。交易量大的两个市场，银行间国债市场和沪深证券交易所债券市场由于监管主体不同，至今联系仍然不够紧密，以至于二级市场流动性问题仍未得到很好的解决。尽管中国国债市场的存量规模已经名列世界前茅，但二级市场的换手率水平相对境外市场还有较大差距，市场流动性相对不足。有学者的研究发现，交易所债券市场的流动性要大于银行间债券市场。就交易所债券市场而言，用换手率与交易量测度的债券市场流动性基本能够反映现实市场的运行情况。尽管流动性高于银行间债券市场，但很不稳定，反映了交易所市场债券交易方式的单一，市场均衡机制极其脆弱。两个市场在流动性方面相比较的结果表明，市场分割影响到整个市场的流动性的改善。[2]

第二，完善金融期货法律，促进国债交易机制进一步多元化。当现货市场具备充分流动性后，中国应进一步发展债券期货市场。美国推出国债期货是在20世纪70年代。布雷顿森林体系解体、石油危机、越南战争等一系列事

---

〔1〕 参见周剑超：《我国〈国债法〉立法刍议》，载《法制与社会》2010年第5期。

〔2〕 参见巴曙松、姚飞：《中国债券市场流动性水平测度》，载《统计研究》2013年第12期。

件，使美国政府不得不实行赤字政策，大规模增发国债，美国金融机构持有国债规模显著增加。金融市场的剧烈动荡使利率水平产生巨大波动，在此条件下，市场对利率的避险需求产生了国债期货交易。在人民币加入SDR的进程中，中国人民银行已于2015年10月23日宣布利率充分自由化。在利率市场化的环境下，债券期货可以增强相关现货市场的流动性，因为市场参与者可以更有效地管理债券库存风险。2013年9月6日中国5年期国债期货在中国金融期货交易所正式挂牌交易。市场运行非常稳健，功能开始初步显现。

然而，市场培育和发展需要一个长期的过程。随着各类金融期货实践的发展，我国期货市场日益需要制定一部能深入推动市场创新和有效规范市场主体关系（如财产关系、交易关系）的《期货法》[1]。2013年12月10日，全国人大财经委员会在人民大会堂召开期货法起草组成立暨第一次全体会议，正式启动期货法立法工作。我国虽已制定了《期货交易管理条例》等期货市场相关的行政法规、部门规章等，但囿于法律层级，对期货交易的基本民事法律关系、民事法律责任等缺乏规定，对许多基本的期货市场问题缺乏明确的界定，制约了期货市场功能的充分发挥。从对金融期货的立法考量来看，如何合理界定金融期货的定义、如何鼓励期货交易所和证券交易所对产品的竞争、如何保护金融期货投资者、如何平衡金融期货交易规则的特殊性和监管规则的特殊性等，都是需要在金融期货立法中予以考虑的问题。

结语

人民币加入SDR，不会立刻引起各国实际增加人民币储备，人民币在SDR的占比并不等于全球外汇储备中人民币占比，成为真正的全球性储备货币还要取决于人民币在交易支付、投资领域被全面接受。然而在人民币资本项目尚未完全自由兑换的前提下，人民币加入SDR事实上是通过IMF对中国在全球经济和金融市场中地位不断上升的认可，有助于提高各国中央银行持有人民币作为国际储备货币的积极性，从而加快人民币国际化进程。通过

---

〔1〕 参见安毅、王军：《与〈期货法〉立法相关的若干重要问题探讨》，载《证券市场导报》2015年第1期。

人民币加入SDR的过程，我们可以看到中国人民银行为此做出的一系列改革举措，这些举措对我国的金融改革和人民币国际化具有重要的促进作用。但是，SDR要求相关的篮子货币遵循市场原则，否则可能会由于影响SDR的稳定性而被淘汰。加入之后如何继续使人民币满足可自由使用货币之标准，如何保持货币政策独立性、汇率政策框架的透明和稳定，需要我国从法制建设的角度，重视其中存在的突出法律问题，进而促进金融改革成果的制度化发展。SDR货币篮子要求的是币值稳定，不能给储备货币持有国带来过大的风险和成本。我国央行独立性的问题将直接影响货币政策的目标、实施和效果。IMF同样也非常关注中国将如何长期保持汇率政策框架的透明与稳定。面对汇改之后出现的在岸和离岸汇差的急剧扩大，中国人民银行采取了一系列的汇率干预措施。无论是汇率中间价改革还是汇率干预措施，都应保持稳定和透明，避免不必要的国际法风险。为继续推进人民币国际化进程，提升人民币国际储备货币比例，我国还应高度重视国债市场的发展，为各国际储备管理者提供人民币的高安全性和高流动性的管理工具。一方面要重点解决监管主体和程序的协调和透明问题。长期存在的多头监管人为分割了中国国债市场，造成了很多复杂的后果，包括影响到二级市场的流动性。监管和管辖的繁复和不确定性也已经是国际储备管理者面临的一项非关税贸易壁垒。另一方面要从《期货法》立法的角度，完善金融期货品种，为国债市场的良性发展提供深度的避险对冲工具。

事实上，上述这些还只是人民币作为SDR篮子货币所要应对的法律问题。人民币加入SDR是人民币国际化中的重要一步，整个人民币国际化进程需要解决的法律问题涵盖了从金融交易到金融监管的金融私法和公法的广泛领域。因此，以人民币国际化促进金融改革的过程其实质上是对国内金融法律整体的反思和提升。过程漫漫，求索仍在路上。

互联网平台拆分销售区域性股权市场私募债问题探析

郭 雳 孙天驰*

内容提要

区域性股权市场定位于为中小微企业私募证券的发行、转让及其他相关活动提供设施与服务，是私募证券市场的一种重要形式。随着互联网金融的发展，区域性股权市场也开始尝试与互联网平台合作销售私募债。本文拟以“招财宝”等互联网平台销售区域性股权市场私募债被证监会叫停为入口，复盘互联网平台拆分销售私募债的交易模式，并分析其背后的法律争议，探讨立法者如何在金融创新与中小投资者利益保护之间寻找平衡。

关键词

区域性股权市场　私募发行　投资者适当性　收益权

近年来兴起的互联网金融热已经在第三方支付、征信、个人信贷等领域产生深刻的影响，互联网技术让原本门槛较高的金融产品和手续烦琐的金融服务变得简单易得。以余额宝为代表的货币基金让人们手中的小额闲钱也能够间接享受协议存款的高利率，而 P2P、互联网征信让个人小额借贷变得简单快捷。沿着小额、便捷的方向，互联网平台创新的脚步又迈向了区域性股权市场

---

* 作者单位：北京大学金融法研究中心。

私募债券这一相对新兴的金融产品，以蚂蚁金服旗下“招财宝”为代表的互联网平台与各地区域性股权市场开展合作，通过拆分、收益权转让等方式销售企业私募债。然而2015年9月，这种互联网平台与区域性股权市场合作销售私募债的模式被证监会突然叫停，证监会整顿办在向地方各级政府金融办下发的《关于请加强对区域性股权市场与互联网平台合作销售企业私募债行为监管的函》（以下简称《监管函》）中列明了这类模式的主要风险，其中最为突出的两大问题是变相公募（将私募债拆分为多期进行销售，实质上销售的仍是一个产品，从实际情况来看，多期投资者人数相加往往超过了200人，存在变相突破私募债发行人数限制的问题）和架空合格投资者制度（有关区域性股权市场和招财宝平台均没有对认购人是否为合格投资者进行实质性审查，适当性管理要求未能有效落实）。本文拟在解析拆分模式的基础上，分析相关风险，探讨规范区域性股权市场私募债发行的路径。

一、交易模式解析：化整为零

我国对证券发行有着较为严格的管制。根据现行《证券法》第10条的规定，向不特定对象发行证券或是向特定对象发行证券累计超过200人的均被视为公开发行，应当报经证券监督管理机构或者国务院授权的部门核准。显然私募债券（不论是否在区域性股权市场发行）为了避开公开发行的严格管制，必须严守发行对象的底线，即只能向特定对象发行，且发行对象累计不得超过200人。考虑到发行人的融资需求和交易成本，一只私募债券的规模最小也达到数千万，单个自然人投资者的购买门槛很高。例如《上海股权托管交易中心私募债业务暂行管理办法》第22条规定，私募债起买点为面值100万元。但以“招财宝”为代表的互联网平台却能化整为零，使用户得以以最低1万元的起点购买私募债。

模式一：直接拆分

互联网平台化整为零的第一种模式是直接拆分，即将发行人某一项融资需求拆分成多个融资项目，分散发行，达到控制单次发行规模进而降低销售门槛的效果。上述证监会《监管函》中就对这种直接拆分的模式进行了举例——“以招财宝为例，私募债在该平台上显示‘XX债001-N’，其中XX债表示私募债名称，N表示拆分期数，N的数量不固定，少则10期以下，多则100期以上。招财宝用户点击前述区域性股权市场网上开户协议后，可预约购买，最低认购金额为1万元。而在预约购买时，招财宝平台自动为投资者分配N期中的某一期，每一期对应一份产品合同，但各期产品合同的内容相同。”〔1〕

据媒体报道，与招财宝合作的天津滨海柜台交易市场、广东金融高新区股权交易中心等区域性股权及金融资产交易平台都曾利用招财宝平台，对私募债等金融资产进行打包、拆分出售业务。〔2〕

模式二：衍生收益权转让

除直接拆分以外，招财宝等互联网平台还通过转让收益权的方式变相销售私募债、资管计划等金融产品。即投资者并不直接购买发行人私募债券，而是向存量私募债的持有人购买基于该私募债衍生的收益权，同时私募债券持有人（而不是发行人）向投资者承诺到期出现违约时按照约定本息回购（见图1）。

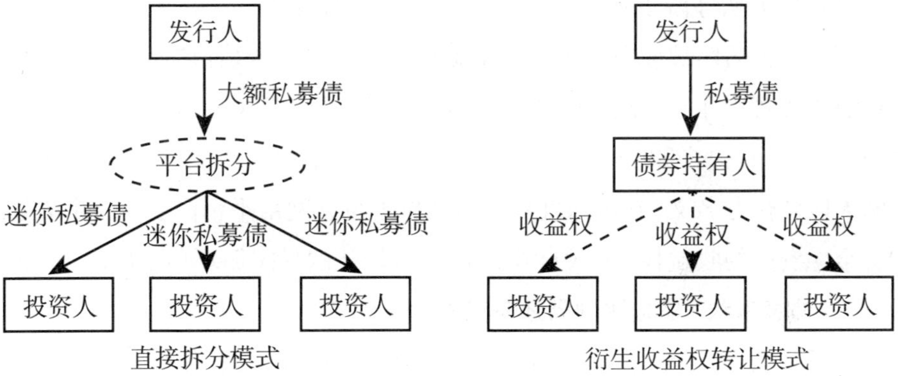

图1　两种发行模式对比

〔1〕以“招财宝”上的“粤股交·创亿债1期·001-040”产品为例，其债务主体为浙江创亿光电设备有限公司。依据广东金融高新区股权交易中心自身的规定，私募债的合格投资人合计不能超过200人。但在这个产品中，在抽签期结束后，实际显示有近700名投资人获得了投资资格。点击产品后，实际上这个产品包括了40个子合同，每份合同可供最多200人投资。同时在子合同中，投资者需承诺符合交易中心合格投资者的标准。参见许彦生：《互联网金融“垃圾债”及风险分析》，载未央网：http://www.weiyangx.com/141241.html，最后访问日期：2016年3月13日。

〔2〕参见《阿里与17家地方平台合作　隐现万亿“民间版”债市》，载腾讯财经：http://finance.qq.com/a/20150728/010821.htm，最后访问日期：2016年3月13日。

这种模式下，首先需要由一名合格的机构投资者在股权交易所一级市场认购大量私募债券，之后将持有的私募债券（基础金融资产）所衍生的收益权切分为标准化的份额，并在招财宝等互联网平台上进行公开销售。在衍生收益权转让模式下，投资者购买的并不是私募债本身，而是预期收益率与该私募债相同的私募债收益权份额。同时私募债持有人往往以对收益权份额持有人承诺回购作为增信措施。

从整体上看，衍生收益权转让模式就是批发商（私募债的机构投资者）从股权交易所一级市场"批发"大量私募债，然后到场外的互联网平台将基于私募债衍生的收益权份额"零售"给众多中小投资者。而投资者最终持有的收益权份额实际上是该私募债的"影子债券"。由于在区域性股权市场私募债发行时购买的主体是合格的机构投资者，所以在一级市场上该笔私募债的发行符合规范，但通过批发商的份额化加工和转手销售，"影子私募债"的持有人数远远超过了私募债200人的限额，产生了"一拖多"的效果。

更为激进的区域性股权市场则干脆自建互联网平台（如广西北部湾股权交易中心旗下理财平台"e路投"），并且直接由区域性股权市场的子公司或关联公司作为认购人购买该股权市场挂牌的私募债等金融资产，之后持有私募债的认购人以转让方名义，在区域性股权市场旗下自有网络平台向公众投资人转让相关金融资产的收益权，形成自发、自买、自转让的封闭循环（见图1）。

二、法律争议：是金融创新还是变相公募？

对照证监会所指出的主要风险，第一项就是互联网平台和区域性股权市场违规将私募债拆分为多期进行销售，变相突破了私募债发行的人数限制。显然，监管部门首先关注到的就是直接拆分模式。该模式确实降低了投资者购买的门槛，让更多中小投资者有机会分享私募债券的收益。按照互联网平台的逻辑，拆分之后的债券成为新的独立的债券，因而每一期"迷你私募债"（子债券）都能够各自容纳200名投资者。分析拆分行为是否合理合规，首先应讨论拆分前后的私募债是否仍为同一证券。我们认为，平台销售的私募债虽然拆分成多期发行，形式上相互独立，但本质上仍然是同一金融产品，应当合并计算投资者人数。

债券的本质是债权凭证，如果不同的“迷你私募债”投资人对应的债权债务关系内容一致，则各期应当被视为同一次发行，本质上是同一债券。以招财宝平台的销售环节为例，我们发现各期私募债都被冠以“XX 债 -001”的标志，不同期的“迷你私募债”共同使用同一介绍页面，对应的发行人、收益率、担保方式等要素全部一致并且同时发售，可见这些“迷你私募债”产品发行人与投资者的权利义务关系并没有相互独立的特殊之处。在预约购买环节，招财宝平台更是直接自动为投资者分配 N 期中的某一期，虽然每一期对应独立的产品合同，但除债券期数不同外各期产品合同的其他内容完全相同，这也说明投资者和平台都默认交易的对象就是“XX 债”本身。因此在认定发行人数时应当将各期“迷你私募债”产品合并对待。

在探讨人数限制的同时，我们也应当审视私募的另一要素——特定对象。根据《证券法》第 10 条，向不特定对象发行或向特定对象发行证券累计超过 200 人的均被视为公开发行。所以非公开（私募）发行的安全港不仅有 200 人的人数限制，还必须向特定对象发行。而且，私募发行不得采用广告、公开劝诱和变相公开方式。国务院办公厅《关于严厉打击非法发行股票和非法经营证券业务有关问题的通知》（国办发〔2006〕99 号）进一步明确私募发行不得采用广告、公告、广播、电话、传真、信函、推介会、说明会、网络、短信、公开劝诱等公开方式或变相公开方式向社会公众发行，否则构成变相公开发行。反观招财宝等互联网平台，私募债的销售推介信息主要通过网络平台、APP、消息推送等渠道向不特定的潜在投资者公开传播，显然符合向不特定对象发行的标准。无论平台如何拆分腾挪规避 200 人的人数限制，这种利用网络向公众推介的销售推广渠道本身就符合公开发行的特征。

对于平台拆分私募债的第二种模式，监管部门没有着墨，但收益权拆分模式在互联网金融大潮下已经被广泛复制用于拆分资管计划、信托产品、理财产品等高门槛金融产品。所谓私募债等金融资产的收益权，目前法律上并没有明确规定，销售合同中也没有明确内涵。以合格机构投资者身份先行购买私募债等金融产品的“批发商”将基于私募债产生的预期收益从基础金融资产中分离出来，标准化为收益权产品并进行等额拆分进而销售，其既是区域性股权市场上私募债的买方，又是互联网平台上私募债收益权的卖方，同时自己名下仍持有相应的私募债产品。

（一）法律关系

在发行人——私募债持有人（批发商）——中小投资者的交易链条中，存在两个层次的法律关系。首先在发行人与持有人之间是传统的私募债债权债务法律关系，持有人向发行人交付认购款，发行人对持有人承担到期还本付息义务，如果该私募债有抵押、担保等增信措施，则持有人整体作为抵押权人或债权人享有相应的权利，如果持有人在区域性股权市场向其他合格投资者转让私募债券，则权利义务的主体随之变更。

第二层法律关系的主体是私募债持有人与众多中小投资者，连接双方权利义务的纽带是基于私募债衍生的标准化收益权产品。[1]购买收益权产品的投资者能够获得与私募债本身几乎相同的收益，但收益权产品法律关系的另一方并不是实际融资的发行人，而是销售标准化收益权产品的私募债持有人。按照产品合同的说法，投资者自始至终都未因直接持有私募债券而进入第一层法律关系中，虽然投资者冲着互联网平台宣传页面上发行人的名称和私募债的名头掏了真金白银，但无法直接要求发行人到期时按照私募债票面约定的利息给付本息，[2]私募债券相应的担保、抵押等增信措施也无法及于购买私募债收益权产品的中小投资者。理论上在到期日，两层法律关系下的现金流自上而下逐级支付，发行人根据私募债票面利率向债券持有人支付本息，持有人收到本息后按照标准化收益权产品的持有情况分别将相应份额对应的本息支付给中小投资者。

---

〔1〕 根据招财宝平台合同，投资者购买的标的是“基础资产”项下一定比例之收益权。参见：https://fincontract.alipay.com/getContract.htm?productId=20150522000230020000010038179601&sign=dcc7d53d8b696d9764998ade24f04581&contractType=PRODUCT，最后访问日期：2016年3月20日。

〔2〕 根据招财宝平台合同，本合约项下转让/投资受让之收益分享合约产品所对应“基础资产”合同等文件所载明相关事宜的全部应有责任仍按各该相关合同/协议等条款约定均归属甲方（收益权转让方），其作为原合同当事方尽最大努力实现合理主张。

（二）担保措施

在收益权转让模式下，中小投资者主要依赖私募债基础资产产生的现金流和持有人（而不是发行人）的主体信用来保障收益权产品的预期收益，私募债持有人在出售相应的收益权产品时往往提供回购承诺，承诺到期如基础资产（私募债）预期收益未能全部实现，则以约定本息为价格回购中小投资者的收益权产品。为了进一步保障平台用户的权益，平台销售的很多产品都明确宣称本息担保，仔细阅读合同不难发现所谓本息担保并不是针对第一层法律关系下发行人对私募债持有人的还款义务，而是第二层法律关系下私募债收益权的回购义务，即在产品的收益资金来源金额或来源时间出现缺口时，合同约定由转让方按照约定价格回购投资者持有的产品，担保公司提供担保函对转让方到期支付回购价款的义务提供无条件的不可撤销的连带责任保证担保。该增信措施独立于私募债本身，是对私募债收益权份额发行人而非私募债发行人的担保。

（三）收益权性质

收益权转让模式实现拆分的关键在于私募债持有人利用“收益权”这一概念将只能在合格投资者之间转让的私募债等基础金融资产盘活，在名义持有人不变的情况下实现金融资产收益的拆分和转让。在各大互联网平台披露的产品合同中，没有看到针对“收益权”的法律界定。

所谓收益权，顾名思义是取得收益的权利，私募债收益权语境下的收益来自基础资产私募债，而私募债本身是一种债权凭证，因此收益权是债权之上的权利。从传统民法来看，并不存在“债权收益权”的概念。根据通说，债权的权能分为给付请求权（直接向债务人请求和通过诉讼的方式请求给付）、给付受领权（债务人履行其债务时，债权人有权予以接受，并永久保持因债务人的履行所得的利益）、债权保护请求权（表现在债权的效力上就是强制执行力）和处分权能（债权人可以抵销、免除、让与债权）。如果硬要把收益权这个创新概念融入传统民法中，收益权的概念似乎更像债权给付受领权的表现——根据有效的债权获得约定收益的权利，这也基本符合收益权交易各方意识中对收益权的理解。

（四）收益权转让性

根据《合同法》第79条的规定，债权人可以将合同的权利全部或者部分转让给第三人，但有下列情形之一的除外：（1）根据合同性质不得转让；（2）按照当事人约定不得转让；（3）依照法律规定不得转让。毫无疑问，民法上债权本身的拆分和转让不存在法律障碍，并且《合同法》对于合同债权转让的金额起点、受让人人数没有任何限制。然而证券法视野下私募债这一债权的转让还要受到合格投资者制度的规范，转让的对象应当同属于合格投资者范畴，不能任意转让给中小投资者，而这也是收益权转让模式兴起的根本原因。

那么收益权作为债权的一项权能可否单独转让？我们把收益权的可转让性代入收益权转让交易模式进行推演，发现法律逻辑与商业逻辑之间存在难以调和的冲突。如交易合同所言，收益权转让后，“基础资产”合同等文件所载明的权利义务仍按各该相关合同条款约定均归属债券持有人作为原合同当事方行使。但原私募债的收益权（取得收益受领给付的权利）已经转让给了分散的中小投资者，私募债收益权行使的方式就是直接取得私募债债务人（发行人）根据债权债务关系给付的本息。收益权转让模式的交易结构既没有设计信托结构，也没有赋予名义持有人代理权限，所以名义持有人并无权受领发行人给付的利益。购买收益权产品的众多中小投资者在集体意义上作为收益权的主体，则可以直接向发行人主张受领债券本息，这恐怕是原私募债发行人始料未及的，也完全违背了私募债发行制度的设计初衷。

法律视角下，收益权紧密附着在私募债之上，不同于针对收益权卖方的普通债权，后者可以直接针对私募债主张权益。因此，收益权的转让不可避免地会让众多收益权产品投资者进入第一层法律关系并在一定程度上取代债券持有人的法律地位。所谓收益权应当是债权固有的权能，不能也不应脱离债权单独拆分转让，否则会引起巨大的法律争议和操作混乱。收益权这个半路出家的“创新”概念与现行的民法、证券法制度的确格格不入。

分析收益权的本质和可转让性之后，我们回到交易本身，再次审视收益权转让模式的实际效果。经过名义债券持有人的拆分和转让，众多原本没有资格购买私募债的中小投资者获得了私募债的实际收益。名义持有人在其中作为连接私募债市场和收益权市场的枢纽，扮演了“批发商 + 担保人”的角色，实际上对私募债进行了二次承销。虽然我国现行《证券法》中证券的概念非常狭窄，但不可否认的是份额化转让的收益权产品本质上具备有价证券的基本特征。如果借鉴美国 Howey 案中确立的识别原理，该类收益权产品作为“投资合同”，完全符合证券的四大特征：利用钱财进行投资；投资于共同事业 / 企业；期望获得利润；利益完全 / 主要依靠他人努力。[1]于是名义债券持有人借助互联网平台向社会公众销售收益权产品（收益分享合约）的行为本质上就是证券的公开发行。

从形式上看，这种未经有权机关核准的公开发行应当属于《证券法》第 188 条规定的“未经法定机关核准，擅自公开或者变相公开发行证券”的情形，应当受到责令退还、罚款等处罚。遗憾的是，我国现行《证券法》尚未采用美国法上对证券进行功能定义的方式，而是将适用范围局限在“在中华人民共和国境内，股票、公司债券和国务院依法认定的其他证券的发行和交易”，使得诸如收益权产品转让这类变相公开发行证券的行为无法纳入《证券法》的规制范围，监管机关不得不用非法集资的刑法规范去处理。

诚如证监会《监管函》所言，互联网平台销售私募债存在变相突破私募债发行的人数限制问题，平台对不特定公众公开销售私募债产品及其衍生收益权，其风险显而易见。向特定对象私募发行的制度逻辑在于拥有相当资产或收入的机构或个人、具备足够投资知识经验的人、基于特定关系了解发行人有关信息的人能够承担私募证券的风险并进行自我保护，因此私募制度相应减免了发行人信息披露、公开核准等一系列的合规要求。平台拆分销售私募债一方面享受到私募发行简便快捷的好处，另一方面又实现了向公众投资者公

---

〔1〕 Howey 案中，被告 Howey 公司从事柑橘种植，并对外销售橘林及配套服务。通过与投资者签订橘林购买及服务协议，Howey 公司获许全权负责所售橘林的种植、经营、收获和销售。未经公司同意，投资者不得进入其购买的橘林，也不对所产的柑橘享有权利，他们只是在收获季节收到公司寄来的支票，按份分享经营的收益。事实上，这些投资者中的大部分人并非当地居民，也不具备种植柑橘所需的知识、技术或设备。法院认为投资人并不实际参与果园的经营活动，投资人进入合同的理由是期望获得 Howey 公司经营的收益，所以本案中的购买及服务协议构成了美国《证券法》第 2 条（a）（1）所指的“投资合同”，落入证券范畴。See 328 U.S. 293, S. Ct. 1100, 90 L. Ed. 1244（1946）.

开融资，却带来信息披露缺失、购买者保障机制缺位、期限错配、循环购买放大杠杆等诸多问题。

令人欣慰的是，2017年7月15日施行的《私募投资基金募集行为管理办法》（以下简称《募集管理办法》）已经关注到收益权拆分转让型金融创新的风险并予以规制。其第9条规定，“任何机构和个人不得为规避合格投资者标准，募集以私募基金份额或其收益权为投资标的的金融产品，或者将私募基金份额或其收益权进行非法拆分转让，变相突破合格投资者标准”“投资者应当以书面方式承诺其为自己购买私募基金，任何机构和个人不得以非法拆分转让为目的购买私募基金”。其中，“将私募基金份额或其收益权进行非法拆分转让”对应的就是私募债拆分的两种模式。尽管《募集管理办法》仍未直接对收益权的概念进行界定，但拆分转让的风险正逐渐为监管部门所认识，类似的规制正在进一步扩展到整个金融市场收益权转让的交易模式中，进一步压缩监管套利的空间。

三、合格标准：放松还是坚守?

证监会监管函对互联网平台拆分销售私募债揭示的另一大风险是“有关区域性股权市场和招财宝平台均没有对认购人是否为合格投资者进行实质性审查，区域性股权市场投资者适当性要求未能得到有效落实”。在批评部分区域性股权市场放松投资者适当性要求的同时，我们首先应看到多数区域性股权市场仍严守投资者适当性的底线，秉持将适当产品销售给适当客户的标准，通过较高的开户门槛筛选出具备风险承担能力的个人投资者，例如北京股权交易中心严格执行个人投资者金融资产300万元以上的合格投资者门槛，从源头上防止风险扩散至不适格的个人投资者。

互联网平台为自身辩护的主要理由是通过平台认购私募债或其收益权产品的用户都是合格投资者，而且每一期人数都不足200人，符合私募发行的条件，并且将原本门槛极高的金融产品通过交易结构的创新实现全民共享，促进了普惠金融。上文已经阐述过互联网平台掩耳盗铃式的拆分并不能规避200人的限制，接下来进一步分析区域性股权市场合格投资者的标准问题。

合格投资者制度的初衷是将适合的产品和服务提供给适当的投资者，防止不具备风险承担能力和必要投资经验的中小投资者持有高风险的金融产品。虽然我国尚未建立统一的投资者适当性标准，但诸多部门规章已经根据不同金融产品为合格投资者设立了具体标准(见表1)。

表1　我国金融领域合格投资者标准汇总

金融产品	投资人数	投资门槛	合格投资者标准
公司债券	公募：不限 私募：每次发行不超过200人	无	合格投资者，应当具备相应的风险识别和承担能力，知悉并自行承担公司债券的投资风险，并符合下列资质条件： (1)经有关金融监管部门批准设立的金融机构，包括证券公司、基金管理公司及其子公司、期货公司、商业银行、保险公司和信托公司等，以及经中国证券投资基金业协会(以下简称基金业协会)登记的私募基金管理人； (2)上述金融机构面向投资者发行的理财产品，包括但不限于证券公司资产管理产品、基金及基金子公司产品、期货公司资产管理产品、银行理财产品、保险产品、信托产品以及经基金业协会备案的私募基金； (3)净资产不低于人民币1000万元的企事业单位法人、合伙企业； (4)合格境外机构投资者(QFII)、人民币合格境外机构投资者(RQFII)； (5)社会保障基金、企业年金等养老基金，慈善基金等社会公益基金； (6)名下金融资产不低于人民币300万元的个人投资者； (7)经中国证监会认可的其他合格投资者
集合资金信托计划	2人以上；单个计划自然人不得超过50人，但单笔委托金额在300万元以上的自然人和合格机构投资者数量不受限制	100万元	合格投资者，是指符合下列条件之一，能够识别、判断和承担信托计划相应风险的人： (1)投资一个信托计划的最低金额不少于100万元人民币的自然人、法人或者依法成立的其他组织； (2)个人或家庭金融资产总计在其认购时超过100万元人民币，且能提供相关财产证明的自然人； (3)个人收入在最近3年内每年收入超过20万元人民币或者夫妻双方合计收入在最近3年内每年收入超过30万元人民币，且能提供相关收入证明的自然人

续表

金融产品	投资人数	投资门槛	合格投资者标准
私募投资基金	有限合伙型、有限责任公司型：不超过50人 契约型：不超过200人	100万元	私募基金合格投资者是指具备相应风险识别能力和风险承担能力，投资于单只私募基金的金额不低于100万元且符合下列相关标准的机构和个人： （1）净资产不低于1000万元的机构； （2）金融资产不低于300万元或者最近三年个人年均收入不低于50万元的个人。 前款所称金融资产包括银行存款、股票、债券、基金份额、资产管理计划、银行理财产品、信托计划、保险产品、期货权益等。 下列投资者视为合格投资者： （1）社会保障基金、企业年金等养老基金，慈善基金等社会公益基金； （2）依法设立并在基金业协会备案的私募基金产品； （3）投资于所管理私募基金的私募基金管理人及其从业人员； （4）法律法规中国证监会和中国基金业协会规定的其他投资者

招财宝这类开放性的平台对接全国多个区域性股权市场，投资者购买不同的产品需要满足不同的区域市场的合格投资者标准，平台本身并不承担识别合格投资者的义务。以广东金融高新区股权交易中心为例，开户协议中有如下内容：“您接受本协议即表示您承诺本人具备上述条款所列的条件，具备相应的投资知识、产品认知能力、风险控制能力、风险承受能力。不具备以上条件却又接受本协议的虚假承诺者，应承担由此引发的所有责任或损失。”

上述关于合格投资者的规定在区域性股权市场中颇具代表性。这种识别投资者适当性的标准有两大特色：其一是完全由投资者自行申报，并且无须提供任何资产证明材料，仅以在线测评结果作为评估依据；其二是声明免责，投资者自愿承担责任的声明优先于适当性测试的结果——即便投资者不符合评估问卷设定的标准，未达到该产品的风险承受能力，但只要投资者声明风险自担仍然可以购买相应产品。

如此设置虽然便利了中小投资者分享私募债的高收益，却架空了合格投资者制度，使不具备风险承受能力的弱势投资者暴露在高风险中。第一，从金融产品维度来看，与信托、私募基金、交易所公司债等其他金融产品的合格投资者标准相比，经过拆分或收益权份额化加工的私募债产品交易结构更加复杂，交易文件更加晦涩难懂，对投资者的投资经验要求更高。从交易场所来看，区域性股权市场与交易所市场相比属于更低层次的场外市场，流动性、监管水平、企业资质等各方面都与场内市场存在一定差距，理应有更高的合格投资者门槛。第二，区域性股权市场的投资者适当性测试均借助招财宝平台在线完成，完全依靠用户自行申报，平台和区域性股权市场不进行任何审查，也不要求用户对自身财产状况等信息提供任何证明材料。第三，原本用于强制排除弱势投资者的合格投资者制度在区域性股权市场竟然成为投资者可以放弃的权利，即便用户连上述宽松的标准都没有达到，只要坚持购买就可以让投资门槛作废。合格投资者制度的初衷就是要筛选排除不具备风险承担能力的弱者，现在反而让弱者风险自担，一纸声明并不能让弱者变得强大，恰恰相反，却让他们掉入真正的危险之中。

雷曼"迷你债券"事件殷鉴不远，揭示了放任不合格投资者购买高风险金融产品的恶果。金融危机期间因雷曼公司破产，香港众多购买雷曼"迷你债券"的个人投资者遭受巨大损失。从表面上看，这种"迷你债券"与普通债券似乎没有区别，都具有固定期限、定期支付固定利息，并且进入门槛比较低，任何个人都可以购买，但实际上却是包含了债务担保凭证、信用违约互换及利率互换的一种复杂结构性债权产品。其产品计划虽然对产品运作模式做了比较详细的介绍，但众多个人投资者依然将它当成一种高收益、低风险的产品大量购买。这些个人投资者的风险承受能力较弱，一旦风险变成实际损失，常引起严重社会后果。〔1〕

2017 年 7 月 1 日起施行的《区域性股权市场监督管理试行办法》也对区域性股权市场的合格投资者制度进行了原则性的规定，其中第 13 条规定，"在区域性股权市场发行证券，应当向合格投资者发行""合格投资者应当具有较强风险识别和承受能力，并符合下列条件之一……（五）在一定时期内拥有符

〔1〕 参见《雷曼"迷你债券"风波及教训》，载新浪财经：http://finance.sina.com.cn/roll/20081101/03305457319.shtml，最后访问日期：2016 年 3 月 13 日。

合中国证监会规定的金融资产价值不低于人民币 50 万元，且具有 2 年以上金融产品投资经历或者 2 年以上金融行业及相关工作经历的自然人”。该条规定对区域性股权市场合格投资者给出了明确的标准，有助于将风险承受能力较弱的中小投资者排除出区域性股权市场外。

证监会于 2012 年发布了《上海证券交易所中小企业私募债券业务试点办法》《深圳证券交易所中小企业私募债券业务试点办法》，对在两大交易所上市的私募债券进行规范。根据《上海证券交易所中小企业私募债券业务试点办法》，参与私募债券认购和转让的个人投资者除须具备两年以上证券投资经验、理解并接受私募债券风险外，个人名下的各类证券账户、资金账户、资产管理账户的资产总额不得低于人民币 500 万元。深圳证券交易所则更进一步，原则上将个人投资者排除在合格投资者范围之外（发行人的董事、监事、高级管理人员及持股比例超过 5% 的股东以及经深圳证券交易所认可的其他合格投资者除外）。在监管更为严格、发行人更为优质的交易所市场中，私募债券个人投资者的门槛都如此严苛，我们有理由认为区域性股权市场私募债的投资者门槛应当至少不低于上述标准。

四、监管建议：要个案认定，更要统一标准

证监会一纸监管函叫停了招财宝的违规拆分，及时控制了潜在风险，但当今市场更需要建立系统全面的长效制度，来给不断升温的金融创新画下警戒线。招财宝等互联网平台拆分私募债模式虽然已被叫停，但以其为代表的“大拆小”“团购”类的金融创新仍层出不穷，拆分的对象不仅包括私募债、信托计划，还囊括了资管计划、理财产品等各大有门槛的金融产品。现实迫切要求更具系统性的解决方案。

首先，面对“收益权”“受益权”等层出不穷的创新概念，应将功能性的证券定义纳入《证券法》中，扩张该法的适用范围，不再以“打补丁”的方式逐个对新兴的金融产品进行规范。同时也可以此为契机，借鉴《私募投资基金募集行为管理办法》中对收益权拆分的创造性规定，以规则形式回应“收益权”类概念的法律地位，堵住借“收益权”名义非法发行证券的漏洞。

其次，我国应当尽快设立统一的合格投资者标准。综观信托计划、私募投资基金、私募债券等多种金融产品，不难发现关于合格投资者的规定零散地分布在不同位阶、不同类型的法规文件中，不利于统一操作和向普通投资者宣传。而在内容上各种产品的适格标准却是大同小异，少有的一些差异也不能在逻辑上给出令人信服的解释。消除资产标准、评估程序等方面的不同，能够使达到相关标准的个人投资者经过一次认证即可全市场通用，减轻个人投资成本，提高效率。

再次，目前我国区域性股权交易市场归口各地方金融服务办公室监管，地方政府对于金融资源的争夺极有可能导致各场外市场的“逐底竞争”，正如与招财宝平台合作的多家区域性股权市场纷纷架空合格投资者制度以吸引投资。相比于只认准起购点和收益率的个人投资者，机构投资者往往对于合规方面有着更高要求并且拥有更强的风险承担能力，对于各地区股权市场的“逐底竞争”行为并不敏感，反而对企业资质、服务水平、交易效率等方面更为看重。因此，我国场外市场私募证券以及相关衍生产品的发展应坚持以面向机构投资者为主，严格规范区域性股权市场借助互联网平台等渠道向普通个人投资者销售金融产品的行为，并对区域性股权市场统一设置比场内市场更为严格的个人投资者准入标准。

怎样在维护中小投资者利益和促进小微企业融资之间找到平衡，历来是世界各国监管部门面临的难题。不应允许巧言令色，打着“普惠金融”的旗号放任中小投资者交易与其风险承受能力不匹配的金融产品。金融市场需要锐意创新，更要守住底线。

“裸条”背后的债务催收监管与消费者权益保护

缪若冰*

内容提要

“裸条”的出现，是我国金融领域多层次问题的集中体现。这一社会事件的产生，暴露了我国在大学生网络借贷上尚需加强监管，但更深层次地暴露了我国在金融消费者权益保护上存在缺失，而在债务催收监管上又存在立法空白。在金融业发达的国家和地区，信用贷款的借款人不仅是债务人，同时也被视为金融服务的消费者，受到相关法律的保护。因此，我国有必要在加强网络借贷平台监管的同时，出台专门的债务催收作业法，保障债务人同时作为消费者的合法权益。

关键词

“裸条”　大学生　债务人　消费者　债务催收

“裸条”不仅仅是一个社会现象，其背后还涉及大学生这一特殊群体的消费信贷问题。[1]大学生作为容易冲动消费，且主要依靠家庭收入资助的群体，在能够轻松获得借款的情况下，容易导致入不敷出。在类似网络借贷的交易中，家庭往往成为大学生“信用借贷”的隐性担保人，对其借款进行了兜底。

---

*　作者单位：北京大学金融法研究中心。

〔1〕“裸条”是指裸体借条，部分网络借款平台要求大学生手持身份证并拍摄裸照，在借款人未及时还款的情况下，作为债务催收手段予以公布。

在某种程度上，通过大学生群体，网络借贷平台变相地向大学生背后的家庭发放了贷款。

除了涉及大学生这一特殊群体的信用借贷问题，“裸条”的背后也凸显了我国在金融消费者保护上一直存在模糊之处，这样的暧昧不清直接影响了债务人的权利保护意识，也间接地催生了包括“裸条”在内的非法债务催收手段。

实际上，发生在大学生网络借贷中的“裸条”事件只是我国不合法债务催收手段的冰山一角。在借款人不能如期归还借款时，部分地区的小额信贷公司会将借款利息转为普通人难以承受的高利贷，更有甚者，动用黑社会力量对借款人及其亲属的正常生活进行干扰，造成身体的伤害，触发刑事案件。[1]在我国经济进入新常态，更多的信用借贷借助互联网渠道扩展之时，发生在债务催收中的犯罪事件必然会引起社会和监管部门越来越多的关注。

从历史上看，金融业发达的地区有着从粗暴的债务催收到保障债务人权益的发展过程。其中，特别应注意的是，在这些国家和地区，消费信贷业务的债务人，同时也被视为消费者，享有作为消费者的合法权益。从保护消费者或者债务人的角度出发，为了规范债务催收的行为，上述国家和地区也制定了专门的债务催收作业法，要求债权人或者债务催收机构严格按照法律规定进行专业化的债务催收。

本文第一部分分析了“裸条”背后的交易逻辑及“裸条”受害者的多重身份——包括大学生身份、债务人身份及消费者身份，在这些交叉重叠的身份当中，大学生的消费者意识最为薄弱，这部分反映出我国金融行业在消费者保护上存在缺失；本文第二部分介绍了我国现有的关于债务催收的立法规定，经过分析可以发现，现有的债务催收法律集中在实体法层面，尚未有专门的程序性规定；本文第三部分集中介绍了域外国家在债务催收上的立法规定；本文第四部分认为在“裸条”事件之后，我国可以借鉴域外的立法经验，完善金融消费者保护与债务催收法律，明确允许设立第三方债务催收机构，以避免类似“裸

〔1〕 参见布林：《女子被人暴力逼债，自杀多次对方仍不罢手》，载万家专栏：http://zhuanlan.365jia.cn/2016-08-21/B1448E4DA3B99815.html，最后访问日期：2016年11月8日。

条”事件的再次发生；本文第五部分是对全文的总结。

一、“裸条”背后的交易逻辑与身份定位

网络借贷一般为信用借贷，大学生群体并不需要抵押自身的财产或者借助于第三方担保，仅凭个人的“信用”即能获得贷款。[1]在这一借贷过程中，大学生群体本质上有三个身份，首先是其主要的社会身份——在校大学生，属于没有固定收入，但可依靠家庭收入资助的群体；其次为债务人身份；最后为借贷服务的消费者身份。

在“裸条”发生后，舆论在表达同情与谴责的同时，也有声音认为“裸条”中的女大学生“并不值得同情”，其依据为大学生已受过高等教育，知道“裸条”背后的结果，应为自己的“无脑”、“虚荣”与“不自爱”承担责任。[2]这一论断显然停留在肤浅的道德评价上，并未深入分析“裸条”背后的交易逻辑、当事人的身份定位及其背后的权利义务状况。

1. 大学生作为债务人的交易逻辑

大学生在法律上具备完全民事行为能力，已可以独立承担法律责任。然而，作为尚未踏入社会的特殊群体，大学生尚缺乏金融商事交易的经验，对部分交易中蕴含的陷阱、风险以及后果，没有足够的识别能力，其对自身的认识、对交易的认识、对他者的认识尚不足以支撑其在“极端”交易中维护自身的合法权益。

上述特征反映在“裸条”上，则是部分高校大学生不能理性地控制自己的消费冲动，在能够轻松获得借款的情况下，往往容易导致入不敷出，背负远超个人承受能力的欠款。

在大学生网络借贷中，借款主体与实际的还款主体在很多情况下发生了分离。由于尚在求学阶段，大学生群体并没有稳定的收入来源，当网络借贷发生时，其实际还款来源主要为家庭支持。

---

〔1〕 在部分网络借贷中，当事人只需要提供姓名、学号、父母信息及学信网学籍信息，即可迅速完成借款的申请。

〔2〕 参见王昱：《掉进裸贷陷阱的女大学生并不值得可怜》，载网易新闻：http://news.163.com/16/1007/00/C2O0NPAC00014AEE.html，最后访问日期：2016 年 10 月 19 日。

这实际上产生了一个非常吊诡的问题，签订网络借贷合同的是尚未步入社会且自我保护能力较弱的大学生群体，其本身并未有足够的与网络借贷机构博弈的能力，但其还款来源却是每个大学生背后的家庭，而后者并不参与到商事交易之中。

在这样的“信用借贷”下，大学生背后的家庭“被迫地”成为部分网络借贷的“隐性”担保人。网络借贷平台也借助大学生之手，变相地向大学生背后的家庭发放了贷款。

在网络借贷平台兴起之前，大学生在信用借贷上的不理性，已体现在信用卡的使用上。由于大学生群体信用卡坏账率偏高，中国银监会早在2009年下发《关于进一步规范信用卡业务的通知》，限制金融机构向大学生群体发放信用卡，并要求商业银行在相关业务的办理上遵循审慎原则。〔1〕

正是大学生这一债务人群体在信用借贷中鲜明的特征，监管部门才在信用卡政策上收紧相关政策。在互联网金融快速发展的背景下，网络借贷平台开始进入此前商业银行吃力不讨好的领域，是否这些新型平台有着更为不同的风险控制措施？或者，大学生群体本身消费及还款方式有所变化？实际上，大学生的信用状况并没有发生根本性的变化，网络借贷平台也没有发展出更为先进的风险控制措施。

大学生作为不良率较高，资信记录相对简单，且主要依赖家庭收入还款的债务人群体，却依然可以成为部分网络借贷平台的主要受众，其背后原因值得深思。同时，更应关注的是，作为信用借贷中较为弱势的债务人，法律又该如何保护这一群体？又该如何规范包括“裸条”在内的债务催收行为？

2. 债务人与消费者身份的重叠

“裸条”事件凸显了大学生作为债务人的弱势地位，这一弱势地位也暴露

---

〔1〕《关于进一步规范信用卡业务的通知》第6条：银行业金融机构应遵循审慎原则向学生发放信用卡。不得向未满18周岁的学生发放信用卡（附属卡除外）。向经查已满18周岁无固定工作、无稳定收入来源的学生发放信用卡时，须落实第二还款来源，第二还款来源方应具备相应的偿还能力。银行业金融机构发放信用卡前必须确认第二还款来源方已书面同意承担相应还款责任，否则不得发卡。

银行业金融机构应积极向学生家长或其他有关管理人告知学生申请领用信用卡的相关信息。

了我国在金融行业对消费者的保护存在缺失。

“裸条”中的大学生，对于其自身的定位主要为债务人，鲜少如其他消费支出一般，意识到自己作为消费者的角色。同样地，在关于“裸条”的报道和研究中，也较少看到有研究或者报道关注“裸条”债务人同时作为消费者的双轨角色。上述现象不同程度地暴露了我国在相关法律上的欠缺。

在“裸条”的法律关系中，主要涉及债务人和债权人。在这样的交易背景下，若将债务人的角色进一步延伸，债务人似乎不仅可以认定为借贷服务的消费者，也可以认定为学界近几年研究的热点——金融消费者。但是，这样关于债务人角色的双重认定，是否真的可以适用于我国“裸条”法律关系中的当事人，法律并没有非常清晰的规定。

我国《消费者权益保护法》第2条规定：“消费者为生活消费需要购买、使用商品或者接受服务，其权益受本法保护；本法未作规定的，受其他有关法律、法规保护。”从以上定义出发，有学者研究认为，在中国的法律体系内“《消费者权益保护法》中的消费者概念是否以及在多大程度上能够适用于各类金融服务接受者，存在模糊和分歧之处”。〔1〕

按照上述说法，如果《消费者权益保护法》在是否适用于各类金融服务接受者上存在模糊和分歧之处，那么“裸条”背后的债务人当然也不能完全确定适用于《消费者权益保护法》。

更进一步，对于所谓的“金融消费者”在我国的适用，学界也存在诸多争议。例如，有研究认为上述概念可以囊括在我国《消费者权益保护法》之中，没有必要另行提出“金融消费者”的概念，也有学者认为这一提法有十分重要的现实意义。〔2〕

总而言之，《消费者权益保护法》是否适用于当下高度技术化的金融行业，存在疑问。现实情况是，由于金融行业本身的专业性，即使“裸条”中的当事

---

〔1〕 廖凡：《金融消费者的概念和范围：一个比较法的视野》，载《环球法律评论》2012年第4期。

〔2〕 参见顾肖荣、陈玲：《试论金融消费者保护标准和程序的基本法律问题》，载《政治与法律》2012年第6期。

人可以认定为我国1993年制定的《消费者权益保护法》中的消费者，上述法律中的一般性法律条款是否能够适用以及多大程度上能够适用在金融行业也是存疑的。

3. 域外的立法规定与法律实践

在金融业较为发达的国家和地区，无论是使用“消费者”概念，还是另行规定“金融消费者”概念，类似“裸条”信用贷款的债务人都毫无疑义地被认定为消费者／金融消费者，且有对应的法律进行规制。

美国《金融服务现代化法》将金融消费者定义为“为个人、家庭成员或家务目的而从金融机构得到金融产品或服务的个人”，[1]英国《2000年金融服务和市场法》，将金融消费者界定为“贸易、商业、职业目的之外接受金融服务的任何自然人”，[2]日本《金融商品销售法》将金融消费者规定为资讯弱势之一方当事人，即在金融商品交易之际，相对于金融机构的专业知识，一般无论是自然人或法人，基本上属于资讯弱势的一方当事人。[3]

从上述法律规定可以看出，域外主要国家在金融行业都发展出了保护消费者的相关法律。“裸条”的债务人，同时作为信用贷款的借款人，接受网络借贷机构的金融服务，处于资讯弱势一方，属于上述国家关于金融消费者／消费者的定义。

从明确消费者的定位出发，金融业发达国家也发展出了一系列保护债务人合法权益的债务催收法律。这些法律或者直接针对金融行业的债务催收行为进行规范，或者将所有债务催收行为纳入监管，从而保障债务人的合法权益。

如在美国，根据《公平债务催收法》的规定，“有义务或被指有义务偿还债务的自然人”为消费者，受到该法债务催收程序的保护。英国1974年就出台了《消费信用法》，并且英国金融监督管理机构也出台了相关的行政管理措施

---

〔1〕 叶建勋：《金融消费者的概念及内涵——以中国金融消费者特别保护机构的构建为视角》，载《浙江金融》2012年第7期。

〔2〕 李健男：《金融消费者法律界定新论——以中国金融消费者特别保护机构的构建为视角》，载《浙江社会科学》2011年第6期。

〔3〕 参见顾肖荣、陈玲：《试论金融消费者保护标准和程序的基本法律问题》，载《政治与法律》2012年第6期。

保障消费者在信用贷款、租借、信贷经纪等事项中的合法权利。日本也分别出台了包括《债权管理回收业特别措施法》《贷金业法》在内的法律，保护金融消费者在债务催收过程中的合法权益。

与域外通行的立法与实践相比，我国在金融消费者相关的法律上存在模糊之处，在债务催收上又存在立法空白，这部分地导致了金融行业的信贷消费当事人并没有形成"消费者"的权利意识，也导致了包括"裸条"在内的债务催收行为层出不穷。

二、我国债务催收程序法的立法缺失

我国关于债务催收的法律主要体现在实体法层面，尚未有专门的程序法来规范债权人的催收行为，这部分导致了各类侵犯债务人合法权益的催收行为的出现。

在立法层面，我国规范债务催收的法律主要体现在《民法通则》《合同法》《刑法》等法律规定中，救济手段主要从债权债务的合同法角度出发，以违约之诉提请法院或者仲裁的救济。但《民法通则》和《合同法》的法律条款中并无关于债务催收的程序性规则，其更多的是关于合同的一般性法律规定。如我国《合同法》第十二章借款合同，主要为实体法内容，法律条款涵盖了借款合同的担保、利息的确定、合同生效时间等。此外，《合同法》第七章规定了违约责任，但上述章节适用于所有合同类型，是一般性条款，并未对债务催收的程序作出具体的规定。

在司法层面，为惩罚债务人恶意拒不执行还款义务，最高人民法院先后于2010、2015 年颁布并实施《关于限制被执行人高消费及有关消费的若干规定》及其修改意见。对拒不执行还款义务的被执行人，人民法院将限制其高消费及非生活或者经营必需的有关消费。但是，上述规定属于司法层面落实被执行人拒不执行债务偿还的一个举措，其目的在于保证债务人尽快、及时地执行司法判决，本质上属于法院促进司法执行的规定，并不是债务催收的一般性程序规定。

总体而言，我国尚缺乏一部能够作为操作指引的债务催收法律，这使部分网络借贷机构为尽快地回收借款、最大化其利润，肆无忌惮地采取包括公布

"裸条"在内的非法催收手段。[1]

三、法律监管下的债务催收程序

追溯发达国家的债务催收历史，可以发现，大多数国家和地区也经历了从粗暴的债务催收到立法规范的发展历程。以美国为例，早期的债务人仅仅因为不能还债，其受到的惩罚就如同抢劫犯、杀人犯一般。在17世纪的马里兰州，不能还款的债务人应作为债权人的仆人进行还款，而在其他州则出现了条件恶劣的债务人监狱，部分债权人甚至私设监狱关押不能还款的债务人。[2]

随着社会的进步以及对人权的逐步重视，美国最终在1977年制定并出台了《公平债务催收法》，规范债务催收中的不法行为。

比较特殊的是，《公平债务催收法》将其规范的对象限定为第三方债务催收机构，并未将债权人纳入其中。这样的特别规定与当时法律通过的背景有关：首先，在这部法律中，债权人是指通过提供贷款创造债务的人，范围较广，若将债权人包括在内，该法在美国国会将面临较大的通过阻力；其次，对于当时的美国而言，在第三方债务催收机构的监管上更为迫切，所以在这样的情况下出台了未包含债权人在内的《公平债务催收法》。[3]

特别应予说明的是，第三方债务催收机构在美国金融行业中担负债务催收的主力角色，也是其成为主要规制对象的原因。据统计，仅在2010年，全美共有第三方债务催收机构4908家，总计收回5490亿美元。[4]因债务催收业务庞大且利润丰厚，部分债务催收机构也成功地在交易所上市。

---

〔1〕"裸条"背后的债务催收也有其特殊性：首先，网络借贷中的合同标的较小，如诉之以诉讼，在诉讼周期较长、回款缓慢，且须增加聘请法律专业人士成本的背景下，网络借贷机构并不会倾向于采取这一催收措施；其次，部分网络借贷机构在利息的计算方面存在"高利贷"嫌疑，若诉之以诉讼，很难取得预期的营业收益。因此，现实中的网络借贷机构更多地借助于非法方式，如"裸条"的手段，以迅速地回收贷款，最大化其利益。

〔2〕See Debt Collection in Early America, accessed November 20, 2016. http://ihatedebt.com/DealingWithYourCreditors/DealingWithDebtCollectors/The-History-of-Debt-Collection.php.

〔3〕参见[美]罗伯特·M. 亨特：《美国债务催收业的发展之路》，姜涛译，载《银行家》2007年第8期。

〔4〕参见孙天琦：《美国等国家（地区）第三方债务催收行业的有关情况与启示》，载《西部金融》2013年第1期。

美国第三方债务催收机构在日常的运营过程中，必须严格遵守《公平债务催收法》的规定。在该法的具体条文中，明确规定了其立法目的是“消除债务催收人侵犯性的债务催收行为，保证不采取侵犯性债务催收方式的债务催收人不处于竞争劣势，以及促进各州行为的一致性以保护消费者不受债务催收侵犯”。为配合这一立法目的，《公平债务催收法》对第三方债务催收机构从获取信息到与消费者的沟通都作出了细致的规定。

以获得消费者的信息为例，第三方债务催收机构从任何第三人处获得消费者的位置信息时，必须表明自己的身份，不能泄露该消费者拖欠债务的信息，且被要求不能与同一个人沟通超过一次。此外，在与消费者沟通时，《公平债务催收法》规定第三方债务催收机构不应在任何不寻常的时间、地点或应知道会对消费者造成不便的时间、地点与消费者进行沟通。在联络时间上，该法还规定，在没有相反情况时，可以在当地时间的上午8点后和晚上9点前与消费者进行沟通。同时，《公平债务催收法》禁止第三方债务催收机构与消费者的雇主或者非约定的第三方进行联系。

概括而言，《公平债务催收法》禁止第三方催收机构对消费者进行烦扰和虐待，禁止第三方催收机构使用不实、诈欺或误导的陈述或手段，禁止第三方催收机构以不公平或不正当手段催收债款或意图催收债款。〔1〕

除美国外，英国在2003年出台了《债务催收行为指导》对债务催收行为进行规范。在《债务催收行为指导》中，特别列明了债权人在债务催收中的禁止行为：〔2〕

（1）债权人不得以不清晰、不正确或出于误导的方式与债务人联系；

（2）债权人不得对债务人作出虚假陈述；

（3）债权人不得对债务人或第三人施加不当之压力；

（4）债权人不得以欺诈或不公平方法与债务人联系；

---

〔1〕 参见张云、杨丽萍：《美国公平债务催收作业法对我国商账追收管理的启示》，载《西南金融》2007年第11期。

〔2〕 参见王冠玮：《债务催收产业制定专法可行性研究》，世新大学法学院硕士学位论文，第79~80页。

(5)债权人不得将催收费用转嫁由债务人负担；

(6)债权人不得以模糊或胁迫的态度，拜访债务人以催收债务；

(7)不论债务是否已过消灭时效，均适用本《债务催收行为指导》。

除《债务催收行为指导》外，英国也先后出台了包括《恶意通讯法》《免受骚扰保护法》等法律规范债务催收中的不当行为。

与英美相同，日本也发展出了类似规范债务催收的制度，出台了包括《债权管理回收业特别措施法》《贷金业法》在内的法律。其中，《贷金业法》特别规定，禁止贷金业者[1]使用或威胁使用暴力、犯罪手段，伤害债务人之身体、名誉、财产，而淫秽、凌虐之文字或暴力态度、大声粗暴言语亦属之。此外，公布拒绝清偿者名单、刊登广告销售债权以胁迫清偿、持续电话铃声、重复电话、匿名电话等侵害隐私权事项也在禁止范围内。[2]

从美国、英国和日本的法律规定来看，债务催收都有专门的法律来规范其操作规程，并不允许债权人或者第三方催债机构对债务人施加有损其尊严或者合法权益的行为。

四、域外相关立法对中国的启示

相对于金融机构以及网络借贷平台，债务人属于相对弱势的一方，因此，如何保障他们在债务催收过程中的合法权益是我国金融行业持续健康发展必须要思考的问题。

从《宪法》《民法通则》《合同法》《消费者权益保护法》到《刑法》，我国有相当多的法律法规从实体法层面保障公民的合法权利，但我国至今并没有针对高度技术化的金融行业，出台专门的保护消费者权益的法律，也未出台与债务催收程序相关的法律。这样的立法空白及理念缺失，其结果就是引发了包括“裸条”在内的恶性事件。

有鉴于此，本文认为我国可以从以下方面出发，改变目前债务人在债务催

---

〔1〕 日本经营金钱借贷的从业者称为贷金业。

〔2〕 参见《各主要国家银行消费者保护措施》，载 file:///E:/locked%20box%20mechanism/Ch3.pdf，最后访问日期：2016 年 10 月 30 日。

收中的弱势地位：

首先，对消费信贷中的债务人，应转变规制理念，将其明确定位为金融消费者/消费者。网络借贷服务机构与债务人之间并不仅仅是简单的借贷关系，两者存在消费信贷服务关系。因此，将此类债务人明确定位为消费者，是对其法律关系的真实反映，也是保护金融交易之中相对弱势一方的应有之举。

其次，我国应出台专门的债务催收程序法。我国并无专门的债务催收程序法，在这一背景下，当部分债权人并不能如期收回债务时，就出现了包括"裸条"在内的非法催收行为。我国可借鉴域外的相关经验，将债务催收纳入法治轨道，从根本上规范债务催收的程序，设立债务催收的底线，从而最大程度地保障债务人的合法权益。

最后，我国应明确允许社会设立第三方债务催收机构。公安部、国家工商总局早在1995年就曾下文《关于禁止开办"讨债公司"的通知》，限制讨债公司的设立。发展至今，国家虽然尚未明确放开债务催收机构的注册，但我国金融机构在实践中早已开始委托外部专业机构，如律师事务所，对金融机构的债务进行催收。随着我国金融行业的进一步发展，债务催收无疑需要更为专业的机构介入。在这样的背景下，我国应放开第三方债务催收机构的设立，将其纳入国家的监管之中，促进债务催收的专业化发展。

五、结语

"裸条"的背后，是诸多尚待解决的法律问题的集中体现，其中既有大学生作为借贷主体的监管问题，也有网络借贷平台掠夺性放贷的问题，但其更深层次地暴露出我国金融行业对消费者的保护有所缺失，也暴露出在债务催收方面，我国尚缺乏专门的债务催收立法。

从域外主要国家的立法与实践来看，信贷法律关系中的债务人都明确定位为消费者/金融消费者，同时在其法律体系下，有一系列债务催收的法律法规，来保障债务人的合法权益。"他山之石，可以攻玉"，通过借鉴域外的相关经验，我国可完善相关法律，转变规制理念，培育专业的第三方债务催收机构，以避免类似"裸条"事件的再次发生。

借贷宝“拉人返现”推广模式的法律分析

范　晓*

内容提要

借贷宝“拉人返现”推广模式外在表现为人员链、人员网，以拉好友的人数作为奖励收益的依据，符合“拉人头式传销”的特征；但其主观不具有牟取非法利益之目的，不构成传销。又因其具有垃圾广告、虚假宣传、误导金融消费者等风险，有必要用其他手段进行监管。未经对方好友同意，通过短信、微信、微博、QQ 等途径向好友发送链接、分享邀请码，可能会违反《广告法》的规定。活动参与者进行虚假或引人误解的宣传，可能会违反虚假宣传的相关规定。此外，我国可以借鉴英国的规定，明确金融营销行为的监管部门采取备案制例外豁免的模式对借贷宝“拉人返现”的金融营销加强监管。

关键词

借贷宝　“拉人返现”　传销　广告法　金融营销

2015 年 8 月 8 日，一款名为“借贷宝”的移动金融手机软件开展“拉好友返现”活动，引爆朋友圈。“拉上好友抢现金，轻轻松松玩出钱”“零投入，通过推荐得奖励”的营销活动引起了广大投资者的关注。“借贷宝是何方神圣”“‘拉人返现’是真是假”等关键词登上了百度热搜榜，而“拉人返现”的推广模式也陷入了“传销门”的质疑。

---

*　作者单位：北京大学金融法研究中心。

本文将着重分析“拉人返现”是否构成传销，梳理我国目前对该营销模式的法律监管方式，并结合英国金融推销监管，为我国对此类金融服务营销行为的监管提出建议。

一、借贷宝“拉人返现”推广模式概述

借贷宝是人人行科技有限公司开发运营的熟人间借贷服务APP，是由著名私募机构九鼎控股打造的互联网社交金融平台。借贷宝首创熟人间单向匿名借贷模式，即借款人实名、出借人匿名，通过互联网人与人之间的连接机制，实现直接金融交易。[1]

所谓“拉人返现”，即通过邀请好友注册借贷宝的方式，给予邀请人和被邀请人红包返现。具体方案如下：

下载最新版借贷宝手机软件，注册登录，从产品首页广告位进入活动，可以点击“我要邀请”、“邀请码邀请”或“扫码邀请”中的任何一种方式，通过短信、微信、朋友圈、微博、QQ、QQ空间等途径分享链接，邀请好友。

无论好友通过什么方式获得上级好友的链接、邀请码或二维码，均需下载借贷宝手机软件，完成注册，并进行实名认证和肖像认证/银行卡认证。实名认证是必须环节，且需上传身份证照片。肖像认证和银行卡认证只需择一进行。

完成上述步骤之后，双方账户均可得20元，绑定银行卡后就可以申请提现。如果被邀请的好友又成功邀请其他好友，则被邀请的好友可得到20元返现，一开始的用户则可再得到10元。此活动邀请奖励仅限一级邀请和二级邀请关系。在一级和二级邀请中，邀请的用户越多，获得的奖励越多，没有上限。

如果用A、B、C分别代表三个人，那么这三个人的邀请奖励关系则是：A邀请B，B完成注册绑卡后，A和B各得20元现金奖励；B邀请C，C完成注册绑卡后，B和C各得20元现金奖励；C成功注册绑卡后，A再获得10元现金奖励。在活动中，如果A成功邀请了100位新用户，则A可获得2000元。

---

〔1〕 载借贷宝官网：http://www.jiedaibao.com/pcAbout.html?from=002，最后访问日期：2016年6月15日。

如果 A 成功邀请的 100 位新用户再分别成功邀请 100 名用户，则 A 又可以获得 10 万元。那么，A 最终能获得的总奖励为 10.2 万元。而通过这种模式，A 能使平台在短时间内拥有 10，100 位用户。（见图 1）

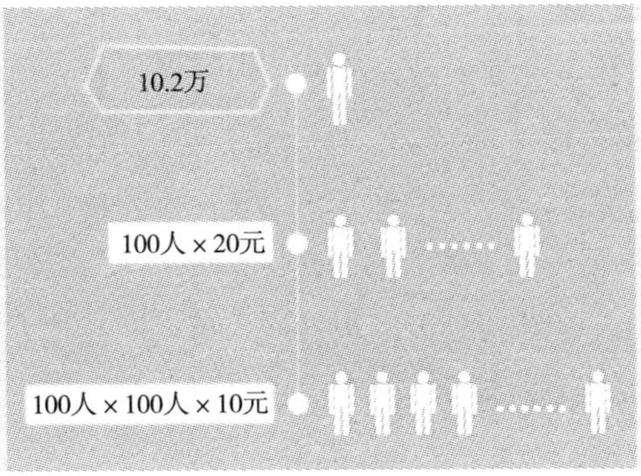

图 1 “拉人返现”模式

二、“拉人返现”推广模式不构成一般违法传销[1]

网友不需要任何本金投入，只需邀请足够多的好友在借贷宝注册就可以轻松赚到 10 万元。这种赚钱方式受到众多网友追捧，但也受到了质疑。很多网友认为借贷宝采取的“拉人返现”模式是传销。判断“拉人返现”模式是否构成传销，应从传销的特征、行为类型、构成要件入手。

（一）我国一般违法传销的判断标准

1.《禁止传销条例》对传销的规定

2005 年国务院颁布《禁止传销条例》，对传销做出了界定：“本条例所称传销，是指组织者或者经营者发展人员，通过对被发展人员以其直接或者间接发展的人员数量或者销售业绩为依据计算和给付报酬，或者要求被发展人员以交纳一定费用为条件取得加入资格等方式牟取非法利益，扰乱经济秩序，影响

〔1〕 本文只分析一般非法传销，对刑法上的传销犯罪不作分析。刑法上的组织、领导传销活动罪是针对组织策划传销者和介绍、诱骗、胁迫他人参加传销者，且在构成要件上要求同时具备收取入门费和拉人头的特征，构成要件与一般违法传销相比更加严格。故文章先分析“拉人返现”推广模式是否构成一般违法传销。如果该模式不构成一般违法传销，那么其肯定不是刑法上的违法行为。

社会稳定的行为”。

该条例第7条列举了三种传销行为，此三种传销行为都是组织者或者经营者通过发展人员牟取非法利益，但具体表现形式不一样：

（1）“拉人头式传销”，即要求被发展人员发展其他人员加入，对发展的人员以其直接或者间接滚动发展的人员数量为依据计算和给付报酬（包括物质奖励和其他经济利益）；

（2）“收取入门费式传销”，即要求被发展人员交纳费用或者以认购商品等方式变相交纳费用，取得加入或者发展其他人员加入的资格；

（3）“团队计酬式传销”，即要求被发展人员发展其他人员加入，形成上下线关系，并以下线的销售业绩为依据计算和给付上线报酬。

由上述规定可知，界定一般违法传销需要满足两个要件：一是形式要件，二是实质要件。形式要件上，表现为拉人头、收取入门费或团队计酬；实质要件上表现为牟取非法利益的目的和扰乱经济秩序、影响社会稳定的损害后果。三种传销方式对比详见表1。

表1　三种传销方式对比

类别 区别指标	拉人头式传销	收取入门费式传销	团队计酬式传销
加入条件	无加入条件	交纳会费或认购一定数量商品	无加入条件
是否销售商品	否	可能会	是
计酬依据	发展人员的数量	新会员的会员费	下线的销售业绩

2. 国家工商总局的认定标准

2010年3月国家工商总局直销监督管理局出台的《关于对如何辨别传销、如何查询直销公司等网友留言的答复》规定，传销的两个基本组成要件包括组织要件和计酬要件。

组织要件，即发展人员，组成网络。参加者加入组织后会“发展下线”，下线还可以再发展下线，以此组成上下线的人际网络，形成传销的“人员链”。

计酬要件包括两种形式：一种是以参加者本人直接或间接发展的人员数量计提报酬，形成传销的“金钱链”；另一种是以参加者本人直接和间接发展的下线的销售业绩（销售额）为依据计算和给付报酬，形成传销的“金钱链”。

总结来说，传销包括三个行为特征：（1）交纳或变相交纳入门费，即交钱加入后才可获得计提报酬和发展下线的“资格”；（2）直接或间接发展下线，即拉人加入，并按照一定顺序组成层级；（3）上线从直接或间接发展的下线的销售业绩中计提报酬，或以直接或间接发展的人员数量计提报酬或者返利。

该答复表明实践中主要从形式上界定传销。此种界定方法虽然在实践中便于操作和认定，却易将恶性的传销附带良性的多层次直销一网打尽、予以禁止和扼杀。为了最大限度保障市场营销的自由，本文认为，应本着谨慎、严格的态度按照《禁止传销条例》的规定，从法定的外在表现形式和牟取非法利益之主观目的两个方面界定借贷宝“拉人返现”推广模式是否属于传销。

（二）“拉人返现”的外在表现形式疑似“拉人头式传销”

首先，“拉人返现”推广模式不属于“收取入门费式传销”。“收取入门费式传销”一般要求注册者缴纳一定数额会员费或以购买商品为名缴纳与商品实质价值不符的费用，具有层级的无限性和骗取钱财的特点。借贷宝“拉人返现”活动不仅不需要缴纳任何费用，而且只要成功邀请好友并让其完成身份验证或绑定银行卡的过程还可以得到奖励。

其次，“拉人返现”推广模式不属于“团队计酬式传销”。借贷宝“拉人返现”活动中不存在销售行为，各注册者未向“借贷宝”支付任何对价，各好友也未向上级好友支付任何对价，不可能存在以参加者本人直接发展或间接发展的下线的销售业绩（销售额）为依据计算和给付报酬，形成传销的“金钱链”的情况。

最具争议的是“拉人返现”推广模式是否属于“拉人头式传销”。“拉人头式传销”外在表现形式上需同时具备两个要件：组织要件上需要发展人员组成人员链、人员网，即纵向和横向的人际网络；计酬要件上需要对发展的人员以其直接或者间接滚动发展的人员数量为依据计算和给付报酬（包括物质奖励和其他经济利益）。

“拉人返现”推广模式中，初始注册者可以发展两级好友，“注册者——一级好友—二级好友”，在两级好友以内每一个好友注册“借贷宝”并实名认证或绑定银行卡，初始注册者都可以得到奖励，拉好友越多，得到的奖励越多。虽然好友限制在两级以内的方式未形成纵向无限延展的人员链，却在横向形成了人际网络，且形成了以拉好友的人数为计算依据的奖励收益模式，形式上符合“拉人头式传销”的特征。

（三）“拉人返现”不具有“牟取非法利益”的主观目的

虽然“拉人返现”推广模式在外在表现形式上符合“拉人头式传销”的特征，具备发展人员数量形成人员链人员网、以人员数量为计酬依据的要素；但还应从实质上判断行为人是否具有“牟取非法利益”之目的。

所谓“牟取非法利益”，是指行为人的目的不是销售，而是借销售之名实施欺诈之实，商品只是道具，其意图在于骗取加入成员的钱财，或者聚拢钱财实施违法行为。

首先，“拉人返现”推广模式实际上是一次网络金融服务平台的营销活动。常见的网络金融营销的手段包括门户网站推广、搜索引擎营销、网络广告营销、电子杂志营销、E-mail、博客、微博、播客、微信、SNS、QQ营销等。借贷宝作为P2P网贷平台，是专门从事网络借贷信息中介业务活动的金融信息中介公司，主要为众多用户提供借贷信息的收集、信息公布、撮合借贷双方、借款人资信评估等服务，属于金融辅助服务。

借贷宝策划的这场声势浩大的金融服务网络营销活动实质上类似于超市中食品的营销促销活动。新产品进入市场时，前期常常推出“买一送一”“免费试吃”等赔本促销活动，其目的主要是打开市场，让更多消费者熟知新产品，进而进行购买。

同样，借贷宝作为新出现的金融服务，想要获得更多金融消费者的青睐，也需要打入金融消费市场。而借贷宝的聪明之处是借助了QQ、微信等现代网络工具、通过奖励机制吸引众多金融消费者，使自己的借贷理财产品为更多用户所熟知，从而达到推广借贷宝平台的目标，最终实现将借贷宝发展成为“普惠金融”的美好愿景。

其次，本次活动没有欺诈、骗取用户钱财的目的。借贷宝平台于2015年

8月5日和2015年8月7日分别在其官网上公告此次活动，8月7日名为“拉上好友抢现金　轻轻松松玩出钱　借贷宝大型推广活动明日重磅上线！”的公告详细地披露了参与活动的方式、返现步骤、操作方法、返现金额等。活动过程中，凡是按照活动公布的步骤操作的网友均得到了相应的返现，且参与本次活动的用户没有缴纳任何费用，也未购买任何商品，属于纯粹的得利行为。此种“只发钱不收钱”的营销模式明显没有“牟取非法利益”之目的。

综上所述，“拉人返现”推广模式不具有“牟取非法利益”之目的，此次推广活动是金融服务网络营销常采取的策略之一，不属于一般违法传销行为。

借贷宝的“拉人返现”活动在当今金融市场并不是个例。网络借贷信息中介机构“拉人返现”及其类似的变形推广模式很常见。除了借贷宝“拉人返现”模式外，还有理财客“人人分享”“人人收获”的互联网共享模式等。如果将这些提供金融服务的中介平台的营销活动均认定为牟取非法利益进而认定为传销，用打击传销的行政责任和刑事责任进行规制，无疑会打击网络金融平台的创新发展。

三、对“拉人返现”推广模式进行监管的必要性

虽然借贷宝“拉人返现”推广模式不是传销，无须在传销法律法规的监管框架下进行监管，但作为P2P网贷信息中介平台、金融服务提供平台，此种营销模式存在各式各样的风险，确有用其他手段对其进行监管的必要。

第一，“病毒式”营销策略易引发垃圾短信泛滥，扰乱网民生活安宁。“拉人返现”推广模式采取的QQ、微信等网络营销工具具有及时性和互动性强、可见度和影响力高、无边界传播等特质，其群发功能可以有效地将借贷宝的宣传视频、图片或文字群发给好友。此种群发消息一般都未经过好友同意，所以众多好友可能在不知情或根本不需要此种推广消息的情况下被此类推广消息轰炸。

第二，活动中的推广人员均为不具备金融专业知识的普通民众，易引发他人误解或导致虚假宣传。借贷宝平台的性质、借贷能力、风险高低、借贷利率在非金融专业人士的推广宣传中易发生改变，接收信息者往往也无法从非金融专业推广人员处获得关于金融服务的进一步详细介绍。出于对金融消费者的保护，网络金融营销人员应掌握金融与法律的基本知识，否则在人人均是“网络金融推销员”的“拉人返现”模式下，极有可能引人误解、引发虚假宣传。

第三，“拉人返现”推广模式容易使金融消费者失去理智。借贷宝是金融理财产品信息中介平台，撮合借款人和出借人达成借款合意或为出借人提供其他理财的途径（如赚利差），针对的是广大金融消费者。金融消费者在整个金融体系中处于弱势地位，获取信息的能力较弱，处于信息不对称的地位。如果提供金融服务的公司不披露相关信息，金融消费者很难准确判断金融产品、金融公司的真实情况。且金融消费者金融专业知识水平有限，对特定种类金融商品或服务的优势和劣势、不同类型金融交易相关的收益率及风险了解极少，却极易被眼前利益所煽动。像借贷宝“拉人返现”的推广模式，以经济利益为诱饵，很容易使广大金融消费者在利益面前失去理性判断的能力，在不了解借贷宝平台的性质、功能、风险大小的情况下跟风选择该金融服务，进而陷入可能的借贷风险中。

第四，现实中P2P网贷跑路事件层出不穷。我国目前虽然对P2P网贷平台出台了专门的监管规则《网络借贷信息中介机构业务活动管理暂行办法》（以下简称《网贷办法》），对网贷平台的规范有较大的创新和突破，但对网贷平台的宣传推广阶段并未做出详细规定。

据统计，2014年全年跑路的P2P网贷平台有122家，2015年跑路平台数量骤增达1302家。非法吸收公众存款罪、集资诈骗罪等非法集资类犯罪发案数量与金额井喷。朝阳区检察院2013年至2015年6月受理上述两类案件79件，涉及投资者1.9万余人，涉案金额150.28亿元。这些P2P网贷平台之所以能够屡试不爽，重要的原因之一是其在宣传推广阶段常常以小恩小惠的返现或未来高额回报为诱饵。如果在事前推广营销阶段就加强监管，可以起到防患于未然的作用。

四、“拉人返现”推广模式的法律监管路径

我国目前对“拉人返现”推广模式的监管以《广告法》《网贷办法》为主，从广告宣传的真实性出发，考虑是否夸大、虚假宣传或有无扰乱金融消费者生活安宁，均是形式上的监管，未从倾斜保护金融消费者等实质角度进行监管。

（一）对垃圾广告的监管

1. 向好友发送的链接、邀请码属于《广告法》规制的广告。

广告活动可以分为商业广告活动和非商业广告活动，商业广告活动是以营利为目的的宣传活动，容易对消费者和社会经济秩序产生影响，非商业广告活动不以营利为目的，《广告法》第 2 条第 1 款调整的则是商业广告活动。该条要求《广告法》调整的商业广告活动须直接或者间接地介绍自己所推销的商品或者服务，即广告的目的是推销商品或者服务，不以推销为目的的介绍，不属于该法的调整范围。介绍包括直接介绍商品或服务和对企业形象进行宣传等的间接宣传，而间接宣传的目的乃是使消费者对企业认可，购买其商品或者服务。

向好友发送的链接、分享的邀请码是否属于《广告法》规制的广告要看除了邀请码、链接以外是否有其他内容。如果只是邀请码或链接，则并不具备实质内容，也就无推销借贷宝服务、宣传借贷宝平台的目的。然而，借贷宝“拉人返现”推广活动中的邀请码和链接实际上是借贷宝手机软件的宣传广告——发送给好友的邀请码链接写着“装借贷宝了吗？下载借贷宝，注册时填写邀请码 HGK1H18，可得 20 元”，链接中还有借贷宝的图标。由此可见，该链接不仅仅是告知好友有“现金返现”活动，更是为了推广借贷宝平台，使更多的金融消费者认可借贷宝平台、使用其借贷服务。所以，“拉人返现”活动的推广链接或邀请码属于《广告法》规制的广告。

2. 向好友单独发送“拉人返现”活动的行为是发放垃圾广告。

《广告法》第 43 条对垃圾广告进行了规定：任何单位或个人在未经当事人同意或者请求的情况下，均不得向当事人的住宅、交通工具等发送广告，也不得以电子信息方式向其发送广告。如果发送广告者在得到当事人同意或者当事人请求的情况下以电子信息方式发送广告的，也应当明示发送者的真实身份和联系方式，并向接收者提供拒绝继续接收的方式。此条规制的主要目的是使他人私人生活空间的安宁免受无关商业信息和服务的侵扰，尊重和保护他人的私生活。

当事人请求或者同意是单位或个人向其发送广告的前提。该条不仅规范向自然人的住宅、交通工具等发送广告的行为，还规范以电子信息方式向自然人发送广告的一切行为，包括通过电话、短信、传真、电子邮件、社交媒体平台、应用软件等方式发送广告的行为。如果未经对方好友同意，通过短信、微信、微博、QQ 等途径向好友发送链接、分享邀请码，就会违反《广告法》对垃圾广告的禁止规定，属于发放垃圾广告；但经好友同意向其发送链接或邀请码的行为除外。

对于发送垃圾广告的行为，《广告法》规定可以进行罚款处罚。

3. 向 QQ 空间、朋友圈发送“拉人返现”活动的行为不是发放垃圾广告。

虽然在未经对方好友同意的情况下，通过短信、微信、微博、QQ 等途径向好友发送链接、分享邀请码的行为会违反《广告法》关于垃圾广告的规定，但将活动的链接或邀请码分享到自己朋友圈或 QQ 空间的行为不应认定为违反该规定。

首先，禁止垃圾广告的立法目的是保护他人私人生活空间的安宁免受无关商业信息和服务的侵扰，而朋友圈和 QQ 空间本来就是展示生活状态、分享心情的平台，属于开放的公共空间，不仅好友可以看，其他的非好友经过申请也可以看，不属于私人空间或领域，也就不会对他人私生活空间的安宁造成侵扰。

其次，该分享行为针对不特定人，未针对任何特定好友，只是分享到自己的账号，好友可看，也就不属于向特定人发送广告。再者，朋友圈或 QQ 空间有屏蔽相关好友的功能，如果有相关好友觉得一些推广服务对自己的私生活造成了侵扰，可以选择“不看相关好友的朋友圈”功能或屏蔽该好友。

（二）对虚假或引人误解的宣传的监管

广告监管更为重要的是对虚假、夸大、引人误解的宣传的限制，《广告法》《网贷办法》均对该宣传推广作了专门规定，而借贷宝在官网上提前将活动方案公布，并公告提现的操作方法，并未涉及虚假宣传，本文在此不作详细分析。

五、英国监管模式对我国的启示

我国目前对诸如“拉人返现”等金融服务的营销模式监管十分宽松，英国对金融营销行为的监管却非常严格，其对金融服务营销的监管经历了全面严格限制到限制但有条件地豁免的转变。《2000 年金融服务与市场法案》对金融营销行为的禁止很好地解决了 E-mail、互联网等新技术的发展导致的投资广告、骚扰电话泛滥的情况。此后历次修法，又对金融服务营销行为的禁止做了豁免规定，既做到有效规制金融服务营销行为，又避免了限制过于严格而使金融市场失去活力。

为了保护金融消费者，我国有必要借鉴英国目前对金融服务营销活动采取的成熟的监管方式。

（一）英国对金融服务营销行为的监管

英国《2000 年金融服务与市场法案》第二部分“受监管活动与禁止的活动”第 21 条对金融推销行为进行了限制。该条规定，任何人在业务经营过程中均不得邀请或劝诱他人参加投资活动。除非该人得到了授权或该人即将传播的内容经过授权人的批准。

第 25 条规定了违反金融推销行为限制的刑事处罚：经简易程序定罪的，处以不超过 6 个月有期徒刑，或不超过法定最高限额的罚金或两罚并处；经公诉程序定罪的，处以不超过 2 年有期徒刑或罚金或两罚并处。

由此可见，《2000 年金融服务与市场法案》对金融推销遵循批准授权（全面禁止少数例外）原则，对推销行为进行了严格的监管。在英国，任何人或公司推销金融服务或金融产品，需要获得政府相关部门的授权或已经授权的主体的批准。

全面禁止金融推销主要原因是对投资者进行保护。他们认为，投资业务本身很难做到全面监管，对投资者的保护更多地依赖于限制宣传资料的传播。在通过《2000 年金融服务与市场法案》前，英国官方政府更是直截了当地指明金融服务的营销行为如广告或未经请求的电话推销会导致消费者做出重大或有时高风险的承诺，所以政府需要对此做出特定的控制以便更好地保护金融消费者。如此严格的监管也遭到了众多学者的质疑。有学者批评对金融推销的严格监管使得很多金融机构失去了活力，融资难度加大；英国公民对投资活动的兴趣降低，金融市场低迷；很多未被授权却急需融资的金融公司的金融服务推销行为可能因此而成为刑事犯罪行为。

对此，英国2001年出台了《2000年金融服务与市场法（金融推销）法令2001》[The Financial Services and Markets Act 2000（Financial Promotion）Order 2001]，对上述严格的监管模式进行了变通，出台了针对特定金融推销行为的豁免规制。

此部法案详细具体地规定了禁止金融推销的豁免规则，例如对英国境外投资者的金融推销行为的豁免，对经消费者允许的实时通讯（real time communications）推销（拜访、对话或其他交互式对话）豁免，接连的非实时通讯（non-real time communications）推销（信件、电子邮件、公开出版物）的豁免，经消费者请求的推销，对投资专业人士的推销，包含在新闻记者撰写的新闻稿件、公开出版物中的推销与保险和存款业务中推销的豁免，某些受控活动的豁免，等等。

2005年，英国出台了《2000年金融服务与市场法（金融推销）法令2005》[The Financial Services and Markets Act 2000（Financial Promotion）Order 2005]，对2001年的金融推销法令进行了进一步的修改和完善，主要增加了对电子商务推销（electronic commerce communication）的豁免条件，即电子商务推销的内容涉及社会服务信息时，可以不适用金融推销限制规定；对公司高管和正在公司任职的人作为合格服务的一部分所进行的推销的豁免，此种合格服务中的推介不能是有组织的市场营销活动，必须是高管或任职人员口头形式作出，而非以书面形式进行传播或展示；对某些非请求的实时通信的豁免，豁免条件是宣传者有合理理由相信接受者能够理解参与投资活动相关的风险、宣传人有合理理由相信接受者预期由他就该通讯所涉及的投资活动进行联络、所述通信是一次性通信。

此后，英国又陆续出台了关于《2000年金融服务与市场法（金融推销）法令》的修正案，对禁止金融推销的豁免规则进行了进一步完善，主要包括向公众发行的有价证券要约条款、要约价格的豁免，招股说明书的豁免；老板在员工购买工作相关保险时对保险产品的推介豁免，豁免前提是老板推介保险产品得不到任何回扣或其他利润，只是为了员工的利益考虑，且推介形式应该是实时对话或在非实时通信中明确指出员工有权向权威人士或代表寻求建议。

（二）对我国的启发

1. 明确金融服务营销行为的监管部门。英国的金融行为监管局（FCA）负责对英国金融市场的监管工作，包括金融服务营销行为的监管。我国对金融服务营销行为的监管部门并未明确。《网贷办法》第六章“监督管理”在我国对 P2P 平台首次建立了行为监管和机构监管的金融监管分工制度。按照办法，银监会及其派出机构负责制定 P2P 平台的市场活动监管制度，实施日常行为监管，各地方人民政府负责对平台的机构监管。然而，关于金融服务营销的监管是属于行为监管的范围还是机构监管的范围，应由地方银监局还是地方金融办来查处并未明确。因此，我国应首先完善《网贷办法》，明确规定网贷平台各监管部门的分工合作，进而确定金融服务营销行为的监管部门，为进一步落实监管方案打下基础。

2. 对金融营销采取备案制例外豁免的方式。按照上述英国法的规定，假如借贷宝在英国想要实行“拉人返现”营销模式，首先需要向 FCA 提交申请，在得到其授权或已经授权主体的批准之后方可进行。

根据英国的豁免规则，因借贷宝的营销推广模式是通过短信、微信、QQ 等实时通讯设备进行，如果其“拉人返现”的营销模式想要取得豁免授权或批准，需要经过接受者（消费者）允许。

我国可以借鉴英国对金融服务营销严格监管模式的同时采取折中方式，对金融营销行为采取备案制。像借贷宝这种大规模“拉人返现”的推广活动在实施之前，需将推广的具体方案、针对的消费者、推广的期限、推广的媒介（邮件、微信、短信、QQ）等报我国相关主管部门备案，备案后再开展相关营销活动。借贷宝在实施营销活动的过程中，应严格按照已经备案的方案实施，如果未遵守备案的方案，监管部门应对其进行严格的处罚。

但对专业投资人士推销不需要备案。如果“拉人返现”推广活动针对的人群是专业投资人士，则不必向金融监管部门备案。因为这些人都具备基本的金融基础知识，对借款利率、平台性质、风险大小比较熟悉，不必从程序上限制平台的发展。

3. 金融服务营销人员专业化。借贷宝大规模“拉人返现”的推广活动没有专门营销人员，实际上活动的任何一个参与者均承担营销人员的角色。此种营销模式尽管便利、低成本，但却隐含各种风险。对此，我国应借鉴英国，在金融服务营销活动中，必须要求具有金融基础知识的营销人员。具体在借贷宝“拉人返现”活动中，公司可以派出具有金融基础知识的营销人员组成答疑或咨询小组，供广大活动参与者咨询。

4. 违反金融服务营销规定的处罚部门及措施。英国对违反金融服务营销规定的处罚措施较为严厉，既可以判处罚金又可以判处有期徒刑还可以二者并罚。将违反金融服务营销的行为入刑无疑加大了处罚力度。反观我国，《网贷办法》第40条将处罚权交给了地方金融监管部门，处罚措施多为监管谈话、出具警示函、责令改正、通报批评、违法违规行为记入诚信档案等软性条款。再加上地方金融监管部门在地方保护主义下很难公正处罚，很容易因处罚力度不够导致监管流于形式。所以，应明确违反金融服务营销规定的处罚部门及具体措施，使金融服务营销监管能够得到有效执行。

探秘“乐买宝”

王　超*

内容提要

“乐买宝”作为一款信托产品，并未涉及信托计划的拆分销售，也与信托计划的质押融资无关，但其投资门槛低至百元、最高收益达15%、单期项目委托人多达数万，诸多细节让人不解，其中的奥秘或许值得我们细细探究一番。本文从乐买宝产品的商业模式与交易结构入手，就乐买宝模式的商业逻辑与模式的合法性进行分析，并就如何完善交易设计提出建议。

关键词

乐买宝　单一资金信托　保证金质押　合格投资者

2016年9月21日左右，由聚划算、蚂蚁金服、中信信托合作推出的乐买宝系列产品在蚂蚁聚宝APP上正式上线。凭借“边消费，边赚钱”的宣传口号，该款产品迅速走红，截至2016年12月28日累计参与人数已超过46万。

同余额宝、招财宝等产品不同的是，乐买宝对接的是一款以中信信托为受托人的单一资金信托产品。作为一款具有私募性质的信托产品，其投资门槛何以降低至百元、单期产品委托人多达数万？

依据现有资料可知，乐买宝系列产品并未涉及信托产品的拆分销售，投资门槛的降低缘于业务模式与交易结构的独特设计。业务模式上，产品为单一

*　作者单位：北京大学金融法研究中心。

资金信托，因此不受合格投资者规定的限制；交易结构上，设立 SPV（服务商）以实现对资金的集中运作，规避产品被视为集合资金信托的风险。

乍一看，上述设计堪称完美，投资门槛的降低有助于大众享受信托产品的较高收益，颇具普惠金融的意味。但细细推敲，还是可以发现不少漏洞。单一资金信托项下，虽然委托人的账户是独立的，但在投资过程中，资金的混同不可避免，也意味着每期产品的委托人须共担风险，从这个角度来看，乐买宝系列产品是不是更像一个集合资金信托？

带着这一疑问，本文开始了探索之旅。

一、乐买宝商业模式

首先用一则案例简单介绍下乐买宝业务模式。

在校大学生小李为淘宝白金会员，平日里非常喜欢网购。11 月初，一次偶然的机会，他在网络上看到了关于乐买宝产品的介绍，“边消费，边赚钱”“最高收益达 15%”等宣传语吸引了他，于是他决定先投 100 元试试。几天后，他通过蚂蚁聚宝 APP，购买了“乐买宝 012 号”产品，并获得了一个虚拟会员卡卡号 0004470002483970，产品期限为 180 天、预期基础收益率为 3.7%。产品到期后，他大概可以拿到 101.8 元。半个月后，小李在乐买宝商城购入蒙牛纯甄酸奶两盒，总价为 46 元。消费次日，小李便从蚂蚁聚宝 APP 上看到了收益提升记录，提升数额为 1.56%，持有资产预期到期金额为 102.59 元。

通过这次购物体验，小李认为乐买宝这款理财产品还是比较适合“剁手族”的，只不过就目前来看，乐买宝商城提供的产品种类相对较少。如果单纯为了追求 15% 的高收益而盲目消费，或许并不值得。结合这次体验，小李感觉乐买宝产品像是信托与团购的结合，特殊的地方在于无论是投资收益，还是团购折扣最终都折合成总的信托收益，在产品到期后以现金的形式返还给投资者。

1. 乐买宝是信托产品吗？投资门槛为何低至百元？

乐买宝为蚂蚁金服旗下品牌，平台的运营权与所有权归蚂蚁乐买宝（上海）信息技术有限公司。现阶段，乐买宝作为消费金融产品销售平台，对接的是聚划算、蚂蚁金服、中信信托合作推出的单一资金信托产品。各期产品的期限均为 180 天，信托产品的推介期在 7 天左右（信托公司可以延长或缩短推介期）。前 11 期的起买金额均为 1000 元，超出部分以 1000 元的整数倍递增，自第 12 期开始降为 100 元，超过部分以 100 元的整数倍递增，单期产品投资上限为 5 万元。

依据《乐买宝用户服务协议》，该款产品由中信信托提供，蚂蚁乐买宝只负责提供信息及相关技术服务，并未给产品提供明示或者暗示的担保，不承担销售的最终责任。中信信托是该产品的受托人，依据各期信托合同，中信信托对信托财产进行管理、运用及处分，有权收取固定信托报酬（信托资金的金额 0.15%）以及浮动信托报酬。用户如需购买该款产品，须与中信信托签订《单一资金信托合同》。单从合同文本上看，乐买宝为单一资金信托产品并无争议。其投资门槛低至百元也可以得到合理的解释，因为现有信托监管规则并未给单一信托设置投资门槛。〔1〕

2. 乐买宝 15% 的高收益如何做到？如何解释消费返利？

依据《单一资金信托合同》以及中信信托与服务商的《采购协议》可知，信托设立后，委托人交付的资金为本次信托初始的信托财产。中信信托依据委托人的指令将该笔资金支付给服务商，用于受益人会员权益的购买以及担保受益人履行相关会员义务。在资金闲置期间，服务商依据《采购协议》以及信托合同的授权，可以将该笔资金投资于银行存款、信托产品（包括集合信托计划、单一信托产品等）、央行票据等，该等投资所产生的收益一并作为保证金。从已发行产品来看，信托期满后，不考虑消费返利，投资者可以获得 4%、3.8% 或者 3.7% 的现金收益。〔2〕

4% 与 15% 之间相差不少，多出的收益又是从哪儿来的呢？答案就是消

〔1〕《信托投资公司资金信托管理暂行办法》第 6 条曾为资金信托设置了一个 5 万元的投资门槛，但该办法已于 2007 年 3 月 1 日废止。目前涉及资金信托投资门槛的规定主要是《信托公司集合资金信托计划管理办法》第 5、6 条，要求投资一个集合资金信托计划的最低金额不少于 100 万元，至于单一资金信托的投资门槛目前未有相关规定。

〔2〕 乐买宝产品的预期基础收益率前几期为 4%，后面降至 3.8%，最近维持在 3.7%。参见《乐买宝收益率多少？乐买宝怎么达到 15% 收益率？》，载南方财富网：http://www.southmoney.com/P2P/201611/885558.html，最后访问日期：2016 年 12 月 28 日。

费返利的存在并体现到最终收益中。依据《特约商户协议》，特约商户有义务向投资者提供会员权益，具体表现在投资者在特约商户处消费，依据产品类型以及消费金额的不同获得数量不等消费奖励，此部分消费奖励由服务商统一收取，在扣除合理费用后，最终划归到信托账户。[1]投资者消费得越多，获得奖励也越多，因此理论上讲最高收益可达15%。当然，投资者不可能一直获得消费奖励，当消费奖励加基础收益部分超过15%时，依据信托合同，多出部分为信托公司浮动报酬。因此，投资者获得奖励的数额受到投资金额的限制，15%的收益率对应的基数为投资者持有乐买宝资产的总额。以最新一期产品为例，借助平台上的收益模拟计算器可以发现：买入乐买宝1000元，需消费2800元，方可提升总收益至15%；买入乐买宝5000元，需消费14，000元，方可提升总收益至15%。

为什么商家会向投资者提供返利呢？返利的资金从何而来？原因其实很简单。互联网时代，流量为王，为了导流，增加自身商品的曝光度，商家不惜花费巨额广告费。如果平台可以为商户提供消费营销服务，且流量可观的话，商家当然乐意拿出一部分资金购买该服务。具体到乐买宝这款产品中，信托产品的销售，让众多投资者在获得优质产品与消费奖励上具有了利益一致性，具备了一致行动的基础。大家通过服务商这个平台，聚集到一起，实现了买方的组团，进而在交易中获得了议价优势。从这个角度来看，消费返利似乎有点类似于团购中的折扣，只不过它最终是以现金收益补偿的方式返还给消费者。

3. 乐买宝交易结构如何？

从资金链条视角对乐买宝产品的交易结构（如图1所示）进行分析，可以发现它主要由两部分组成：

第一，会员权益购买与行使。投资者先通过蚂蚁聚宝APP与中信信托签订“乐买宝 ××× 号”《单一资金信托合同》，然后中信信托将信托资金全额

---

〔1〕 依据《特约商户协议》，当会员在特约商户处完成消费，服务商有权向特约商户收取服务费，服务费为每笔消费金额的一定比例，具体比例根据会员消费时附件所示的商品品类决定，一般为1%~3%。服务商收取服务费并扣除合理成本后，将剩余资金作为会员的消费奖励通过中信信托分配给相应受益人。

支付给服务商，其中部分资金用于向服务商支付采购服务费。依据《采购协议》，投资者将成为服务商的会员，基于服务商与特约商户之间的《特约商户协议》，投资者可以获得特约商户提供的会员权益。当投资者在特约商户处消费，基于商品种类以及消费金额的不同，投资者可以获得金额不等的消费奖励，此部分奖励由服务商统一收取，并在会员的会员卡有效期满一日起的一个工作日内将该部分消费奖励支付给中信信托，之后由中信信托将该部分消费奖励作为信托利益分配给受益人。

第二，保证金的交付与运作。中信信托依据委托人的指令将信托资金支付给服务商。在资金闲置期间，服务商依据《采购协议》以及信托合同的授权，可以将该笔资金用作投资，该等投资所产生的收益一并作为保证金。中信信托对于资金的运作行使监督权。产品到期后，服务商将把会员对应的剩余保证金（包括保证金收益）退还中信信托。上述消费奖励以及剩余保证金均为信托财产，在扣除税费、信托费用及负债后，中信信托将剩余财产作为信托收益支付至受益人（用户）的指定账户。

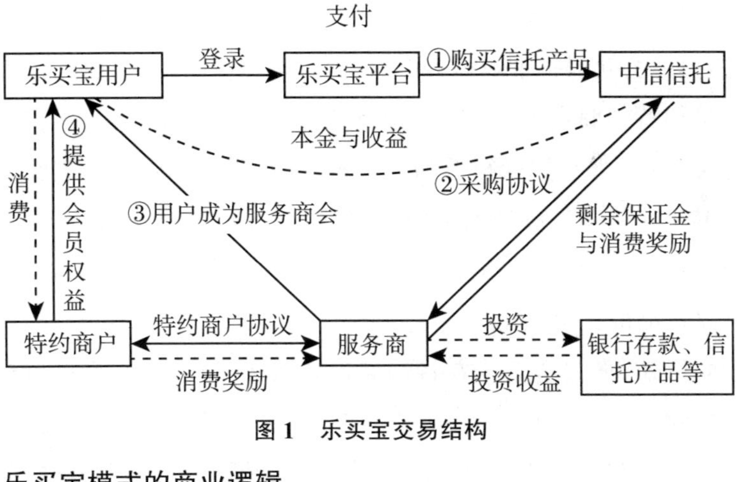

图 1　乐买宝交易结构

二、乐买宝模式的商业逻辑

乐买宝产品落地距今为时尚短，诸多设计还不是很完善，但这并未影响投资者购买该款产品的热情——单期产品认购人数多达数万。伴随着投资人数的增多，乐买宝商城上特约商户数量也在不断增加。种种证据表明，乐买宝模式正在彰显其存在的价值。那么它背后的商业逻辑是怎样的呢？投资者、乐买宝平台、中信信托、特约商户各方主体利益诉求为何？这些诉求又是怎样实现的？作为 SPV 的服务商在整个交易链条中发挥着何种功能？

1. 投资者：降低消费成本、追求资产高收益

如何在日常消费中获得折扣，是困扰众多消费者的一个问题。最早，消费者可以通过办会员卡的方式获得会员优惠价，但事实上可能并不划算。一方面，消费者须额外支付一定的工本费；另一方面，购买会员卡的同时往往需要充值，消费者面临着商家跑路的风险。伴随着互联网的发展，团购模式开始兴起，人们通过美团、大众点评等网站团购商品或者服务，进而享受优惠，降低了消费成本。与此同时，各种消费返利网站也如雨后春笋般冒出来。返利网站给商家提供营销服务，进而按照实际销售金额收取佣金，然后将部分佣金分配给消费者。相较于团购，如果折扣相近，消费返现对消费者来说具有极大的诱惑力。但目前部分返利网站游走在电商边缘，“空对空”的假单交易容易沦为网络传销，[1]高额返利也存在法律风险。

在乐买宝模式中，也存在会员卡，但投资者基本上无须为此支付费用；也存在消费返利，但模式清晰。第一，投资者通过购买信托产品，在享受基础投资收益的同时，会获得一个虚拟会员卡，进而取得享受消费返利的资格；第二，服务商对接的特约商户大多为聚划算平台上优质商家，投资者只有实际购买商品或者服务之后才可以获得返利。总体而言，消费返利具有保障。

乐买宝产品总体定位是消费金融产品，虽然它的主要功能是为了降低用户的消费成本，但作为一款信托理财产品，它还是具有一定的金融属性。投资者购买理财产品的最大目的当然是实现资产的保值增值，追求较高收益。依据产品合同可知，若投资者未在特约商户处消费，产品到期后他可获得 3.7% 或者更高的收益，与余额宝、招财宝等产品的收益率相比，显然是较高的，对于投资者而言具有一定的吸引力。此外，消费返利折合成现金收益使产品最高收益可达 15%，也颇吸引眼球。

---

〔1〕 参见《高额返利是场“空对空”金融游戏》，载法制网：http://www.legaldaily.com.cn/bm/content/2012-08/20/content_3779461.htm?node=20733，最后访问日期：2016 年 12 月 28 日。

2. 乐买宝平台：丰富金融商品类型、增加聚划算平台用户流量

乐买宝为蚂蚁金服旗下品牌，平台入口内嵌于蚂蚁聚宝 APP。目前，蚂蚁聚宝 APP 上已上线的重量级产品有余额宝、定期（招财宝等）、基金、存金宝。乐买宝产品的上线，丰富了蚂蚁聚宝这一金融理财超市的商品类型，满足了投资者多样化的投资需求。

不过更为重要的一点是，乐买宝平台能够为聚划算平台导流，增加平台的成交额。阿里的电商平台，成就了支付宝，是支付宝最重要的场景之一，并为蚂蚁金服输入源源不断的动力来源——支付宝曾经为阿里电商生态提供了信用保障与支付服务，但更多时候，势能是从阿里电商平台导入蚂蚁金服的。[1] 乐买宝的推出，有助于这一局面的改善，让此前更多是单向流动模式，变成交互模式。借助乐买宝系列产品，蚂蚁金服可以向阿里电商导流，将蚂蚁聚宝的用户导入“聚划算”，有助于形成“投资＋消费”的生态闭环，用户可以在阿里巴巴内部平台享受投资与消费的“一站式”服务。

3. 中信信托：积累客户资源、培育新的增长方式

在乐买宝系列产品中，中信信托收取的管理费并不可观。为什么它还要做这款产品呢？理由其实很简单。首先，当乐买宝产品发行达到一定规模，且用户踊跃消费，中信信托将有机会收取金额不菲的固定以及浮动报酬；其次，在乐买宝系列产品管理过程中，中信信托作为受托人可以收集用户资产、消费等信息。通过对资产金额以及消费习惯的分析，中信信托可以从海量的客户群数据里发现高净值客户，从而实施金融产品的营销。[2]

此外，现阶段，传统的投融资类信托监管趋严且风险较大，信托公司亟须寻找新的业务模式与增长点。乐买宝系列产品，可以归类为单一事务管理类信托，此类业务中信托公司并不承担主动管理的角色，也不是风险承担的主体。因此，信托公司偿付压力相对较小。在监管趋严、市场风险偏好相对下降的情况下，事务管理类信托业务具有一定的竞争优势。乐买宝系列产品，可以

---

〔1〕 参见《“乐买宝”——蚂蚁进化论，2.0“余额宝”的尝试》，载百家号：http://zennew.baijia.baidu.com/article/687324，最后访问日期：2016 年 12 月 28 日。

〔2〕 参见李巍：《消费信托的价值体现》，载《学习与探索》2016 年第 3 期。

看作中信信托在该类业务中的又一次尝试。

4. 特约商户：丰富消费场景、提前锁定客户

特约商户进入乐买宝交易链条的原因，在解释消费返利过程中有所提及，核心目的是给商户导流，增加销售机会。淘宝以及聚划算平台已经过了粗放式发展的年代，商家之间竞争日益剧烈，获得客户的成本不断增加。拓展新的销售渠道，降低营销成本势在必行。在乐买宝模式中，除了在淘宝网上直接购买带有乐买宝标示的商品外，用户可以直接通过蚂蚁聚宝 APP 进入乐买宝商城，理财与消费在同一平台内完成。总体而言，用户消费场景得到了丰富，特约商户的产品可以获得更多的关注。乐买宝模式也有助于解决商户"老客户留不住，新客户抓不住"的商业难题。借助消费奖励，商户可以提前锁定客户。一方面，购买乐买宝产品的投资者，大多有潜在的消费需求，此部分用户通过消费奖励很容易固定住；另一方面，即使投资者暂时没有消费需求，但是消费奖励的存在可能激发客户的消费热情，吸引用户进入乐买宝商城消费。

5. 服务商：关于其功能的两个解释

交易环节的增加，通常意味着产品运营成本的上升，而这必然会摊薄产品的最终收益率。初看乐买宝交易结构（见图 1），对于服务商这个角色可能会有些许疑惑。理论上讲中信信托完全可以直接与特约商户对接，服务商似乎有些多余。但细加分析的话，笔者以为可能有两方面的考量。

第一，考虑到用户多样化的消费选择。若提供消费奖励的商户只有一家，由信托公司直接接洽并无问题。但在乐买宝这款产品中，不仅买方实现了组团，聚划算平台上的卖家也实现了组团，遵守标准相同的返利规则。这样做的好处是可以满足多样化的消费需求，改善用户体验。当然这也带来两个问题：其一，如何与商家沟通以及进行统一管理；其二，如何让投资者获得享受消费返利的资格。此时就需要一个平台企业对买方与卖方资源进行整合，服务商刚好可以扮演这个角色。依据《采购协议》用户成为服务商会员，进而享受会员权益。另外，依据《特约商户协议》，商户有义务向服务商会员提供消费权益。最终的效果是：以消费奖励为主要形式的消费权益被纳入会员权益，用户获得消费返利资格。

第二，规避产品被视为集合资金信托的风险。乐买宝系列产品虽然名为单一资金信托，但单期委托人多达数万。若资金直接在信托公司层面进行沉淀与集中管理，产品到期后投资者可以获得现金回报。依据《信托公司集合资金信托计划管理办法》第52条规定，“两个以上（含两个）单一资金信托用于同一项目的，委托人应当为符合本办法规定的合格投资者”，乐买宝系列产品极有可能被视为集合资金信托计划，进而需满足合格投资者的相关要求，投资门槛低至百元明显违规。服务商的加入，可以在一定程度上规避上述风险。资金虽然在中信信托处归集，但并未在此层面进行投资管理，信托公司只起到一个通道的作用。信托专户项下，每个委托人都有一个虚拟账户（如图2所示），[1]信托资金单独核算。中信信托基于委托人的指令，将该笔资金支付给服务商，并对资金的使用行使监督权。在服务商层面，每个委托人都有对应的虚拟保证金账户，同样实行单独核算。表面上看，虽然资金实际上经由信托专户划转到保证金账户，但委托人虚拟账户之间是一对一的，似乎并没有混同，这无疑有助于规避产品被视为集合资金信托的风险。当然，这种设计还存在不少瑕疵。具体在下文分析模式合法性时进一步探讨。

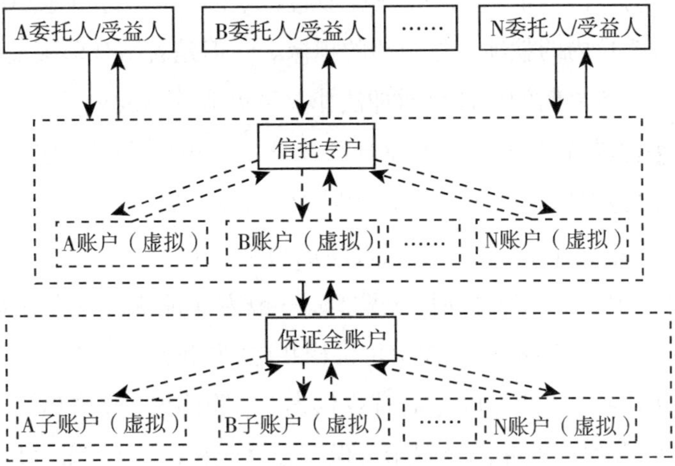

图2　委托人、中信信托、服务商之间资金流

〔1〕 参见杨晓宴:《升级版消费信托结构：消费权益提供方组团，认购门槛低至千元》，载《21世纪经济报道》2016年10月26日，第11版。

三、乐买宝模式合法性探讨

诚然，乐买宝模式在商业上具有一定的合理性，满足了多方利益诉求。但投资门槛低至百元，单期项目委托人数量多达数万，还是与信托产品的私募属性相悖。服务商的加入，让交易结构变得更加复杂，在一定程度上规避了产品的合规性风险，但具体效果如何尚有疑问。中信信托基于何种理由将信托资金交付给服务商进行管理？若这一问题不能得到合理的解释，上述规避措施的实际效果将大打折扣，乐买宝产品可能貌似合法，实则非法。

1. 保证金？

中信信托与服务商之间的资金往来，主要基于《采购协议》。《采购协议》主要有两层法律关系，即买卖合同关系与保证金质押关系。买卖合同关系比较好理解，中信公司依据委托人的授权，向服务商采购会员权益，进而支付一定费用。关于保证金质押关系，《采购协议》是这样规定的："为获得本协议约定的会员权益，并担保会员承担其在本协议等交易文件下的义务和责任，中信信托须向服务商支付保证金。双方同意，该等保证金构成保证金质押法律关系。"保证金质押，又称为保证金账户质押、金钱质押，主要运用于银行贷款领域。保证金质押作为动产质押的一种形式，其本质是通过对账户内资金的特定化，从而将账户内的款项用作履约的担保。[1]但是若结合乐买宝产品合同加以分析的话，二者之间的保证金质押法律关系可能并不成立。

第一，担保功能未充分体现在合约设计中。虽然合同规定，保证金在用户行使会员权益但未按约定支付费用时，由服务商直接予以扣划并转移给特约商户。但实际操作中，这种情况发生的可能性很小。排除利用花呗、京东白条等购物情况，客户若想在网上购物，一般需保证账户资金充足。下单的同时，相应资金一般会被第三方支付机构扣除，待确认收货后，最终支付给卖家。此外，在信托期满后，服务商有权依据《采购协议》收取相当于保证金金额0.35%的服务费。但此部分费用与保证金总额相比，显然微不足道。

第二，未移交债权人占有。无论是动产质押的一般规定，还是作为特例形

---

〔1〕 参见陈宜芳、吴凯敏：《保证金账户资金质押的成立要件探析》，载《人民司法》2013年第24期。

式的保证金，都明确要求质押物“移交债权人占有”。[1]那么在中信信托与保证金质押法律关系中，主债权人是谁呢？服务商吗？显然不是，虽然服务商有收取服务费的债权，但该债权金额较小，远远低于担保物的价值。相较而言，特约商户更像是主债权人。[2]但由于特约商户在信托合同设立时并不特定，因此将保证金移交给债权人占有并不现实。那么由服务商占有保证金的唯一解释，就是服务商依据《特约商户协议》获得授权，作为商户的代理人占有与控制保证金。但查阅《特约商户协议》相关内容后，笔者并未发现相关委托代理条款。因此，服务商对于保证金的合法占有，可能并非基于其债权人或者债权人代理人地位，而是基于中信信托事实上的转委托。[3]

第三，保证金未充分特定化。依据《采购协议》，服务商有权将保证金投资风险较高的信托产品，虽然基础资产由保险公司提供增信，但也存在亏损减值的风险。账户与资金的特定化，为保证金质押法律关系有效成立的要件之一。虽然账户内的资金可以浮动，但是不能用于其他结算。[4]简言之，对于保证金，质押权人并不能随意使用。因此，中信信托与服务商之间的保证金质押法律关系可能并不成立。双方在合同中明确约定“双方同意，该等保证金构成保证金质押法律关系”，似乎也有一种底气不足的感觉。

2. 预付款？

如果中信信托与服务商之间保证金质押的法律关系不成立，那么中信信托支付的大笔资金是否构成预付款呢？依据《采购协议》可知，信托成立后，服务商会向受益人提供会员卡卡号，作为受益人享有会员权益的凭证。中信

---

〔1〕 参见魏雁飞、文穗：《银行保证金质押若干问题的法律分析》，载《海南金融》2016年第1期。

〔2〕《采购协议》3.4.2：会员行使会员权益时未按本协议或会员与特约商户达成的约定支付应付费用，服务商有权从保证金中直接扣除相应款项并支付给特约商户，用以支付会员应向特约商户支付的相关费用。

〔3〕《采购协议》3.1：中信信托、委托人、受益人确认并同意，服务商可以使用保证金投资于银行存款、信托产品（包括集合信托计划、单一信托产品等）、央行票据等。

〔4〕 参见汪江宁：《金钱质押设立条件之认定——以〈担保法〉司法解释第85条为中心》，载《中南财经政法大学研究生学报》2016年第3期。

信托向服务商支付的大额资金是否留存在虚拟会员卡内，以供受益人未来消费呢？显然不是。所谓“边消费，边赚钱”，指的是：只有当投资者在特约商户处完成消费后，才可获得消费奖励，但消费并不能动用信托资金。该笔资金只有当投资者在特约商户处消费但未按约支付时，才会从服务商处划转到特约商户。但现实网购中，这种情形发生的概率很小。

此外，如果该笔资金构成预付款，信托期满后，服务商依据合同有义务返还剩余资金以及收益，这种做法明显违反《会员卡管理试行办法》第2条：“会员卡不能分红派息，也不能还本付息。”虽然由于人民银行的职能变化，该办法最终在2007年被废止，但仍具有一定的参考意义。此外，在预付款项下，很难解释服务商有权将该笔资金投资于信托产品，因为依据商务部出台的《单用途商业预付卡管理办法（试行）》第24条〔1〕，企业应将预付款主要用于主营业务。若仅从《合同法》的角度解释预付款，服务商可以收钱，但是一旦涉及还本付息问题，则很容易落入非法集资规制的范畴。综上，中信信托向服务商支付的资金不构成预付款。

3. 转委托?

无论是从保证金角度，还是从预付款角度，除去购买会员权益部分需要支付的小额资金外，中信信托将资金转移给服务商的理由都不充分。

实际上，中信信托与服务商的保证金质押法律关系更像是名义上的担保，实际上却是转委托。投资者基于信托合同，将资金委托给中信信托管理，但由于在乐买宝产品设计中，中信信托只是扮演一个消极管理、通道的角色，因此资金并未在中信信托层面进行投资运作。信托资金汇集完成后，基于委托人的指令〔2〕，中信信托又将资金委托给服务商管理。

---

〔1〕　“发卡企业应对预收资金进行严格管理。预收资金只能用于发卡企业主营业务，不得用于不动产、股权、证券等投资及借贷。”

〔2〕　产品合同部分条款的概括同意，例如，《单一资金信托合同》5.2 本合同项下的信托为指令、被动管理型资金信托，即双方同意由受托人根据本合同约定、委托人指令的用途对信托财产进行管理。根据委托人的指令，本信托项下的信托资金将用于如下用途：由受托人以信托资金向服务商支付保证金；《会员权益采购协议》3.1 中信信托、委托人、受益人确认并同意，服务商可以使用保证金投资于银行存款、信托产品、银行票据等，该等投资所产生的收益一并作为保证金。

若服务商完全独立，中信信托仅仅是转委托，后果如何？若投资决策的自主权完全由服务商享有，中信信托仅仅作为一个通道，在每一个单一资金信托中，承担消极管理人的角色，将每笔资金转委托给服务商。由于资金在虚拟账户中，是相对隔离开来的，而且在中信信托层面没有集中管理运作，因此，产品尚难以被认定为集合资金信托。虽然中信信托没有问题了，但服务商即将面临着大麻烦。每期的信托资金经由信托专户进入保证金账户（如图 2 所示），假设在中信信托层面账户是隔离开的，那么由信托专户到保证金账户的资金流，其实可以拆分成数万笔小额资金流。它们的结构是：A 委托人账户—信托专户—保证金账户—投资。虽然保证金账户下面也有虚拟子账户，但是在投资运作过程中，不可能是每笔资金单独购买信托产品或者央行票据等，因为资金量明显达不到。实际做法肯定是将每期资金汇集起来，由服务商统一管理，信托期满后，服务商扣去合理费用，通过中信信托将本金与收益分配给委托人。这种做法的最终效果是：服务商借助中信信托面向公众吸收资金，且到期还本付息。完全符合非法集资的公开性与投资性。[1]一旦服务商被认定为非法集资，那么整个产品的合法性也就无从谈起。

4. 左手倒右手？

如果仔细考察中信信托与服务商之间的关联关系（如图 3 所示），则可以看出服务商作为中信信托的关联企业，其投资决策很可能由中信信托的工作人员作出。服务商的全称为“上海聚信常扬投资合伙企业（有限合伙）”，合伙企业创设于 2015 年 12 月 24 日，执行合伙人为聚信泰富（深圳）基金管理公司。若对执行合伙人的股东实施穿透的话，最终追溯到企业为中信信托有限责任公司与原域有限公司，可见中信信托与服务商之间存在一定的关联关系。从信托合同字面理解来看，服务商享有保证金管理的自主权。但由于信托公司与服务商之间存在关联关系，理论上讲也不排除信托公司直接或间接对投资决策施加影响。而一旦投资决策完全由信托公司做出，则此时服务商将完

---

〔1〕 参见彭冰：《非法集资行为的界定——评最高人民法院关于非法集资的司法解释》，载《法学家》2011 年第 6 期。

全沦为交易指令的执行者，成为中信信托的马甲，而这又会带来什么后果呢？

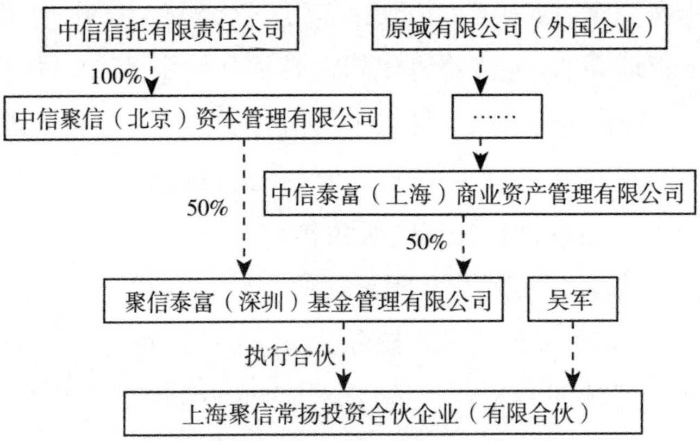

图3　中信信托与服务商的关联关系

若服务商只是中信信托的马甲，那么完全可以将中信信托与服务商进行实质合并。合并之后的后果是：虽然信托资金由信托专户转移至保证金账户，但自始至终并未离开受托人中信信托的控制范围。在保证金的运作过程中，虽然交易指令是由服务商发出，但投资决策可能完全取决于中信信托。若不考虑会员权益购买与行使环节，乐买宝产品的交易结构可以简化为：委托人（受益人）向中信信托交付资金，中信信托对信托资金进行投资管理，信托期满后，向受益人分配收益。这种结构又有什么问题？如果委托人只有一个，当然没有问题。但如果委托人多达数万，问题就很大。乐买宝每期产品对接均是“中信信托消费信托 ××× 号项目”，数万个单一资金信托均用于同一项目。依据《信托公司集合资金信托计划管理办法》第52条，此种情况下委托人应当为该办法规定的合格投资者，并适用该办法规定。一旦乐买宝产品被视为集合资金信托，由于产品投资门槛低至百元，中信信托明显违反《信托公司集合资金信托计划管理办法》第5条第1项：委托人为合格投资者。

四、完善建议

结合上文分析可知，由于中信信托向服务商交付的信托资金无法得到合理的解释，最终的后果有两个：要么服务商涉嫌非法集资，要么中信信托涉嫌违反《信托公司集合资金信托计划管理办法》的相关规定。这是不是意味着整个产品的设计都要被否定呢？显然不是，乐买宝系列产品作为一款消费金融产品，满足了投资者、乐买宝平台、中信信托、特约商户的多样利益诉求，具有一定的商业合理性与价值。不过上述法律风险，也不能忽视，如何完善交易设计，优化乐买宝的商业模式，值得进一步思考。

方案A：以预付款代替保证金，取消预期基础收益

保证金质押法律关系的成立，需要满足诸如转移债权人占有、特定化，以及发挥担保功能等要求，这些在乐买宝交易架构中很难做到。但若取消预期基础收益，允许投资者在信托存续期间动用信托资金，则中信信托向服务商支付的资金似乎可以以预付款之名得到合理解释。一方面，投资者在特约商户处消费时，可以动用该笔资金；另一方面，由于不存在收益返还，也不会违反非法集资以及会员卡管理的相关规定。当然，预期基础收益的取消，可能会降低产品的吸引力。为了留住投资者，服务商或许可以选择与天猫超市、淘宝等平台合作。投资者购买乐买宝系列产品，即可免费获赠一定数额的天猫超市券以及淘宝淘金币等。

方案B：余额宝2.0——“公募基金＋会员权益”

余额宝最具革命创新之处在于它实现了投资账户与支付账户的对接，打破了投资与消费的界限。乐买宝产品的设计哲学与其类似，但在投资与消费的融合上更进了一步，消费为投资增益，形成了“投资＋消费”的生态闭环。从某种意义上看，乐买宝像是余额宝的进化版。那么乐买宝可否借鉴余额宝的运作模式，以“公募基金＋会员权益”的方式来优化自身的商业模式？理论上讲是可行的。以封闭式公募基金与乐买宝对接，投资者在购买乐买宝产品的同时获赠会员权益，此部分权益由服务商免费提供。产品到期后，基金收益以及消费返利统一向投资者支付。

方案C：“保险＋信托”

目前在我国，只有银行和保险机构享有吸收公众资金进行信托产品投资的资质。[1]乐买宝模式存在的最大问题就是，无论是中信信托还是服务商都没有资质面向公众吸收资金。保险公司的加入，可以有效解决这个问题。保险

〔1〕 参见徐晓雪：《陆金所富盈产品合理合法性分析——从信托100违法角度对比》，载《互联网金融与法律》2014年第4期。

公司通过销售理财险的方式汇集资金，进而以自己为委托人与中信信托成立单一或者集合资金信托。中信信托将信托资金分为两部分：一部分向服务商采购会员权益，另外一部分直接投资于信托产品、央行票据等。信托期满后，中信信托向保险公司分配信托利益，保险公司向保险人兑付收益。不过正如文中所说，交易主体或者交易环节的增加，往往意味着运营成本的上升，最终会摊薄产品的最终收益率。保险公司加入之后，为了保证3.7%或者更高的预期基础收益率，在资产配置时，中信信托可能要增加高风险资产的比重，这可能要求投资者具有较高的风险承受能力。“保险+信托”的方式，可以消除乐买宝模式在合规性上存在的隐患。但考虑到保险资金大部分将用来购买风险较高的信托产品，为了让投资者的风险承受能力与产品的风险程度相匹配，需要设计适当的投资门槛与投资限额。

五、结论

乐买宝作为一款信托产品，在诸多方面实现了创新，打通了投资者（消费者）、理财超市、信托公司、电商平台、商家的需求和痛点，实现了投资与消费的结合，具有较高的商业价值。但由于在该款产品中，信托公司直接面向公众吸收资金，且在保证金运作过程中，各期产品募集的资金投向相同。因此，产品可能违反集合资金信托以及非法集资相关的监管规定，存在较大法律风险。原有交易结构中，借助服务商规避法律风险的做法，由于中信信托向服务商支付的信托资金得不到合理的解释，可能无法达到预期效果。但这并不意味着乐买宝整个交易模式都要被否定，若以预付款代替保证金，或者引入公募基金以及保险公司的方式来优化乐买宝的交易设计，产品本身的合规性风险有望进一步降低，从而更好地服务于投资者以及其他交易主体。

第二部分

发薪日贷款研究

论发薪日贷款的运作机理

姬莹莹[*]

内容提要

发薪日贷款从本质上说是一种消费信贷，也是边缘银行业的一种，三十年来它在全世界得到迅速发展，主要是因为其填补了主流银行留下的业务空白，能够满足具有不良信贷记录消费者的需求。由于该领域存在市场失灵问题，各国纷纷采用各种方式予以规制，但并非一概禁止。发薪日贷款在我国也存在发展空间，我们应该借鉴国外的监管经验，保障发薪日贷款的顺利引入，保护消费者的合法权益。

关键词

发薪日贷款　市场状况　合理性　弊端　规制

发薪日贷款（Payday Loan），也被称为发薪日提前、延期付款交易、递延保证金交易，是一种小额、短期、无担保贷款，借款人承诺在几周之后偿还贷款，且通常是用他们下一个薪水支票来支付。该种贷款形式作为一种舶来品被引入中国，但它究竟是英雄，还是恶人，能否真正提高消费者福利呢？对此大家莫衷一是，需要回溯其本源，揭开其面纱，探讨其运作机理，对其予以客观的看待。

一、发薪日贷款的历史发展过程

从历史上来看，发薪日贷款最初是作为支票兑现服务的变形发展起来的，

---

* 作者单位：北京大学金融法研究中心。

即支票兑现机构提前提供给个人较低数额的现金，作为回报支票兑现机构同意向个人提前兑现支票。支票兑现服务从1983年开始兴起，到了20世纪90年代，发薪日贷款开始从该项业务中发展起来。

一开始，支票兑现机构在周末对个人支票进行兑现，获得支票总额10%的费用，但对于工资支票或者政府支票只收取3%的费用。后来，消费者希望兑现机构能够在周四给他们兑现，并持有支票到周一。兑现机构逐渐发现，市场中对于兑现未来的支票存在很大的需求，并被该商机吸引，同时对额外的风险和服务收取大约5%的费用。这一模式受到消费者的欢迎，他们写一张可以在将来兑付现金的支票，从而获得一张收费35美元、价值100美元的支票，发薪日贷款由此逐渐成型。[1]

最初，发薪日贷款人努力将该业务定性为只"提供一种收取固定费用的服务"，而非贷款业务，以逃避《诚实信贷法》《高利贷法》等法律的管制，甚至俄亥俄州在1995年专门通过立法，将发薪日贷款人从《高利贷法》中进行豁免，但随着司法实践的发展，该目的最终未能实现。

发薪日贷款法律监管方式变迁中的转折点是1997年美国Hamilton诉York一案。该案中，原告与位于肯塔基州的HLF支票兑现公司进行交易，一种是支票兑现交易，另一种是延迟交易。原告向被告提交一张支票换来了现金，被告同意持有支票两个星期，并约定原告可以付款赎回支票，且原告能够推迟偿还支票，被告的收费是支票总额的20%。两星期届满后，被告允许原告推迟兑现他们的支票，对价是每周收取原始金额的10%。原告支付了延迟费用以获得更多的时间偿还最初的支票，并与被告交易总计25次。

原告声称被告知道或理应知道在支票兑现及延迟交易中，其在银行中没有充足的资金来偿还给被告的支票，而且被告收取了520%的年利率，远远超过肯塔基州利率及《高利贷法》规定的360%上限。

被告依据支票兑现法规，声称他们并没有收取利息，这些只是兑现支票的服务费。原告则认为他们兑现支票及推迟收费换来的是偿还最初支票的额外

〔1〕 Ronald J. Mann and Jim Hawkins, "Just Until Payday", *54 UCLA L. Rev.*, p.855.

时间，而不是兑现支票的费用。

法院认为，二者的交易实质上就是计息贷款。被告并不是兑现原告的支票，而是向他提供可以每周收取10%来延迟的短期贷款。支票兑现被认为是一种服务费，是因为兑现机构不是由于对方使用它们的钱而收费，而是因为它们向没有储蓄的人提供了供给即时现金的服务。“利息”是法律规定或双方约定因为使用或延期使用金钱的补偿，本案中被告收取的就是利息。

原告还声称，被告没有以《诚实信贷法》规定的方式披露交易条款，比如520%的年利率。被告辩称他们不需要遵守《诚实信贷法》，因为该法不能涵盖此类交易。法院认为，原被告之间的延迟还款交易涉及原告提前从被告获得现金的偿还，原告担负了债务并延迟了还款，这些交易属于《诚实信贷法》的适用范围。被告通过支票兑现来掩盖自己的消费信贷业务，不披露利率及收费，并向原告威胁可能进行刑事诉讼。

综上，原被告之间的交易不是支票兑现服务，而是一种短期计息贷款，所以都要适用《高利贷法》、《消费信贷法》及《诚实信贷法》。[1]

在发薪日贷款的发展历史过程中，监管机构对其性质及规制态度发生了较大的转变，而如何对其进行定性直接关系到发薪日贷款机构信息披露、贷款利率等方面的运作模式及营利水平。不管发薪日贷款机构的主张如何，政府监管部门的态度趋势都是将其视为一种消费信贷，并纳入相关法律的监管范围。

二、发薪日贷款的市场状况

（一）世界概况

发薪日贷款产生于20世纪90年代的美国，但现在已经成为一个世界现象，在英国、加拿大、瑞士、澳大利亚、新西兰都有所发展，成为消费信贷的重要组成部分。同时，值得注意的是，工资贷款（payroll lending）在新兴市场也很流行，比如印度、南非及其他抵押法与不良信用记录文件不甚完善的国家，

〔1〕 Gregory Hamilton, and Dana Hamilton, Plaintiffs, v. Larry York D/B/Ahlt Check Exchange, LLP, Defendant, 987 F. Supp. 953; 1997 U.S. Dist. LEXIS 19780.

工资经常是唯一可以担保的东西。

发薪日贷款行业在金融危机之后得到迅速发展，有些跨国公司同时在多个国家从事该项业务，而且其特殊性也引发了学界与监管机构的讨论。随着政府监管的加强，发薪日贷款应该会呈现出放缓的态势，另外由于互联网的普及，发薪日贷款出现的欺诈等问题具有全球性，这需要国家之间以及国际组织之间的合作。

（二）美国

美国是发薪日贷款的发源地，最早产生于 1990 年，最初发薪日贷款机构认为他们的交易不是贷款，只是一种支票兑现服务或支票销售。发展到 1999 年，发薪日贷款机构在全国的数量超过 10，000 家，到 2005 年 5 月翻了一倍，机构数量甚至超过了麦当劳，行业交易量达到 40 亿美元。[1]

目前美国使用发薪日贷款的人数为 1200 万 ~1900 万人，用户平均借款期限达 6 个月，每年借 13.5 次。发薪日贷款分别在零售商店和网上予以推广，其中网上贷款占总数的 38%。发薪日贷款机构每年创造大约 130 亿美元的收入，贷款额大约是 600 亿美元。[2]

美国有四个发展迅速的大型公众公司，同时提供发薪日贷款及其他服务，比如支票兑现与典当。其中 Advance America 与 Cash America 是两家最大的公司，在 2006 年每家都有将近 670 万美元的收入，超过 4500 名员工及 12 多亿美元市值。EZ Corp 与 First Cash Financial Services 的规模大概是前两者的一半，也是有力的竞争者。另外一个主要的贷款机构 Ace Cash Express 在 2006 年从公众公司转为私人持有公司。最后就是小型独立区域公司，大部分是由家庭使用有限资本来持有并运转。此外，一些发薪日贷款公司在南达科他州和特拉华州与没有利率限制的国家银行合作，有些银行比如 Wells Fargo

〔1〕 Mary Spector，"Taming the Beast，Payday Loans，Regulatory Efforts，and Unintended Consequences"，*DePaul University DePaul Law Review*，2008，57，p.961.

〔2〕 Roger Alain Szajngarten，"Payday loans and globalization in the age of the Internet – policy recommendations"，*Journal of Money Laundering Control*，Vol. 18 Iss 3，2015，pp. 252 – 265.

也会直接从事发薪日贷款业务。[1]

（三）英国

在英国，发薪日贷款是高成本短期贷款（high-cost short-term credit）中的一种类型，由非银行实体——专业消费信贷公司提供。贷款机构类型主要分为两类，一是小型、家庭运作且产品单一的商店，二是大型跨国公司的部门。公司经营方式包括实体零售店，或者使用远程沟通方式（如网络、手机、短信群发系统或移动设备），或者二者兼用。一些专门从事发薪日贷款的公司同时也从事典当、外汇交换业务。

英国发薪日贷款市场结构比较集中，有三家最大的公司，分别是 Cash Euro Net、Dollar、Wonga，2012 年它们的收入占该行业全部收入的 70%，前 10 家企业占总份额的 90% 以上。同时市场集中度上升很快，特别是价格上限政策进一步降低了公司的营利能力，迫使更多的公司退出该市场，只剩下一个零售贷款者和几个网络贷款者。

不过，在英国，该行业似乎在萎缩，因为其快速增长是金融危机的直接后果。从 2008/2009 年的 9 亿英镑增长为 2011/2012 年的 20 亿 ~22 亿英镑。在 2012 年，740 万 ~820 万英镑的新贷款发放给大约 120 万的客户。到 2013 年增长速度已经慢了下来，新的监管限制措施很可能降低了借贷规模并进一步导致行业增长速度的下降。[2]

（四）澳大利亚

在澳大利亚，过去十年里贷款机构数量呈爆发式增长。20 世纪 50 年代澳大利亚的很多贷款机构相继倒闭，然而，到了 20 世纪 90 年代，发薪日贷款机构在澳大利亚重新出现，这是对经济监管状况改变的回应，其中一个因素就是对金融行业的放松管制。

2001 年，82 家贷款机构每月只有 12，800 次贷款，接下来的 10 年里增加

〔1〕 Edward C. Lawrence and Gregory Elliehausen, "A Comparative Analysis of Payday Loan Customers", *Contemporary Economic Policy*, Vol. 26, 2008, pp.299-316.

〔2〕 Andrea Fejős, "Achieving Safety and Affordability in the UK Payday Loans Market", *burnal of Consumer Policy*, 2015, pp.181–202.

了20倍，到2011年，该行业规模达8亿美元，110万澳大利亚人平均每年要贷3次款。

澳大利亚发薪日贷款行业的特点在于经营规模大、产品多样化及客户市场方面的不均匀性。Cash Converters、City Finance、Money3与Cash Stop Financial Services拥有全国连锁店，此外还有一些单一贷款机构只有一个或两个店面。Cash Converters与Money3已经在澳大利亚证券交易所上市，它们的收入增长非常快，但Cash Stop Financial Services业务则处于停滞状态。Nimble是一家新兴的网上贷款机构，其创始的第二年收入就以46%的增长速度达到1270万美元。

此外，发薪日贷款行业中的大型公司在小额贷款领域之外还运营着其他重要业务，而且新建立的贷款机构只是把小额贷款产品视为它们业务的入口点而非支柱业务。比如，尽管Cash Converters在小额贷款市场中有重要的业务，但这仅占了其金融服务业务的40%，其余主要投向二手商品的零售业务。

同样，不均匀性及产品的多样性也延伸到网上部门，提供小额贷款的网上贷款机构中的一半同时提供中额贷款及商业贷款，总额高达1000美元的个人贷款也可以在网站上获得。

澳大利亚网上小额贷款市场处于动态发展之中。截止到2014年5月，小额贷款产品可以通过65个网站获得，其中6个网站提供其他贷款机构的链接，22家同时有实体店面。Cash Converters是主要的店面贷款机构，其2014年网上业务的价值比2013年增加了160.9%。网上部门的持续发展正在改变传统借款人的人口分布状况。小额贷款行业不仅表现出在后管制环境中的增长，同时回应了贷款产品和商业科技的创新。主要贷款机构的合并、网络市场的升起、新的借款人及发薪日部门与金融资本的机构融合，这些因素促使小额贷款行业逐渐成为主流。[1]

---

〔1〕 Jasmine Ali and Marcus Banks, "Into The Mainstream: The Australian Payday Loans Industry on the Move", *JASSA The Fincial Journal of Applied Finance* I, 2014, p.35.

（五）我国

我国发薪日贷款行业相比前述几个国家发展较晚，而且是借由互联网金融快速发展的热潮而兴起。目前该行业整体规模较小，学界和官方还未做出系统的研究与报告，且推广方式主要是网络和微信等社交平台。但也有几家公司积极引入该种产品，代表有拉卡拉集团的“替你还”业务、微额速达的现金巴士业务。

拉卡拉集团成立于 2005 年，产品比较多样，包括支付、征信、信贷及实体产品，信贷产品中包括“替你还”、“POS 贷”与“易分期”。[1]现金巴士推出于 2014 年，产品比较单一，主要集中做小额短期贷款业务。

目前，发薪日贷款在我国还处于引入与初创阶段，政府监管部门的态度还不明确。

三、发薪日贷款的经济合理性

发薪日贷款迄今为止已经发展 30 余年，行业规模得到迅速发展，其背后的原因值得思考。本部分先对发薪日贷款在美国的商业运转模式进行介绍，然后分析它存在的经济合理性。

（一）商业运转模式

发薪日贷款具体的运作方式是：当客户申请发薪日贷款时，贷款人会提供小额的现金，金额通常在 50~1000 美元。作为交换，客户给贷款人一张个人远期支票，数额为贷款金额加上贷款费用。贷款的期限通常是两周，贷款到期时，借款人可以选择全额偿还贷款并收回远期支票，或者支付一定费用将贷款延期两周。如果所在地禁止贷款延期的，可以支付费用再申请一个贷款，否则贷款人就会将支票兑现。也就是说，贷款人不接受部分还款，客户如果没有一次偿还全部的贷款金额，那么其仍处于负债状态。

举例来说，Kate 借了期限为 14 天的 300 美元贷款，向发薪日机构出具了金额为 345 美元的支票。到期之后，她手中的现金不足以支付 345 美元，却能够支付 45 美元的费用，她可以支付 45 美元对该贷款进行延期。如果她没有

---

〔1〕 载拉卡拉公司官网：http://www.lakala.com，最后访问日期：2016 年 6 月 10 日。

这样做，贷款人就会兑现该支票。

发薪日贷款的基本特征是小额、在下个发薪日到期、贷款人可以获得支票账户或者贷款人可以在贷款到期时兑现支票。其他特征不是必然存在，而是会有所变化，比如上述所说的只支付利息来进行展期或者长期分期偿还。〔1〕

（二）存在的经济合理性

1. 市场需求的存在

发薪日贷款产生并迅速发展的首要原因是具有相应的市场需求，这也是其存在的最大合理性。因为主流银行不能准确甄别某类型客户的风险，因而不愿向其发放小额无担保消费信贷。另外，主流银行产品设计也不符合某些客户的需求，比如提供产品的速度太慢、产品和服务的营销定位已经排斥了某些客户。〔2〕举例来说，银行信用卡透支贷款可能构成对发薪日贷款的替代，但是对于很多资信状况不好或者没有存款的人，银行不太可能为他们提供透支贷款。如果他们遇到紧急情况或者财务困境，将很难获得金融产品或服务以渡过危机。

为此，美国掀起了信贷民主化（democratization of credit）运动，出现了很多边缘银行（fringe banks），发薪日贷款就是边缘银行行业中的一种。对发薪日贷款的用户而言，能够获得信贷就是一种福利改善。

此外，即便有些人能够获得主流信贷产品，他们可能也会更偏爱发薪日贷款，这主要是因为发薪日贷款获得资金更为便利及迅速，对其更合适，另外还因为他们对主流银行缺少信任。

以美国为例，可以分析发薪日贷款的便利性优势。首先，相比传统银行，发薪日贷款申请程序简单，借款人只需要提供家庭住址、支票账户、驾照和社会保险号、工资单的存根、发薪日即可，不需要说明为什么需要贷款。〔3〕其次，发薪日贷款机构比银行工作时间更长。传统的零售业务，借款人到发薪日贷

---

〔1〕 载美国消费者金融保护局官网：http://www.consumerfinance.gov/askcfpb/1567/what-payday-loan.html，最后访问日期：2016年6月13日。

〔2〕 参见李猛：《发薪日贷款：特点、争论和启示》，载《国际经贸探究》2008年第5期。

〔3〕 See Deena Reynolds, "A look at Payday Loan &current regulation in Texas", *8 Tex.Tech.*

款机构，给贷款机构提供一份包括本金和利息的远期支票，就能得到一笔在下个发薪日到期的小额现金贷款。消费者也可以在网上完成贷款申请(也有通过传真进行的，尤其是需要文件的情况下)，贷款直接划到借款人的账户中，贷款和其他费用在借款人的下个发薪日直接通过电子账户支付。

所以说，不能获得传统主流信贷产品群体的需求及偏爱发薪日贷款便利性群体的需求，使发薪日贷款得以产生并壮大。这也体现了“普惠金融”的理念，即建立一个有效地、全方位地为所有社会成员服务的金融体系，保证每一个社会成员在有获得金融产品与服务的需求时，能够以合适的价格及时享受到便捷高效的金融服务。这也能够缓解家庭及个人在特殊情况下的财务困境，帮助消费者处理紧急财务状况，提高个人和社会对金融危机的应对弹性。

2. 高利率的合理性

对发薪日贷款批评最多的就是年利率过高，其实这具有一定的合理性。首先，年化利率可能高估了消费者的真正成本。发薪日贷款的期限很短，对于能够迅速偿还贷款的消费者，成本并不高。其次，对于发薪日贷款机构，其收取的利率很大部分需要用来覆盖交易成本，就像其他小额金融交易需要大量的费用一样；[1]发薪日贷款机构并不对借款人的资质进行严格审查，而且其主要服务对象的资信水平较差，所以该业务违约率较高，贷款的高成本与高风险是成比例的，这也符合基本原理；同时发薪日贷款的单次贷款规模很小，营利较小，也正是银行业放弃这一领域业务，转向营利更多的大规模贷款的原因。所以从整体来说，发薪日贷款的收费与成本是相匹配的。透支支票的年利率也相当高，与之相比，发薪日贷款的成本可能较低。相比典当或先租后买商店，发薪日贷款可能会提供更好的信贷条款。

3. 降低财产犯罪

有学者依据加利福尼亚州的犯罪数据做了研究，发现小型非暴力财产犯罪行为与缓解财务困境之间的关系最为直接。发薪日贷款的存在提高了面临

〔1〕 See Richard Hynes, “Payday Lending, Bankruptcy, and Insolvency”, *Washington and Lee Law Review 69.2*, Spring 2012, pp.607-648.

取消抵押权或由于财务困境而不得不进行小型财产犯罪的家庭的福利。自然灾害发生后，终止回赎权就会大量发生，但如果能够获得信贷，这种现象就会减少。发薪日贷款机构为面临财务困境的个体提供积极的服务，减少了小型财产犯罪发生的概率。[1]发薪日贷款能够满足消费者面临个人灾祸时解决紧急开支的需要，满足底层人民正常的生活开销和金融需求，帮助他们维持基本的生活水平，尽量避免消费者寻求非正规的高利贷，进而导致高利贷盛行，也能减少因此产生的违法犯罪活动，减少社会无序情况的发生。

四、法律上的质疑及规制

虽然发薪日贷款存在很大的经济合理性，但对其争议也很激烈，受到很多质疑。有学者认为，发薪日贷款的问题根植于其设计之中。发薪日贷款最根本的问题，在于与更加正式的主流贷款形式不同，它不是为改善借款人经济状况的目的而服务。相反，它经常把借款人置于一个比他们最初寻求贷款时更糟的境地。这种影响并不是偶然的。[2]

（一）质疑

1. 高利贷

发薪日贷款人会收取高额费用，借款人所支付的费用按年利率计算，通常能够达到百分之几百。比如1999年美国消费者协会对20个州的230个发薪日贷款人进行的调查发现，贷款人发放100~400美元发薪日贷款的利率达390%~871%之高。在2001年的调查中，美国消费者协会发现235个借款人里，有三分之一对期限为14天的100美元贷款支付的年利率超过500%。该协会调查的所有州对相同贷款收取的年利率平均达470%。

允许发薪日贷款收取的最高费用取决于管理交易的州法律。爱达荷州、新罕布什尔州、新墨西哥州及威斯康星州对小额贷款没有利率或高利贷限制。该调查同时发现，在特拉华州和爱达荷州两个没有高利贷限制的州，平均年利

〔1〕 See Adair Morse, “Payday lenders: Heroes or villains?”, *Journal of Financial Economics* 102, 2011, pp. 28–44.

〔2〕 See Adair Morse, “Payday lenders: Heroes or villains?”, *Journal of Financial Economics* 102, 2011, pp. 28–44.

率是 470%。而且，发薪日贷款人可以通过与位于允许较高年利率收费的州的银行合作来回避州高利贷法。[1]

在英国四种合法高成本信贷中，发薪日贷款的利率最高，年化利率通常为 50% 左右，不同机构之间利率差别较大，个别极端情况年化利率可达 4200%。[2]高年利率使发薪日贷款具有高利贷的嫌疑。

2. 债务陷阱

很多发薪日贷款的客户在贷款到期日没有足够的资金偿还整个债务，所以不得不延期贷款。“展期”通常意味着客户偿还贷款费用，将发薪日贷款的期限延长，也包括从同一贷款人处再贷款用以支付前一贷款的情形。这造成的结果是客户连续不断地偿还利息，本金依旧存在，也没有获得额外的现金，最终陷入一个难以逃脱的债务圈套。这导致发薪日贷款的短期借贷长期化，客户不能偿付的债务不断增加，最终陷入债务危机。[3]

在英国 2012 年大约有 10% 的贷款展期了 4~6 次，5% 展期了 7~10 次，甚至有超过 10 次。[4]而且允许展期也成为发薪日贷款机构赚取利润的方式，其利用了借款人经济状况，迫使借款人陷入连续不断的债务之中，更加剧了借款人的经济危机。

3. 不合适的催收行为

发薪日贷款还存在不合适的催收行为，主要体现在四个方面：通过不断地打电话来骚扰客户及其雇主、亲戚；用暴力威胁不能还款的客户；收取客户过多的赔偿金；对未能还款的人威胁提起刑事诉讼。这会违反《正当收债行为法》的规定。美国社区金融服务联合会成员以该法作为指导，保证在收债中公

---

〔1〕 Gregory Hamilton, and Dana Hamilton, Plaintiffs, v. Larry York D/B/Ahlt Check Exchange, LLP, Defendant, 987 F. Supp. 953; 1997 U.S. Dist. LEXIS 19780.

〔2〕 Roger Alain Szajngarten, “Payday loans and globalization in the age of the Internet – policy recommendations”, *Journal of Money Laundering Control*, Vol. 18 Iss 3, 2015, pp. 252 – 265.

〔3〕 Gregory Hamilton, and Dana Hamilton, Plaintiffs, v. Larry York D/B/Ahlt Check Exchange, LLP, Defendant, 987 F. Supp. 953; 1997 U.S. Dist. LEXIS 19780.

〔4〕 Andrea Fejős, “Achieving Safety and Affordability in the UK Payday Loans Market”, *burnal of Consumer Policy*, 2015, pp.181–202.

平、合法、职业，并避免使用非法威胁、骚扰或恐吓。[1]

2015 年 8 月 12 日中国人民银行发布的《非存款类放贷组织条例（征求意见稿）》第 29 条明确规定了非存款类放贷组织和外包机构进行债务催收时，不得采用不合法、不公平或不正当的手段，比如使用或威胁使用暴力或其他违法行为来损害他人的身体、名誉或者财产；侮辱、诽谤或者以其他方式干扰他人正常工作和生活；使用误导、欺诈、虚假陈述等手段，迫使借款人清偿债务；向公众公布拒绝清偿债务的借款人名单，法律、行政法规另有规定除外；向债务人、担保人以外的其他人员进行催收。这也体现了监管者通过规范不合适的收款行为，加强对借款人的保护。

4. 信息不对称

在发薪日贷款中普遍存在的一个问题就是贷款的透明度。贷款价格对于一般消费者而言很难理解，因为它取决于贷款数额、期限、分期付款结构、是否延期、追加贷款及消费者能否及时还款，消费者很难判断性价比最高的产品。[2]贷款机构在贷款成本、年利率、解约方式等方面存在未披露的问题，这可能违反了各国关于信息披露的法规，比如英国 2004 年颁布的《消费者信贷管理条例》规定，贷款机构必须把利率告知贷款申请人，包括日利率、月利率、年化利率和实际年化利率（含各项收费）。[3]

综合上述几点，可以认为发薪日贷款行业存在市场失灵的现象，比如信息不对称、行为偏差及受限的价格竞争，这是其受到质疑与批评的主要原因。英国竞争和市场管理局发现该市场的价格竞争很有限，当然这部分是因为上述信息和行为问题，使消费者很难受到竞争的影响，借款人对非价格因素进行竞争，比如申请贷款流程的速度及便利性。但这也是小型公司难以对大型公司施加价格压力的原因。结果就是，我们不能依赖典型的市场力量来解决发薪

〔1〕 See Creola Johnson, “Payday Loans: Shrewd Business or Predatory Lending?”, 87 *Minn.L.Rev.1*.

〔2〕 Andrea Fejős, “Achieving Safety and Affordability in the UK Payday Loans Market”, *burnal of Consumer Policy*, 2015, pp.181–202.

〔3〕 参见刘植荣:《全球“高利贷”的合法式生存》，载《商界评论》2013 年第 1 期。

日贷款的问题，而必须寻求政府监管手段来解决市场不能解决的问题。[1]

(二)法律上的规制

最近几年，各国针对上述发薪日贷款出现的问题及争议开始对其进行监管措施方面的改革，2010年美国《多德弗兰克华尔街改革及金融消费者保护法》开启了金融规制的新时代，其影响力范围包括从大银行到典当业主，发薪日贷款也在其监管范围内。美国联邦2011年成立的消费者金融保护局也很重视发薪日贷款问题。[2]2014年，英国金融行为监管局也开始对发薪日贷款采取新的制度。2011年9月21日，澳大利亚联邦金融服务及退休金部长向国会引入了2011年消费信贷及公司法修正案，该修正案对2009年的《国家消费信贷保护法》进行了修改，这些改革是为了降低借款人对发薪日贷款的依赖性。[3]

下面主要总结美国、英国、澳大利亚的实践来进行介绍。

1. 完全禁止

美国目前有14个州完全禁止发薪日贷款，但这并不合适。因为发薪日贷款对消费者并不都是有害的。时任英国金融行为监管局的行政长官韦奕礼(Martin Wheatley)曾说："发薪日贷款有自己的位置，很多人使用这种贷款并顺利偿还债务，所以我们不想阻止它。"而且禁止发薪日贷款对消费者福利会产生消极影响，且并不会减少对这些产品的需求，消费者仍然会寻求替代资金，甚至被迫使用主流或非主流产品，其中一些成本更高，债务循环更危险，或者申请很不方便。美国乔治亚州的例子表明，禁止发薪日贷款后，家庭会透支更多的支票、对贷款人和收债人抱怨更多，申请破产率更高。此外，这也会导致监管套利、未受监管市场逐渐兴盛的后果。

考虑到发薪日贷款的好处及直接禁止遭受的实践困难，直接完全禁止不

---

〔1〕 See Benjamin D. Faller, "Payday Loan Solution: Slaying the Hydra (and Keeping it Dead)", *59 Case W.Res*, p.125.

〔2〕 See Richard Hynes, "Payday Lending, Bankruptcy, and Insolvency", *Washington and Lee Law Review* 69.2 Spring 2012, pp. 607-648.

〔3〕 See Paul Ali et al., "The Politics of Payday Lending Regulation in Australia", *39 Monash U. L. Rev.*, 2012, p. 411.

是妥当的措施。

2. 可靠贷款制度

可靠贷款（responsible lending）是指贷款人承担背景调查及专业判断的义务，只向能够正常还款的消费者提供贷款。可靠贷款制度可以帮助消费者减少陷入不能支付的债务循环的概率。但这需要信用调查机构能够随时获得最新的消息并纠正过往的信息，而且光靠贷款规章不能解决发薪日贷款对消费者造成的损害，所以还需要特殊规定的配套实施。该项监管措施主要是对贷款机构施加注意义务来减少发薪日贷款的危害。

3. 利率上限

设置利率上限能够保护所有使用发薪日贷款的消费者，同时能够减轻延期问题，但设计一个合理的价格上限并不简单。

在欧盟，最普遍的做法是设置年利率上限，涵盖利息和除了违约金之外的所有费用。在西班牙和爱沙尼亚，该上限适用于所有的贷款，德国和法国会根据信贷类型和借款数额作出区分。一些成员国对小额贷款予以特别规制，比如在芬兰，年利率上限适用于在 2000 欧元以下的贷款，并设置为 50%，加上欧洲中央银行设置的参考利率。第二种解决方法是设置初始费用上限，并对违约金单独设置上限，即双层上限。第三种解决方法是为发薪日贷款设置多层上限，比如澳大利亚新南威尔士，英国金融行为监管局也采用了这种复杂的利率上限，具体包括对初始成本、违约金及所有贷款成本的上限。

4. 限制贷款延期

英国 2014 年机构改革与美国阿拉斯加州将允许把发薪日贷款延期的次数限制为两次，美国阿拉巴马州将延期次数限制为一次，有学者认为直接控制贷款延期是一种有效的规制方式，能够减少对消费者的损害。[1]将发薪日贷款的延期次数限制为一次或两次对于消费者来说能够维持一定的灵活性，避免无限制延期造成的债务陷阱及不理性消费，使发薪日贷款更加安全和方便。

---

〔1〕 See Paige Marta Skiba, "Regulation of Payday Loans : Misguided ?", *Washington and Lee Law Review*, 2012, p.69.

5. 信息披露

由于在金融市场普遍存在的信息偏在问题，对发薪日贷款作出特殊披露要求也能够加强对消费者的保护。

美国在1968年通过《诚实信贷法》，最高法院在 Mourning v.Family Publications Service 一案中指出，消费者对贷款义务及延期付款的成本是无知的。《诚实信贷法》的目的就是确保对贷款条款进行有意义的披露，让消费者能够容易地比较不同信贷的贷款条件。它不要求贷款人必须提供的条款，而是要求这些条款统一披露给消费者。澳大利亚法规中规定，贷款机构应该在实体店和网站上都公布警告的内容，但也有学者对该方法提出质疑，认为即便贷款人向借款人披露贷款的高成本，也不能阻止金融选择有限且面临严重现金流危机的借款人去借款。也有证据表明借款人不能理解利息，但这不是因为信息问题而是因为对他们自己行为的错误预估。

在研究各国对发薪日贷款监管方式的改革后，笔者发现它们所采用的措施大同小异，而且单个措施都不是完美的，受到条件及措施本身的限制，这需要彼此之间的协调。

五、对我国的启示

发薪日贷款其实是消费信贷的一种，借款人主要用来满足个人的日常生活需要。我国政府于2009年正式宣布启动消费金融试点，2010年成立四家消费金融公司，2013年9月银监会颁布了新的《消费金融公司试点管理办法》。[1]另外，随着互联网行业的兴起，互联网消费信贷异军突起，开辟了一个非常便利的、新的消费融资渠道，如“京东白条”“天猫分期购”。所以，伴随着互联网消费群体越来越年轻化、消费观念的改变和消费习惯的升级，互联网金融这一新鲜事物受到年青一代消费群体的热捧，负债消费已经能够为大量年轻消费者所接受。根据研究发现，我国消费金融领域存在很大的发展潜力，虽然目前短期消费性贷款的规模相比中长期消费性贷款较小，但也保持着较大的增长速度，可见发薪日贷款未来在我国有着较大的发展空间。

---

〔1〕 参见清华大学中国与世界经济研究中心：《中国消费信贷市场研究》，2015年10月。

通过上述对其合理性及弊端的分析，本文认为我们不应仅因为发薪日贷款存在弊端而完全禁止其发展，而应该对其予以规范，趋利避害，监管者应该对其利率、信息披露、消费者保护等方面予以高度重视。

当前我国监管机构对借贷领域也较为重视。2015年9月1日开始实施的最高人民法院《关于审理民间借贷案件适用法律若干问题的规定》第26条规定："借贷双方约定的利率未超过年利率24%，出借人请求借款人按照约定的利率支付利息的，人民法院应予支持。借贷双方约定的利率超过年利率36%，超过部分的利息约定无效。借款人请求出借人返还已支付的超过年利率36%部分的利息的，人民法院应予支持。"这是民间借贷利率的两条红线，但相对于发薪日贷款来说，该利率红线显然过低，不能覆盖发薪日贷款的运作成本，应当予以适当调整。

2015年8月，中国人民银行发布《非存款类放贷组织条例（征求意见稿）》，主要目的就是发展普惠金融、规范民间融资、加强金融消费者权益保护。该法规如果能够通过，将是对发薪日贷款的直接监管。因此，该法规的制定应该考虑发薪日贷款的特殊性，制定适合发薪日贷款发展的监管措施，以便更有效地规范发薪日贷款人的行为。

同时，我们也应该建立起更完善的征信系统，限制借款人借款的次数，防止其陷入债务陷阱之中。

发薪日贷款从产生之初就争议不断，但这仍然没有阻挡它的蓬勃发展。我们可以确信其既可能是英雄，也可能是恶人，不应该采用简单粗暴的堵塞之道，而应善用疏解之法使其从善发展。

美国发薪日贷款监管状况探究

陈　璐[*]

内容提要

发薪日贷款是突破了传统放贷模式的一种制度，其期限短、金额小，但年利率高，超过了传统高利贷的利率限制。针对这种新型的放贷模式，美国联邦与州监管机构有不同的规定，各州主要有三种不同的态度：禁止型、允许型和有条件允许型。正是由于发薪日贷款高利率的特点，对其的监管更应该严格谨慎，防止借款人在“绝境”下做出错误选择，因此，发薪日贷款在风险提示、机构许可以及展期贷款的次数等方面都有特殊的规定。

关键词

高利贷　消费者金融保护局　《诚实借贷法》

一、美国发薪日贷款的基本情况

（一）概念

发薪日贷款，也称薪水预付或者工资抵押贷款，由放贷人提供小额、短期、无担保贷款，借款人以此维持下一个发薪日前的开销，并在发薪日还款。[1]通常 100 美元借款的利息在 10~30 美元，期限 2 周，年化利率一般都在 400% 以

*　作者单位：北京大学金融法研究中心。

〔1〕　参见郭新明、孙天琦：《美国年化利率大于 300% 的发薪日贷款的有关情况》，载《西部金融》2012 年第 1 期。

上，按复利计算有的年利率达1000%以上。[1]

发薪日贷款通常有三个特征：(1)贷款的数额较小；(2)贷款的期限至下一个发薪日之前；(3)放贷人可以访问借款人开具的支票账户。[2]其中对于借款人的基本要求是：(1)有一个有效的银行账户；(2)对收入来源的证明材料；(3)出示有效的证件；(4)至少满18岁。[3]

(二)基本情况

实体店中消费的借款人收入分布在10,000~40,000美元，收入的中间值是22,476美元，其中超过四分之一的借款人收入超过33,876美元。[4]

借款人收入的来源中超过四分之三是全职或者临时工作的收入，当然也有一部分借款人的收入来自政府补助或者退休金。[5]同时，这些以政府补助或者退休金作为收入主要来源的借款人，收入绝大部分低于20,000美元。(见图1)

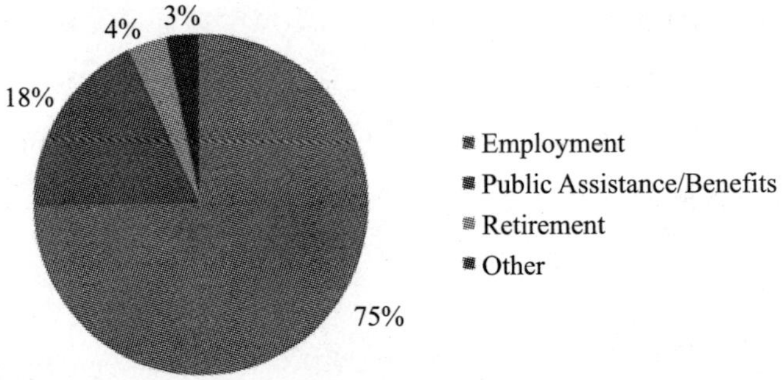

图1　借款人收入来源分布

〔1〕 See CFPB (Consumer Financial Protection Bureau), "What is payday loan?", http://www.consumerfinance.gov/askcfpb/1567/what-payday-loan.html，最后访问日期：2015年11月20日。

〔2〕 See CFPB, "What is payday loan?", http://www.consumerfinance.gov/askcfpb/1567/what-payday-loan.html，最后访问日期：2015年11月20日。

〔3〕 See "What do I need to qualify for a payday loan?", accessed December 28, 2015. CFPB: http://www.consumerfinance.gov/askcfpb/1593/what-do-i-need-qualify-payday-loan.html.

〔4〕 accessed December 28, 2015.CFPB: http://files.consumerfinance.gov/f/201304_cfpb_payday-dap-whitepaper.pdf.

〔5〕 accessed December 28, 2015.CFPB: http://files.consumerfinance.gov/f/201304_cfpb_payday-dap-whitepaper.pdf.

在消费者金融保护局（CFPB）一份对于发薪日贷款情况的报告中，将借款人开始一次贷款并且进行一次展期视为两次交易，同样地，还清贷款并开始新的贷款视为两次交易，按照这样的标准，接近一半的借款人有超过 10 次的交易，并且支付了总计 458 美元的费用，其中四分之一的借款人支付了超过 781 美元的费用。（见图 2）

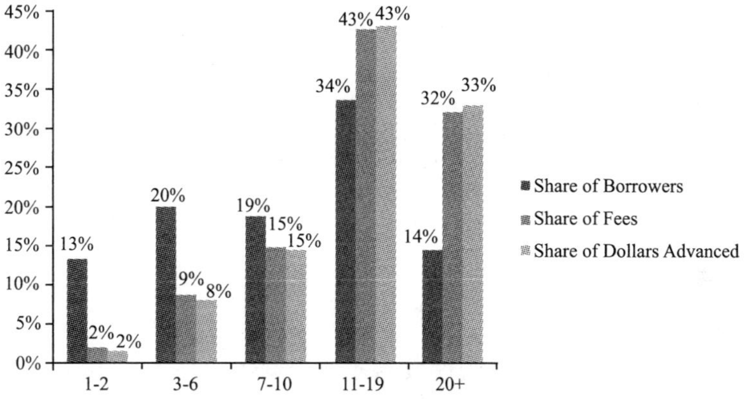

图 2　12 个月的放贷情况

美国最大的发薪日贷款机构是 Advance America，在 34 个州有 2400 多家店；Dollar Financial Corporation 是第二大机构，拥有约 1300 家店，但它的国际性比 Advance America 要强，它在英国有 345 家店，在加拿大有 459 家店。另外两个公司的发展依赖于它们之前在其他消费者金融产品的优势：ACE Cash Express 是美国最大支票兑现店的运营商，在 37 个州拥有 1371 家专卖店；Cash America 在美国国内拥有领先的典当贷款。QC Holdings 作为在 20 世纪 90 年代早期发薪日贷款产品的发明者之一，拥有 371 家连锁店。

二、发薪日贷款的贷款程序和费用情况

（一）程序

美国发薪日贷款的基本程序是：借款人到发薪日贷款机构，得到一笔在下个发薪日到期的小额现金贷款，同时，借款人给放贷人提供一份包括本金和利息的远期支票。举例来说，借款人给放贷人开出一张 120 美元的小额支票，放贷人可以在两周之后（通常是下一个发薪日）兑现，借款人立即可以得到 100 美元的现金。

放贷人一般需要审核身份证明、收入证明或银行结算单，同时结合借款人

的贷款记录，通过软件分析该借款人的条件并得出分数以评估是否允许借款人借款。[1]譬如ACE Cash Express的一家实体店，会将借款人的借款数据传送到公司的分析系统，系统会对借款人打分，接着实体店会收到该借款人被批准或拒绝贷款的通知，借款人也会收到这个通知的书面文件。[2]

贷款到期时，如果借款人账户内偿还资金不足，除贷款费用外，借款人将面临从其银行账户收取的退票费。另外，无法按期还款可能还会导致额外费用和（或）利率上调。[3]

截止到2013年，通过网络申请发薪日贷款，在美国仅占一小部分，但其正在迅速发展扩大。消费者在网上完成贷款申请，授权放款人在其借记卡账户借记（debit her deposit account），同时也有通过远期汇票或者电汇等方式进行的。贷款直接划到借款人的账户中，和其他费用在借款人的下个发薪日直接通过电子账户支付。网上贷款通常会被设定一次自动展期，借款人必须在到期日来临前联系放款人取消，说明其想按期全额还款。[4]（见图3）

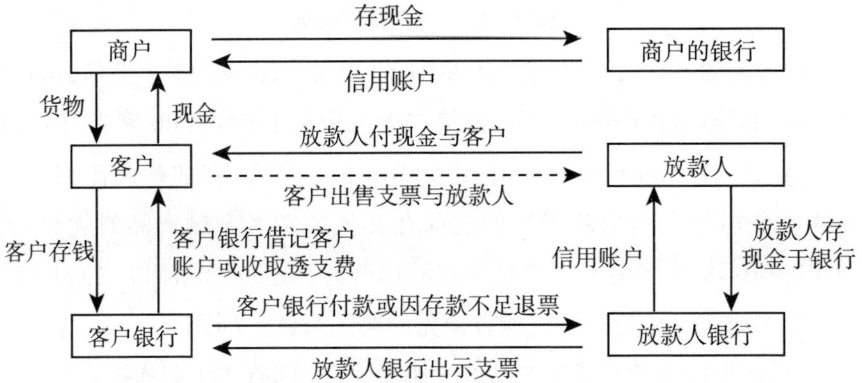

图3　发薪日贷款的交易流程[5]

〔1〕 See Mann et al., "*Just until payday loan*", *Ucla Law Rev.*, 2006, p.54.

〔2〕 See ACE Cash Express, Inc., Annual Report（Form 10-K）, at 9（Sept. 12, 2005）.

〔3〕 参见孙天琦:《美国发薪日贷款的操作及启示》，载《金融时报》2011年12月。

〔4〕 Accessed December 28, 2015.CFPB: http://files.consumerfinance.gov/f/201304_cfpb_payday-dap-whitepaper.pdf.

〔5〕 [美]罗伯特·德阳·罗尼·菲利普斯:《炙手可热的美国发薪日贷款》，张明莉译，载《银行家》。

（二）费用

发薪日贷款的费用通常与贷款数额相关联，一般不随着期限的变动而变化。在实体店中每 100 美元发薪日贷款的利息一般为 10~20 美元，利息的变化反映了各州所设置的规定。每 100 美元最常见的利息是 15 美元，对于一个 14 天的发薪日贷款来讲，其年化率达到了 391%。[1]

发薪日贷款的期限通常是两周，但是也有变化，这种变化归结于两个原因，其一是由于各州立法的规定不同；其二是还款日期取决于借款人何时取得收入，超过一半的借款人每两周获得一次报酬偿付，三分之一的借款人按月得到报酬。

三、联邦与州的监管体系

（一）美国联邦法规

美国对发薪日贷款的监管目前比较混乱，涉及不同的监管机构和法律。2003 年基于对银行风险的控制，联邦存款保险公司（FDIC）发布了《发薪日贷款检查准则》（Examination Guidance for Payday Lending），要求银行在与发薪日贷款机构合作过程中合理评估风险。[2]2005 年联邦存款保险公司开始对这一行为进行规制，限制银行与第三方发薪日贷款机构合作。在实践中，这些新规定使银行停止了与发薪日贷款机构的合作。[3]2015 年联邦存款保险公司对准则进行了修正，加强对与发薪日贷款机构相关联银行的风险控制，在资金、分类、消费者保护方面进行补充规定。[4]

次贷危机之后，美国为加强金融消费者利益的保护，加强对金融机构的监管，2010 年最终通过了《多德弗兰克华尔街改革和消费者保护法》（Dodd-Frank Wall Street Reform and Consumer Protection Act），其中一项重要的措

---

〔1〕 Accessed December 28，2015.CFPB: http://files.consumerfinance.gov/f/201304_cfpb_payday-dap-whitepaper.pdf.

〔2〕 See "FDIC Issues Examination Guidance for Payday Lending"，accessed December 28，2015. FDIC: https://www.fdic.gov/news/news/press/2003/pr7003.html.

〔3〕 Mann et al.，"Just until payday loan"，*Ucla Law Review*，2006，p.54.

〔4〕 Accessed December 28，2015.https://www.fdic.gov/news/news/financial/2005/fil1405a.html.

施便是建立消费者金融保护局(CFPB)。CFPB作为美联储下属机构,负责规范金融消费相关产品和服务,目的是保证金融消费产品与服务的公平、透明和竞争力。[1]其将承担从联邦银行监管机构及美国国际贸易委员会(FTC)分离出的部分职责,强化消费者金融保护,加强实体监管规则的制定及执法工作。[2]CFPB对非存款性金融机构监督的对象包括发薪日贷款机构,保护局应定期要求报告或者组织检查以评估其是否符合联邦消费者金融法律的要求;获得活动或者合规系统和程序的信息;评估对消费者及市场带来的风险。CFPB应制定规则实施上述监督、评估或者对风险的识别。CFPB可以要求被监管对象制作、提供或者保存一些记录。CFPB可以制定规则以确保被监管对象合法存续,有能力履行其义务。这些要求包括对其负责人、董事以及关键人员的背景审查。[3]

2013年,CFPB发布了对发薪日贷款机构的监督程序,包括市场、贷款程序和发放贷款程序、还款程序、集合和消费者报告以及服务提供者之间关系五个方面的规制。

美国联邦法律中对许多贷款规定了36%的上限,但就目前而言,联邦法律的作用有限。联邦政府没有对发薪日贷款机构设立许可制度,同时也没有规定利率上限,但是《诚实借贷法》(Truth in Lending Act)及规则Z要求对财务费用和年利率进行显著披露。[4]其目的在于保障借款人能够知悉关于放贷人的信息,确保其是在充分了解信息后作出的选择。

规则Z主要规定了以下几种信息披露的内容:第一,规则Z要求借贷合同披露总的情况以及对细节的介绍,同时其列举了一个例子解释何为总情况:提供给借款人的总的额度。这是对发薪日贷款中放贷人履行义务的基本要求。

〔1〕 参见薛嵩:《金融消费者保护的变革——以美国〈2010年华尔街改革和消费者保护法〉为中心》,载《金融服务法评论》2011年第1期。

〔2〕 参见涂永前:《美国2009年〈个人消费者金融保护署法案〉及其对我国金融监管法制的启示》,载《法律科学》2010年第3期。

〔3〕 参见胡春梅:《美国消费者金融保护局的设立与权责》,载《金融法苑》2012年第1期。

〔4〕 See Mann et al., "Just until payday loan", *Ucla Law Review*, 2006, p.54.

第二，规则 Z 要求借款合同中披露借款人为这笔贷款所要支付的费用以及借款人总共需要偿还的金额。通过这些信息，借款人可以将其与其他的消费者贷款进行比较区别。第三，规则 Z 要求借款合同中披露年化率。第四，规则 Z 要求每一份借款合同中都要披露每一笔借款的金额以及还款的时间，提醒借款人其需要明确自己在还款期到来时所要支付的费用。[1]

（二）各州规定

美国监管当局关于发薪日贷款争论的核心是发薪日贷款行业是否鼓励短期借贷长期化，此会导致客户不能偿付的债务不断增加，最终陷入债务危机。各州的政策选择在于，他们将发薪日贷款视为可以容忍的、高成本的、应急短期贷款，还是年利率高达三位数的高利贷。认识的分歧导致了各州在立法和监管过程中的松紧程度不同。[2]

美国各州大致确定三种不同的管理制度：有的允许，如密歇根州、加利福尼亚州，研究表明美国 55% 的发薪日贷款机构注册在 28 个允许发薪日贷款的州；[3]有的允许但有很多限制，如德克萨斯州；有的完全禁止，如纽约州。（见表 1）

对发薪日贷款一直存在争议。支持者认为，发薪日贷款机构运营费用与其成本相匹配，并不一定产生高额利润，同时它能够提供从其他市场无法获得的服务，并且能够增加家庭福利、降低财产犯罪，与其他可替代的方式相比，发薪日贷款的成本更低。反对者认为发薪日贷款是从低收入群体中榨取钱财，他们无法提供抵押品获得正常的低利率贷款。发薪日贷款机构利用部分借款人认知局限及应急偏好性，损害了消费者的利益，并且存在粗暴的债务催收行为。[4]

---

〔1〕 See Chris Cirillo, "Payday Loan Regulation: Any Interes? ", *Depaul Business & Commercial Law Journal*, Vol. 11, 2013.

〔2〕 参见李猛：《发薪日贷款：特点、争论和启示》，载《国际经贸探索》2008 年第 5 期。

〔3〕 参见 Pew, "State Payday Loan Regulation and Usage Rates"，载 *The Pew Chapitable Trusts*:http: //www.pewtrusts.org/en/multimedia/data-visualizations/2014/state-paydag-loan-regulation-and-usage-rates，最后访问日期：2016 年 11 月 9 日。

〔4〕 参见郭新明、孙天琦：《美国年化利率大于 300% 的发薪日贷款的有关情况》，载《西部金融》2012 年第 1 期。

表 1　三种监管模式下州的规定[1]

模式	代表的州	传统利率限制红线	发薪日贷款最高贷款金额	发薪日贷款期限要求
禁止型	马萨诸塞州	2%	–	–
	佐治亚州	3%	–	–
允许型	俄亥俄州	10%	500 美元	整个期间≥ 31 日
	密歇根州	5%	600 美元	≤ 30 日
限制型	佛罗里达州	7%	500 美元(包括费用)	7 日≤期间≤ 31 日
	科罗拉多州	7%	500 美元	整个期间≥ 6 个月

1. 纽约州的规定

纽约州完全禁止发薪日贷款。《纽约州刑法》第三部分中的诈骗犯罪第 190.40 条规定了二级高利贷犯罪：当一个人在没有法律授权或允许的情况下，有意收取或暂缓行使权利的金钱或财产作为借款利息，该利率超过每年 25%，或者在更短或更长的时间内达到相同水平利率的情况下，构成二级高利贷犯罪。二级高利贷犯罪是 E 级重罪。

第 190.42 条规定的一级高利贷犯罪：当一个人在没有法律授权或允许的情况下，有意收取或暂缓行使权利的金钱或财产作为借款利息，该利率超过每年 25%，或者在更短或更长的时间内达到相同水平利率，且行为人此前曾犯高利贷犯罪或行为人的行为是高利贷放款与收取的商业计划的一部分时，构成一级高利贷犯罪。一级高利贷犯罪是 C 级重罪。

在《纽约综合债务法》(General Obligations Law) 第 5-501 条中规定：除非在本法第五、六节中有另外的规定，利息应当包括任何金钱、物品或在行动事物或者贷款延迟所产生的费用，应按照每人每年 6% 计算，除非在银行法中有不同的利率规定。如果利息是按照下列方式收取、采用或接收的，则年利率可以超过 6%：(1) 担保的任何贷款或不动产权益由所有人占有一到六个家庭

〔1〕 See Pew, "State Payday Loan Regulation and Usage Rates", 载 The Pew Chapitable Trusts:http://www.pewtrusts.org/en/multimedia/data-visualizations/2014/state-paydag-loan-regulation-and-usage-rates, 最后访问日期：2016 年 11 月 9 日。

居住改善率;(2)根据银行法规定的股票或其他证书,形成对作为贷款的抵押房产的所有权合作中在公司或合伙企业的所有者权益。

第 6.1 条规定:除了刑法第 190.40 条和第 190.42 条,在没有法律特别规定时,上述最高利率,适用于任何 25 万美元以上的金额的贷款。

在 Otoe-Missouria Tribe of Indians v. New York State Dep' t of Fin. Servs 案中,法院指出纽约州法律禁止无授权的放贷人向借款人贷款的年利率超过 16%,超过 25% 即为犯罪。法院在判决书中提到:针对不是银行且没有营业资格的放贷人实施小额短期放贷的标准是 16%。同时,其提出在处理跨州的交易时,法院认定放贷人在发放贷款时所收集到的借款人的信息,应该可以判断其所属州是否禁止该交易。

在 Matter of People of State of New York v. County Bank of Rehoboth Beach, Delaware 一案(2007 年)中,纽约最高法院上诉庭表示:"发薪日贷款是一种典型的小额短期信贷,借款人同意在下一个发薪日偿还贷款。因为这种贷款的短期性,发薪日贷款的年化利率都高于纽约州允许的最高利率。"

2. 加利福尼亚州的法律规定

加利福尼亚州对发薪日贷款有特殊的规定,加利福尼亚州的立法机关发现消费者对于本金金额为 300~2500 美元的责任分期贷款的需求大于市场供给,因此,在 2010 年,立法机关实施了可偿付信用建立机会试点项目,作为填补供需差距的第一步。为执行该试点项目,加利福尼亚州已经确定了几个改进措施,未来将允许更多的加利福尼亚州人取得 300~2500 美元的分期贷款。

有意向参加该项目的,应当向商业监督委员会提出申请,并且其应当在商业监督委员处有良好的信誉记录,没有未完的执行活动或者存在缺陷,按照委员要求的方式提交其申请书并支付计算出的管理成本。未依据法律获得许可的实体但有意向参加此项目的,应当按照委员处要求的方式向其提交许可证申请和申请参加本项目的联合申请书,并且应当向委员处缴纳费用,实体应当没有由加利福尼亚州金融监管机构或者其他州的金融监管机构针对其正在进行的执行活动或者其他惩戒活动。没有获得批准的公司则不得适用第 22370

条规定的利率标准。

贷款应当符合以下要求：(1)应是无抵押贷款。(2)贷款利率应当按单利收取。(3)被许可人应当在申请时书面(不小于12号字体)向消费者披露以下事实：①借款金额：按时还款时的总成本(包括管理费)、借款本金和利息支付；按照《美国联邦储备系统Z条例》的规定计算的相应的年利率；定期还款金额；拖欠费用表；一份声明包含"尽早还款将减少你支付的利息进而降低你的借款成本。该笔贷款没有提前还款的罚金"。②一份声明告知消费者在通知被许可人其意图撤销贷款并且在完成贷款日后的营业日结束前返还本金后，有权撤销贷款。(4)如果潜在借款人可以选择以不小于12号字体打印披露内容或者在贷款完成前由被许可人提供不小于12号字体的披露内容的打印稿，被许可人应当以移动应用或者其他电子应用给消费者提供第3项所要求的披露事实，该潜在的借款人应当能够在应用上手动修改该披露内容的字体大小。(5)贷款应当有一笔最小额为300美元的起始资金，期限约定最低标准如下：①起始本金余额少于500美元的贷款为90天；②起始本金余额大于或等于500美元但少于1500美元的贷款为120天；③起始本金余额大于或等于1500美元的贷款为180天。

按照单利计算的年利率订立合同，约定或者接受收费的利息上限不同：(1)未偿还本金余额小于或等于1000美元的，36%或者32.75%加上贷款发放日美国主贷款利率，其中的较低者。贷款发放日计算得出的利率将适用于整个贷款期间。(2)未偿还本金余额大于1000美元但是少于2500美元的，35%或者28.75%加上贷款发放日美国主贷款利率，其中的较低者。贷款发放日计算得出的利率将适用于整个贷款期间。

经委员批准参加，本项目的被许可人可订立合同约定收取费用，该笔管理费用应当在贷款后立即全额收取，金额不得超过下列标准：(1)第一笔借款本金(不含管理费)的7%或者90美元(以较少者为准)。(2)第二笔或之后的借款本金(不含管理费)的6%或者75美元(以较少者为准)同时规定，放贷人不应当在四个月内收取同一个借款人多于一次的管理费。

借款人未按时偿付款项时，放贷人可以要求借款人补偿该损失，并且可以按照下列标准订立合同约定或者收取拖欠费:(1)拖欠期不少于7天的,金额不超过14美元;(2)拖欠期不少于14天的,金额不超过20美元。同时,放贷人若选择收取拖欠费,应当使用法律规定的拖欠费用表,并符合以下要求:(1)不得对一次拖欠还款收取一笔以上的拖欠费;(2)在连续的30天内不得收取两笔以上的拖欠费;(3)如果借款者已经到期180天及以上且拖欠费将使得借款者的未偿还余额、累计利息和拖欠费的总和超过了贷款的初始本金的180%,不得再收取拖欠费;(4)被许可人或者其全资子公司为筹资将未偿还的债权出售或者分担给独立方之前,应当在借款人拖欠还款开始后至少尝试催收还款30天。

商业监督委员应当每24个月检查一次加入该项目的放贷人。

3. 德克萨斯州(以下简称德州)

德州在《高利贷法》中规定:在没有法律调整最高利率的情况下,年利率超过10%以上的放贷行为会被认定为高利贷;如果双方没有在年利率达成一致意见,则不得超过6%。[1]

在2000年之前,德州没有关于发薪日贷款行业的相关规定,直到德州经济委员会(The Finance Commission of Texas)纳入了一些新的规则来回应对于发薪日贷款的管制。[2]在Texas Finance Code中提到,发薪日贷款不得低于7天的期限,对每一笔贷款放贷人每月收取10美元的费用,100美元的借款会在两周内收取11.87美元的费用,其年利率高达309%,同时允许展期贷款,但是必须降低费用的收取,[3]譬如对于100美元在28天的借款,只能一共收取13.73美元的费用。在德州年利率高于10%的消费者贷款由消费者信用局办公室(the Office of Consumer Credit Commissioner)负责,因此发薪日贷款也由其制定规则、颁发许可证和监管日常经营活动。[4]

---

〔1〕 See TEX. CONST. art. XVI, 11.

〔2〕 See D. Reynolds, "A Look at Payday Loans& Current Regulation in Texas", *Tex. Tech. admin*, I. J., 2007.

〔3〕 See TEX. ADMIN. CODE 1.605.

〔4〕 See D. Reynolds, "A Look at Payday Loans& Current Regulation in Texas", *Tex. Tech. admin*, I. J., 2007.

资格审查：德州首先要求这种年利率超过10%的消费者贷款必须获得资格审批。[1]

信息披露：双方的合同必须含有有资格的企业名称、交易日期、总贷款数额、收取的费用金额（要求注明实际费用数额和年利率）以及最早的还款日期，[2]在展期还款中要注明还款的日期表。[3]除了合同需要注明的基本内容外，还要求在合同中注明消费者信用局办公室的名称和地址以及消费者求助热线，并且要做到风险提示："这份贷款并不能满足长期的资金需求，只能用于短期及时的现金需求。同时在还款日到临时必须还清借款额和相应的费用。"[4]

期限：借款人有权利在还款日到来之前提前还款，提前还款后放贷人必须返还收取对应的费用；[5]放贷人不能持有支票超过31天，31天之后必须去存储机构兑现。[6]

在2005年德州的消费者花费在发薪日贷款上的数额达2.59亿美元。2011年德州立法机构通过了两个议案，在借款人收入的基础上对贷款总数额做了限制，要求数额不得超过借款人月家庭收入的25%，以及不得超过借款人月收入的32%。但是这两个议案没有对利率做出限制，也没有规定展期贷款的次数。[7]

在州议案没有对发薪日贷款做出有效监管的情形下，德州四个大的城市制定了法令来规制发薪日贷款，各城市的法令内容相似，其中休斯顿有以下方面的特殊规定：第一，发薪日贷款的数额不得超过借款人月收入的20%；第二，展期贷款的数量不得超过3次，这比《诚实借贷法》中规定的4次更为严

[1] See 7 TEX. ADMIN. CODE 83.694(a)(2).

[2] See 7 TEX. ADMIN. CODE 83.694(e)(2).

[3] See 7 TEX. ADMIN. CODE 83.694(e)(6).

[4] See 7 TEX. ADMIN. CODE 83.694(e)(3).

[5] See 7 TEX. ADMIN. CODE 83.694(e)(4).

[6] See 7 TEX. ADMIN. CODE 83.694(e)(5).

[7] See Seeger Ted, "Texas Cities Respond to Payday Lending", *Houston Law Review*, Vol. 52, 2014, p.741.

格；第三，每一次展期贷款获得的款项中的至少 25% 用于偿还总的借款；第四，要求借款人提供月收入的证明，而不是让借款人自己说明月收入。〔1〕

四、法律监管体系

（一）利率限制的要求

在美国，各州自己规定法定最高利率，美国联邦政府有《反欺诈腐败组织法案》，该法案规定，如果利率超过各州规定的法定最高利率的两倍，不管是金融机构借贷还是民间借贷，都构成"放高利贷罪"，属于联邦重罪。为了防止变相高利贷，美国联邦法律规定，利息包括费用，判定一笔借贷利率是否超过法定最高利率，还要把放贷人收取的各项费用如管理费、手续费等加到利息里。〔2〕

在限制最高利率的各州立法中，对最高利率的限制通常取决于以下几个因素：（1）贷款用途；（2）贷款种类；（3）放贷人的种类；（4）发放用于特定用途的贷款。最高利率通常是一个固定利率，也可能是取决于某些指数的浮动利率，如联邦储备委员会的贴现率。阿肯色州非消费性贷款的高利贷界限为联邦储备利率加 5%，对于消费信贷高利贷通常界限为年利率 17%。虽然美国国会一般情况下不会介入利率限制，但也有例外，如针对发薪日贷款，2006 年 10 月美国国会专门通过了法律，规定向军人及其抚养人员发放的消费贷款年利率不得超过 36%。〔3〕

发薪日贷款是次级放贷的一个种类，次级放贷是指向不符合传统放贷标准的借款人提供信贷的行为，次级放贷的借款人违约风险更大，相对应的次级贷款收取的费用通常比优质贷款更高，一些银行因为看到其盈利前景而进入次级贷款市场，2001 年 25 家最大的次级贷款放贷人中的 10 家是银行的关联

〔1〕 See Seeger Ted, "Texas Cities Respond to Payday Lending", *Houston Law Review*, Vol. 52, 2014, p.741.

〔2〕 参见刘植荣：《国外判断"高利贷"的标准》，载《资本市场》2012 年第 5 期。

〔3〕 参见岳彩申：《民间借贷规制的重点及立法建议》，载《中国法学》2011 年第 5 期。

机构。[1]

次级放贷公司提供贷款的方式与传统放贷模式下银行的做法迥异，银行可以用客户存款发放贷款，但是次级贷款放贷人必须借钱来放贷，因此，次级放贷人主要赚取的是利率差，同时次级放贷公司通常向以下三类人发放贷款：第一类是信用记录不良的人，第二类是缺乏信用记录的人，第三类是负债过多而在主流市场上不符合获得更多信贷资格的人。越来越激烈的市场竞争使得整体信贷质量不断下降，迫使次级贷款放贷人不得不深入到潜在客户群里寻找客户，信贷质量降低，违约风险提高。[2]因此监管者开始加强对银行参与到次级放贷的监管。

1978年美国联邦最高法院审理 Marquette National Bank of Minneapolis v. First of Omaha Service Corp 一案，判决是：在利率高于银行客户所在州所允许的利率时，《全国性银行法案》授权在一个州经营的全国性银行向州外信用卡客户就未付余额收取按营业地所在州许可利率计算的利息。判决书指出：Omaha Bank 位于内布拉斯加州，只要其符合内布拉斯加州的最高利率规则，就可以向其他州的居民发放贷款。明尼苏达州的居民一直可以自由地到访内布拉斯加州，并可以在内布拉斯加州获得贷款，没有意见认为，明尼苏达州高利贷管制的法律将适用于这些交易。如果银行的位置取决于每个信用卡交易的地点，"位于"这个用语的意义将极大地延伸，这致使现代跨州银行业的复杂体系陷入混乱状态。[3]

Marquette National Bank of Minneapolis v. First of Omaha Service Corp 一案之后，全国性银行不再受到各州反高利贷法的限制，因为这些银行可以选择在没有高利贷限制的州注册，然后在全国开展业务。然而，反高利贷法对于其

---

〔1〕 参见[美]莉莎·布鲁姆、杰里·马卡姆：《银行金融服务业务的管制——案例与资料》，李杏杏等译，法律出版社2006年版，第304页。

〔2〕 See Evan M. Gilreath, The Entrance of Banks into Subprime Lending: First Union and The Money Store. 转引自[美]莉莎·布鲁姆、杰里·马卡姆：《银行金融服务业务的管制——案例与资料》，李杏杏等译，法律出版社2006年版，第304~305页。

〔3〕 See Marquette National Bank of Minneapolis v. First of Omaha Service Corp, 439 U.S. 299.

他的信贷机构仍具有约束力。为了避免各州反高利贷法的限制，早期的放贷人与联邦或州立特许银行达成合作协议(partnership agreements)，委托这些银行将贷款发放给客户，银行可以放出贷款后，再将贷款出售给发薪日贷款机构，包括从客户收取款项的权利，这样，发薪日贷款机构可以继续为客户提供服务。在这一时期，发薪日贷款行业表现出显著的增长。〔1〕

货币监理署对银行将其特许状规避高利贷法律的做法予以关注，在其2000年的Advisory Letter中详细描述了发薪日贷款的风险，包括信贷风险、交易风险、集中性风险、合规性风险和法律风险等。〔2〕2002年在Eagle National Bank一案中，货币监理署发现，由于银行集中业务于发薪日贷款，银行将自身的财务生存能力置于危险之下，它将计划的管理交给了第三方，而这一计划违背了安全及稳健的银行标准。同时，货币监理署要求位于德州的Peoples National Bank停止从事发薪日贷款业务，依照该终止令，Peoples终止了同Advance America的联系并支付了175,000美元的民事罚款。〔3〕2004年财政部货币监理署在"最终规则：银行业务和营运(Final Rule: Bank Activities and Operations)"中提出，要积极打击参与发薪日贷款的全国性银行，尤其是其中涉及消费者欺诈的机构，并且已经对4家与发薪日贷款人达成贷款启动合约的全国性银行采取了执行措施，要求银行中止与发薪日贷款人的关系。〔4〕

2005年联邦存款保险公司进一步对州银行与发薪日贷款机构的行为进行规制，限制了州银行与第三方发薪日贷款机构合作。

在实践中，这些新规定使银行停止了与发薪日贷款机构的合作。〔5〕于是，

---

〔1〕 See KE Francis, "A Behavioral Law and Economics Analysis of the Payday-Loan Industry", *Tex. I. rev*, 2010, p.88.

〔2〕 See "Advisory Letter 2000-10 Payday Lending", accessed June 22, 2016. OCC: http://www.occ.gov/.

〔3〕 参见[美]莉莎·布鲁姆、杰里·马卡姆：《银行金融服务业务的管制——案例与资料》，李杏杏等译，法律出版社2006年版，第317~318页。

〔4〕 See "Advisory Letter 2000-10 Payday Lending", accessed June 22, 2016. OCC: http://www.occ.gov/.

〔5〕 See Mann et al., "Just until payday loan", *Ucla Law Review*, 2006, p.54.

各州《反高利贷法》恢复了对发薪日贷款的规制。

(二)信息披露的要求

州议会和国会加强了对发薪日贷款机构的强制信息披露要求。

在某些州,发薪日贷款机构要显著地披露信息,并为借款人提供书面合同协议。这些披露可能包括有关贷款各项条件的信息,以及相关法律限制的信息。[1]

《诚实借贷法》是目前规制发薪日贷款行业最重要的联邦法律,制定于1968年,并在此后被屡次修改。制定《诚实借贷法》的目的是要求消费贷款的放贷人向消费者披露借贷所需要的真实费用。[2]一开始,发薪日贷款机构声称他们不受该法约束,因为他们没有从事消费信贷。然而法院几乎一致认为,发薪日贷款应受到《诚实借贷法》管辖。[3]2000年,美国联邦储备委员会(Federal Reserve Board)修订了规则Z的正式解释,明确规定《诚实借贷法》规制发薪日贷款。

因此,发薪日放贷机构必须遵守《诚实借贷法》和规则Z的披露要求。《诚实借贷法》规定了两个关键的需要披露的信息:手续费和年化利率,要求必须在所有需要借款人签字的合约或协议上,清楚说明贷款数额、手续费和年利率。但是由于年利率是基于贷款数额和期限决定的,而发薪日贷款的规模及期限并不统一,不同客户的年利率有极大不同,发薪日贷款机构无法发布统一的年利率。但美国有30个州要求发薪日贷款机构至少应该在他们贷款文件中明确列出年利率。

《诚实借贷法》和规则Z还要求发薪日贷款机构在宣传贷款产品时进行信息披露,同时要提供阶段性的信息披露,并且区别开放式和封闭式的借款方

〔1〕 See KE Francis, "A Behavioral Law and Economics Analysis of the Payday-Loan Industry", *Tex. I. rev*, 2010, p.88.

〔2〕 参见[美]莉莎·布鲁姆、杰里·马卡姆:《银行金融服务业务的管制——案例与资料》,李杏杏等译,法律出版社2006年版,第268页。

〔3〕 See KE Francis, "A Behavioral Law and Economics Analysis of the Payday-Loan Industry", *Tex. I. rev*, 2010, p.88.

式。[1]《诚实借贷法》对开放式和封闭式借贷交易有不同的披露要求，对后者的披露要求更加繁多，并且要求披露总的财务费用。开放式信贷计划是一项财务计划，在这一计划下，债权人“合理地与其重复交易”，这类计划包含合法的信用卡贷款及更广泛的循环借贷义务。[2]

除了在披露信息的内容上有规定之外，规则 Z 对信息披露的形式也有规定。首先，必须以书面形式记载上述要求披露的内容，同时借款人可以获得留存这些信息的方式；其次，记载上述信息的内容必须独立于其他借款文件，特别是关于费用、年化率以及利息额的必须显著标明；最后，关键性信息的披露必须在借款人签署借款协议之前，保证借款人充分了解协议内容以及可能的风险。[3]

（三）贷款数额等的限制要求

1. 执业许可

大多数州都对发薪日贷款机构有各种形式的许可要求，对发薪日贷款机构的资格进行审查，同时有诸如对贷款数额、筹集资金方式的规定，以及对于违法行为的惩罚。[4]联邦存款保险公司对与发薪日贷款合作的银行进行监管，同时要求银行审查与其合作的发薪日贷款机构的风险。

2. 限制展期贷款

美国联邦众议院法案 1214（House Bill 1214）提出了强制性的免息还款扩展计划，允许借款人可以选择每半年一次偿还至少六个等额的发薪日贷款。[5]

大多数州禁止“直接过渡贷款”（direct rollover loans）。越来越多的州也强制要求跟踪放贷人的数据库，限制放贷人向已经在其他放贷人数据库中

---

〔1〕 See http://files.consumerfinance.gov/f/201309_cfpb_payday_manual_revisions.pdf.

〔2〕 参见［美］莉莎·布鲁姆、杰里·马卡姆:《银行金融服务业务的管制——案例与资料》，李杏杏等译，法律出版社 2006 年版，第 269~270 页。

〔3〕 See Chris Cirillo, “Payday Loan Regulation: Any Interes?”, *Depaul Business & Commercial Law Journal*, Vol. 11, 2013.

〔4〕 See KE Francis, “A Behavioral Law and Economics Analysis of the Payday-Loan Industry”, *Tex. I. rev*, 2010, p.88.

〔5〕 See H.R. 1214, sec. 2(a), ß 129B(c).

的借款人放贷。这可以有效防止借款人多次向不同的放贷人借款达到展期(rollover loans)的目的，进而降低金融系统的风险。[1]

3. 贷款数额

要求稍微严格一点的州颁布法令，对同一个借款人同时获得的贷款数量进行限制，对于借款人连续贷款的情形，强制要求同一借款人两次贷款之间要有一定的时间间隔。有的州对单笔发薪日贷款的最高额度进行了限制，禁止向借款人提供展期贷款。还有一些州采取分区法以限制发薪日贷款机构的位置选择。[2]

---

〔1〕 See KE Francis, "A Behavioral Law and Economics Analysis of the Payday-Loan Industry", *Tex. I. rev*, 2010, p.88.

〔2〕 参见李猛:《发薪日贷款:特点、争论和启示》,载《国际经贸探索》2008年第5期。

英国发薪日贷款运行机制与监管研究

陈嘉希 *

内容提要

发薪日贷款是近年来发展出的一种针对个人消费的信贷产品，由于其极高的年化利率自产生起就一直伴随争议。英国作为发薪日贷款市场较为成熟的国家，对发薪日贷款制定了较为严格的监管措施，主要为事前行政审批、最高价格限制、特定行为准则及相关广告销售活动的限制。本文将主要从市场概况、监管框架、市场运作与监管制度分析等角度探析英国发薪日贷款的运行机制和相关的监管制度。

关键词

发薪日贷款　利率管制　金融监管　推广限制

发薪日贷款在英国起步较早，在 2008 年金融危机之后更是得到了迅速发展。不少主要的发薪日贷款品牌，比如 The Money Shop、Wonga 和 QuickQuid 等扩张到了成百上千家门店。这些迅速膨胀的发薪日贷款提供小额短期贷款服务，其最初往往与借款人的薪酬发放相关，年化利率则通常高达百分之几百甚至几千。

一方面，发薪日贷款因其超高的年利率，从其产生以来就背负着道德和舆论的压力；另一方面，社会上客观存在的对于小额消费信贷的需求也必须得到合理的满足。围绕这一充满争议的主题，英国金融行为监管局（FCA）和

* 作者单位：北京大学金融法研究中心。

英国竞争与市场管理局（CMA）两大监管机构，以及广告监管机构（ASA），甚至英国教会，均参与到这一讨论中来，在对其不断调查、研究、反思、总结甚至自我改革中逐渐完善监管的框架。偿付能力、风险评估、信息不对称、误导消费、竞争审查、日常化等要素在这一背景下不断开疆拓土。本文旨在梳理英国发薪日贷款的市场实践，并结合案例解析英国对发薪日贷款的监管框架。

一、英国发薪日贷款市场概况

英国发薪日贷款业务起步于 2007 年左右，2008~2012 年间，由于金融危机的影响，以及英国的监管政策未能够有效规范发薪日贷款市场，发薪日贷款在该时期野蛮生长。2008 年英国发薪日贷款总额有 7 亿 ~9 亿英镑，230 万 ~300 万笔业务，2009 年共有 120 万人获得了贷款 410 万笔，贷款总额已经达到 12 亿英镑，平均每笔 293 英镑。至 2012 年 10 月，向债务慈善组织进行咨询的人中，申请过发薪日贷款的人数比例从 2009 年的 3.7% 上升到 2012 年的 17%，仅 2011~2012 年，发薪日贷款的借款人数就翻了一倍，平均贷款数额增长了 390 英镑，人均月贷款数额 1657 英镑，而在这些贷款人中，年收入少于 20，000 英镑的占 74%，年龄在 25 岁以下的占 42%，比 2011 年增长了 25%。

伴随英国发薪日贷款行业快速发展的，则是对该行业的质疑。发薪日贷款被指控对一部分极端贫困的人群造成了严重的债务压力，而监管政策过于宽松被认为是助长这一形势的原因。英国国家审计局在 2012 年 12 月发布了公平交易管理局（OFT）对消费信贷监管状况的调查报告，认为其监管政策由于缺乏足够的资源支持而没能得到有效的实施。

因此，2012 年 OFT 对发薪日贷款人的合规情况重新进行审查，发现在消费信贷领域存在严重的不合法及违反监管规则的情况，主要表现如下：（1）从发薪日贷款的广告到债务的催收，都广泛存在不合规现象；（2）贷款人通过强调贷款的放款速度和便捷性展开竞争，而借款人无法对贷款的费用和风险做出合理判断；（3）整个行业未能有效对借款人进行贷款负担能力评估，贷款人的收入严重依赖贷款展期和重复贷款；（4）行业中大量的贷款人没有做好内部控制，对消费者的投诉不能及时处理。

2013~2014 年，英国进行监管机构改革，成立 FCA 并承接 OFT 的消费信贷监管职能。此后，FCA 制定了一系列较为严格的监管政策，本文主要介绍 2014 年监管改革后的规则。

二、监管框架

与发薪日贷款相关的英国立法和监管框架如下：

1.《1974 年消费信贷法案》（CCA）和《2008 年消费信贷指令》（Consumer Credit Directive，CCD）

CCA 是英国监管借贷行为的最主要法律，自 2014 年 4 月 1 日起，CCA 部分被《金融服务及市场法案》（FSMA）和 FCA 监管规则替代和补充。CCA 规定了消费信贷合同签订时应向借款人披露的信息，该规则适用于在 2011 年 2 月之后生效的消费信贷合同。

CCD 的监管则是为了提升在欧盟成员国之间对于消费信贷的监管协调性、提升消费者保护水平。只要在该指令的管辖范围内，除非另有规定，国内监管机关不能在国内规则与该指令冲突时优先适用国内规则。CCD 包含了广告中所应该包含的标准信息，以及对先合同信息的告知要求，该等信息应该使消费者有能力对服务进行比较，并有能力评估拟订立的消费信贷合同对于他们是否合适。

2.OFT 在 2010 年发布的《不负责任贷款指南》（Irresponsible Lending Guidance）与 FCA 发布的《消费信贷手册》（CONC）

《不负责任贷款指南》由 OFT 在 2010 年制定。该指南的目的是明确《1974 年消费信贷法案》第 25（2B）节规定的“不负责任贷款”的概念。违反该指南，在消费信贷经营活动中被认为从事了欺诈性、压迫性、不公平或不道德 / 不恰当的行为，则可能被吊销消费信贷业务的许可。该指南规定了贷款人应对消费者的负担能力进行评估并监督还款行为。如果消费者还款确有困难，贷款人应该有合理的容忍以解决问题。上述原则以及相应的预期已经被规定在 FCA 的新监管框架中。

2014 年 4 月起，FCA 因承接原 OFT 的监管职能而对消费信贷行使监管权。FCA遂制定了CONC以规制高利短期信贷。新的CONC规则和指引适用于任何在2014年4月1日后从事消费信贷的公司，其主要是承接以前OFT的监管规则，但做了以下几点重大修改：

（1）CONC延续了其贷款适当性评估和负担能力评估，但增加了对后合同义务的要求；

（2）对信贷经纪人和中介机构，参照适用负担能力评估的要求被删除；

（3）对贷款展期、重复贷款等贷款人常用的提高其利润的手段，自2014年7月1日起，贷款人对一笔贷款最多展期两次或至多给予重复贷款两次，贷款人可以对到期且已经不能再次重复贷款或已穷尽展期次数但仍被违约的债务人进行追索；

（4）对于到期划款，自2014年7月1日起，FCA规定连续付款机构（CPA，即允许贷款人采取一系列措施直接从消费者的工资账户中划款而无须任何额外的授权的约定，在发薪日贷款中十分普遍）仅能尝试至多两次的划款失败，并且CPA不能进行部分划款；

（5）从风险提示上，FCA联合货币咨询服务公司（MAS）重新起草了在高利短期贷款业务可能的风险警示，并创制了一张信息指引页以对面临财务困境的消费者提供免费的债务咨询。

另外，所有公司都应该遵循FCA制定的《FCA手册》中的更高原则要求，包括应公平对待所有消费者，以及应以开放合作的态度应对监管。

3.经《2012年金融服务法案》修订的《2000年金融服务与市场法案》（FSMA）

该法案第22节规定了消费信贷行政许可。详见下文第三节。

4.《2013年金融服务（银行改革）法案》

该法案授权FCA对高利短期贷款进行规制以确保消费者免受过高的收费损害。FCA制定了最高价格规制于2015年1月2日起生效。

5.发薪日贷款行业的自律监管

自律监管也在发薪日贷款行业发挥着重要作用。商业、创新与技术部（BIS）与四个代表了90%以上的发薪日贷款和短期贷款行业成员的贸易协会

（CCTA、CFA、BCCA 和 FLA）进行磋商后，于 2012 年 7 月发布了《良好实践客户章程》，对行业进行自律监管。

三、主要监管机关及其对发薪日贷款的定义

英国法律对于发薪日贷款的规定，见于所涉及的几个主要规制机关发布的手册、资料、报告等文件中。

（一）金融行为监管局对发薪日贷款的定义

FCA 是英国金融服务领域的主要监管机关之一，其前身为英国金融服务管理局（Financial Services Authority，FSA）。2013 年起 FSA 被两个新的监管机构代替，即 FCA 和审慎监管局（Prudential Regulation Authority，PRA）。其中对经纪商的监管权将全部由 FSA 移交至 FCA。

2014 年 4 月英国进行了监管机构改革，将原来属于 OFT 的 FCA 按照一个有限责任公司的结构组织起来，独立于英国政府，其运作资金完全来自于 FCA 自身对于受其监管的金融服务从业机构所收取的费用和罚款。同时，FCA 承接了 OFT 对消费信贷的监管职能，自 2014 年 4 月 1 日起，FCA 取代了 OFT 成为英国消费信贷领域的主要监管部门，这意味着 FCA 将监管消费信贷领域的约 50，000 家公司，几乎是此前受 FCA 监管的公司的 2 倍。为应对这一挑战，FCA 于 2013 年年底对消费信贷市场进行了深入调研，并制定了新的监管规则，明确了监管的重点。

FCA 的权力非常大，FCA 享有对金融产品的营销行为的监管权，有权确定营销行为的最低行为标准并对营销产品提出监管要求。FCA 甚至可以对违规的金融产品，在决定颁布终局禁令之前处以最长为期一年的临时禁令，并可以命令贷款公司立即撤销或者修正 FCA 认为具有误导性的条款。

FCA 在其发布的 CONC 将发薪日贷款作为“高利短期信贷”（high-cost short-term credit，HCSTC）的一种进行监管。FCA 采用这一概念的目的在于将那些并不将还贷必然地与借款人的发薪日相关联的贷款，以及还款期限稍长达到几个月的贷款纳入规制的范围内。通常而言，HCSTC 的定义是年利率达到或超过 100%，借款期限通常最长为 12 个月，并且不附有任何抵押、质押、费用等担保的贷款。FCA 认定的 HCSTC，可以是借款人与贷款人之间的

协议，也可以是P2P协议，但社区金融机构提供的贷款不包括在内。另外，当事人之间对透支额度的约定也不构成HCSTC，比如允许借款人对特定账户进行透支或者在无须事先安排或超出事前约定的额度提升透支额度的协议也不属于HCSTC的范围。

（二）竞争与市场监管局（Competition and Markets Authority，CMA）对发薪日贷款的定义

CMA作为英国竞争执法机构，其前身是OFT和竞争委员会（the Competition Commission）。2012年英国机构改革将二者合并为一个机构，CMA承担了OFT的促进竞争的职能（而前述FCA承担了其对消费信贷的监管职能）。CMA对于发薪日贷款的监管是基于其促进竞争的职能，为了维护竞争、促进消费者（也就是借款人）福利。因此，CMA的监管政策着重于审查发薪日贷款领域的竞争情况。尽管FCA在金融监管领域的权力很大，但也会受到来自CMA的制约，FCA制定的政策如果产生了限制竞争的效果，CMA可以启动市场调查程序制作报告发布，并制定救济措施或提出救济的建议。

CMA对发薪日贷款的定义是，一种小额（通常不超过1000英镑）、短期、不附抵押的现金贷款，其还款期限通常但不限于客户的下一次薪水发放时或者是当月月底，但排除了家庭信用贷款、信用卡、自信用合作社取得的贷款以及信用卡的透支额度。“发薪日贷款”这一提法并不旨在将该种贷款限于与借款人的发薪日相关联的贷款范畴。

（三）小结

从上述定义来看，CMA与FCA两机构虽然使用了不同的概念，描述的角度也有所不同，但存在很大程度的重合：（1）排除的范围基本一致，都将信用卡、对透支额度的约定以及从社区金融服务社取得的贷款排除在外；（2）在额度上，都限于小额，一般不超过1000英镑（CMA调查结果，贷款额度为平均260英镑，超过500英镑的仅占7%）；（3）都是无担保的信用贷款。不同之处在于，CMA所监管的发薪日贷款是更为严格意义上的“发薪日贷款”，一般要求（尽管并不严格要求）发薪日还款或者当月月底还款（平均借款期限为22

天，大部分贷款期限短于一个月)，而 FCA 所监管的高利短期贷款则不限于发薪日，借款期限更长(上限为 12 个月)。

由于消费信贷的监管机构是 FCA，CMA 最终在其 2015 年 2 月发布的发薪日贷款市场调研报告中采用了 FCA 的定义。

四、英国发薪日贷款市场特点

(一)借款人结构

据统计，在申请发薪日贷款的人员中，年收入低于 2.5 万英镑的占 67%。借款人大多受教育程度较低，金融知识欠缺，没有考虑借贷成本的意识或者高估了自己的还款能力。在 2010 年 OFT 的一份报告中，43% 的被调查人认为放款速度是他们在借贷时最优先考虑因素。[1]

据 CMA 报告，发薪日贷款的借款人人口结构相对年轻化，因此发薪日贷款的消费者中全职工作的人口比例高于英国国民全体，但其中产阶级人口比例与国民总人口中中产阶级的比例近似。通过街道门店进行借款的消费者的平均收入相对低于英国国民平均收入。总体来看，发薪日贷款的消费者之间的贫富差距要小于英国国民总体贫富差距。从对借款必要性 / 紧迫性的调查统计来看，消费者在考虑是否申请贷款时会倾向于夸大其当时对贷款的需求，但当其反思时才会意识到贷款并非必需。(见表 1)

表 1　英国发薪日贷款消费者详情

指标	发薪日贷款的消费者	英国国民总人口
年龄构成	18~44 岁占 71%	18~44 岁占 46%
收入构成	年净收入低于 18，000 英镑的占 36%	贫富差距大于发薪日贷款消费者
	年净收入在 18，000~36，000 英镑的占 37%	
	年净收入高于 36，000 英镑的占 27%	

〔1〕 See CMA, "Payday Investigation Final Report", pp.273-276.

续表

指标	发薪日贷款的消费者	英国国民总人口
财务问题：在调查发生前的5年内	存在不良信用记录的占38%	N/A
	使用贷款来偿还欠账的占35%	N/A
	经历过法院裁判的占11%	N/A
	被强制执行或被收债人催收过债务的占10%	N/A
	遇到过上述问题之一的占52%（其中45岁以上或者具有自己所住房屋之产权的人可能性最高）	N/A
借款请求被拒绝率	同时使用过街道门店和网络的人为44%	29%
借款用途	基本生活开销的占53%	N/A
	机动车开支的占10%	N/A
	一般消费（如购买服装、家居用品）的占7%	N/A
	用于支付另一发薪日贷款的占2%	N/A
借款必要性/紧迫性	十分紧急，不得不借的占59%	N/A
	可另从亲友处取得资金支持的占31%	N/A
	不紧迫的占29%	N/A
借款原因	发生了预期外的费用增加的占52%	N/A
	发生了预期外的收入减少的占19%	N/A
	导致借款的预期外事件为临时性的占93%	N/A
	导致借款的预期外事件为永久性的占5%	N/A
到期清偿率	此前申请过发薪日贷款的人为25%	36%

（二）借款金额

表2　英国发薪日贷款借款金额详情

金额（英镑）	比例（%）
≤100	25
≤200	50
≤570	93
260	平均

表2表明发薪日贷款的平均金额为260英镑。具有更高收入、年龄更大、

全职工作的人以及有自己的房屋的人的借款金额高于平均借款金额。无工作者的借款金额比其他群体更低。

（三）借款期限（见表 3，较长期可分期贷款除外）

表 3　英国发薪日贷款借款期限详情

期限（天）	比例（%）
≤ 31	80
≤ 90	95
22	平均

（四）还款情况

表 4　英国发薪日贷款还款情况

贷款类型	清偿情况	迟延情况	比例（%）
首次＋重复	全额清偿	提前或按期	64
		迟延 / 展期	22
	至 2013 年 10 月尚未清偿完毕		14
首次贷款	全额清偿	提前或按期	50
重复贷款	全额清偿	提前或按期	67

表 4 数据表明发薪日贷款的到期清偿比例仅 64%，采用贷款展期或重复贷款的比例较高，坏账比例也较高。但不同贷款人的风险控制能力差异巨大，提前或按期全额清偿的比例，不同贷款人从 20%~80% 不等。

五、英国发薪日贷款商业模式 / 实际运作机制

（一）市场运作机制[1]——以 Wonga 为例

Wonga.com 是一家在英国成立的小额贷款网络平台。Wonga 为消费者在互联网上提供全年无休的在线小额贷款业务，通常从 50 英镑到 750 英镑不等。由于具有提供小额贷款、操作流程简单灵活、资金到账速度快、还款手续简易等优势，Wonga 很快获得了消费者和投资者的青睐，在其成立后的 11 个月内，就完成了近 10 万笔贷款业务，截至 2014 年年底，Wonga 已获得了三轮

〔1〕 参见《Wonga.com 网站提供小额贷款》，载网易科技：http://tech.163.com/09/0611/23/5BIK41KC000915BF.html，最后访问日期：2016 年 12 月 18 日。

融资共计1.454亿美元。

在贷款申请和审核流程上，用户首先需要在Wonga的网络平台上进行注册，Wonga会要求用户提供个人基本资料、银行或信用卡账户等信息。完成注册后，用户在线填写借款申请，输入金额和还款期限（不超过30天），平台自动计算所需支付的利息并显示。用户同意后进行提交，则该申请就进入由Wonga平台进行审核环节。Wonga平台基于该用户的相关资料和在平台上的信用记录，以及第三方所提供的该用户信用记录确定是否发放贷款，首次借款的额度通常不超过200英镑，贷款的额度将随着通过平台进行借款次数的增加而增加。为了尽可能实现小额贷款的灵活性，一旦Wonga审核通过，用户通常在几个小时、最快15分钟就可以获得贷款资金。

在还款流程上，借款期到期时，Wonga会自动从用户的账户里提走本金和利息。但如果用户账户里余额不足，则构成违约，会有每天10英镑的罚款，且利息也会一直追加。[1]如果Wonga第二次提款时账户里仍然余额不足，那么Wonga就会把这笔交易通知有强制权力的第三方，比如法院、用户账户所在银行等，这样用户就会留下不良信用记录。

Wonga的盈利依靠的是贷款收取的利息。由于提供小额短期贷款，灵活性强，风险较大，Wonga平台利率也较高。但是因为贷款额度小且期限短，利息总额并不高，并且Wonga提供的资金到账速度快，因此急需用钱的用户往往也愿意接受这一相对较高的利率。据统计，Wonga年化利率高达1500%。

极高的年化利率背后是极高的坏账率。为降低坏账率，2008~2010年Wonga曾使用过虚假的律师函对债务人进行催收。[2]

Wonga因为极高的年化利率而广受争议。在政府和舆论看来，Wonga的经营是不道德的。2012年Wonga赞助了英格兰超级联赛足球队纽卡斯尔，引

---

〔1〕 在2014年FCA采取新的政策，对发薪日贷款施加了最高价格限制后，Wonga不得不改变其收费标准，参见“Wonga to make major changes to affordability criteria following discussions with the FCA”, accessed December 2016.http://www.fca.org.uk/news/wonga-major-changes-to-affordability-criteria。

〔2〕 See “Wonga chased debt using fake law firms, says FCA”, accessed December 2016, BBC News, http://www.bbc.com/news/business-28015456.

起了该球队球迷的反感情绪，因为纽卡斯尔所处的地区是英国东北部，正是英国破产率最高的地方。而这些破产人中有不少就是因为被高利贷的债务压得不能翻身。[1]在 FCA 的价格限制规则出台前，Wonga 的年化利率曾经高达 5000%。2013 年，Wonga 因为不当经营获利而被罚，导致年利润下降 53%。

FCA 新政出台后，由于对发薪日贷款施加最高价格限制，Wonga 等发薪日贷款公司的利润大幅下降，故转向瞄准更多的目标群体以扩大利润，比如 Wonga 制作的动画广告被认为是为吸引儿童，描述进行发薪日贷款的母亲为“负责任的”，而鼓励父母为满足儿童的消费需求进行发薪日贷款消费。[2]这一转变使发薪日贷款人所面对的主要风险以及监管的趋向转向了更多考虑对借款人还款能力进行评估。

由于发薪日贷款是一种面向无能力获得银行贷款或偿还信用卡的个人的信用贷款，贷款用途往往并非生产经营而是用于日常消费、应对突发事件、解决日常生活中燃眉之急，因此，对发薪日贷款的借款人进行严格的偿付能力评估是避免向无偿付能力借款人发放贷款的重要举措，因此英国法律要求贷款人在对借款人贷款前审核其负担能力，严格禁止对无偿付能力的人实施信用贷款，因为这往往会导致到期无法还贷，甚至债务雪球越滚越大，引发严重的社会问题。

由于 Wonga 一直宣传其审核贷款申请完全自动化，没有人工进行审核，且审核速度极快，仅 15 分钟，因此谨慎的英国监管机关一直对 Wonga 的自动审查系统能否对借款人的还款能力进行合理评估、合理控制坏账率有所怀疑。FCA 监测到 Wonga 的不良贷款的数量相当大。Wonga 对外公布其使用了 Experian 的数据，但是并未对外说明其如何对这些数据进行处理，以控制发放贷款的信用评分门槛的。因此，该公司一直都面临着向无偿还能力的贷款人发放贷款的指控。2014 年 7 月，FCA 开始对 Wonga 的业务流程进行调查。

---

〔1〕 参见《高利贷品牌绑架喜鹊，Wonga 商标难上黑白间条衫》，载搜狐体育：http://sports.sohu.com/20121011/n354684562.shtml，最后访问日期：2016 年 12 月 18 日。

〔2〕 See “New Wonga ads feature ‘hard-working mums’”, accessed December 18, 2016. BBC News, http://www.bbc.com/news/business-32797437.

2014年10月4日，Wonga宣布同意核销33万名客户的贷款，并免收45万名客户的利息和手续费，这也就等同于承认了，其自动检查系统无法充分评估借款人的还款能力。这次核销，Wonga公司共需要支付2.2亿美元。此前有媒体指出Wonga故意对无偿付能力的人进行贷款以造成其业务繁荣的假象，Wonga未对此进行回应。[1]

（二）发薪日贷款的特点

1. 以高年化利率弥补高坏账率

2. 重复贷款 / 贷款展期——贷款人拓展利润的手段

借款人一旦发生了首次借款，此后重复借款的可能性大大增加，且借款原因也会从必需品逐渐一般化。

以2012年1~8月数据来看，60%的借款人会在首次发薪日贷款后一年内从同一贷款人处进行重复贷款，21%的借款人会在同一年内重复贷款达5次，借款人平均一年内从同一贷款人处进行重复贷款的次数为3.6次。

在FCA采取新规将连续展期次数限制在两次以内后，不少发薪日贷款人利用"追加贷款"（top-ups）规避贷款展期次数的限制。"追加贷款"是指利用新借出贷款归还旧贷款规避展期次数限制。这也是导致重复贷款率上升的原因，二者反映的问题是同源的，即对于借款人而言，其借款数额已经超出或达到了其偿付能力的极限；而对于贷款人而言，无论贷款展期还是追加贷款，都是贷款人常用的扩大盈利的手段。贷款人往往想尽办法隐藏对违约金及其利息的提示、展期手续费的提示，利用借款人对这些潜在费用并不敏感的心理，以及对自身偿付能力的高估来扩大利润。而这会导致借款人在实际无法偿还时损失往往大于其预期。借贷双方的矛盾更由于贷款人未能在贷款时对上述隐藏费用进行充分披露以及对借款人进行充分的偿付能力评估而被激化。另外，由于信息不对称，部分借款人往往不会另寻新的借贷途径与对当期贷款进行展期作价格比较，因而往往未能选择对自己更有利的途径，而

〔1〕 See Natasha Lomas, "Investors Stay Silent After Wonga Fiasco", accessed December 18, 2016. https://techcrunch.com/2014/10/03/investors-stay-silent-after-wonga-fiasco/.

是径行基于方便或习惯选择了反而对自己更不利的展期。也有的借款人是因为无法从他人处再取得贷款，只能屈服于贷款人，导致雪球越滚越大。

六、英国对发薪日贷款的监管制度

（一）FCA 的监管政策

2014 年 4 月英国进行了机构改革，将 OFT 在消费信贷的监管职能转移给了 FCA，自此 FCA 采取了一系列较为严厉的措施整顿发薪日贷款市场，自其接管以来，发薪日贷款市场不断萎缩，注册在案的公司数量，从 2014 年 4 月之前的 400 多家，到 2015 年 2 月只有 247 家公司获得了全权授权，而公民情报局接到的对发薪日贷款的投诉则同比下降了 43%，发薪日贷款人的代表 Wonga 的业务则同比减少了 36%。[1]

FCA 在发薪日贷款市场上最为关注的是以下几个方面：公司的商业计划以及运作模式；HCSTC 的成本 / 费用（相关的规定是最高价格限制）；确保公司遵守相关规定，尤其是对于贷款展期和连续贷款机构的限制（对 HCSTC 公司的特定行为标准）；对一些信贷经纪人收取先期费用（upfront fees）的行为的监管；金融广告中的违规操作；HCSTC 公司的欠款管理过程以及其如何对待面临财务困难的客户。

总结 FCA 的各项规定，其政策主要为以下几个方面：市场准入上的行政审批制度、市场竞争上的最高价格限制、对贷款人的特定行为要求和对信贷经纪人的额外要求。

1. 事前行政审批

根据英国企业法的要求，从事发放贷款业务需要获得事前行政许可。而在机构改革进程中，根据改革过渡政策的安排，OFT 对小贷公司的监管权力被转移给 FCA，这意味着已经注册在案的小贷公司的行政许可将在监管权力转移之时到期，相关公司可自 2013 年 10 月起向 FCA 提交许可延期申请，FCA 进行形式审查后即颁布临时许可。而临时许可到期后这些公司需要再度申

---

〔1〕 See Brian Milligan, “Payday loan complaints down by 45%, says Citizens Advice”, accessed December 18, 2016. http://www.bbc.com/news/business-33097538.

请，此时就可以由FCA进行实质审查，决定是否授予完整授权，得到完整授权的公司才能够继续从事发放贷款业务，未能获得完整授权者禁止从事高利短贷活动，若从事则会被认为是非法并受到处罚。这样一来，通过机构改革，英国也就完成了对发薪日贷款市场的一次洗牌。

FCA在考虑是否给予完整授权时主要关注以下方面：

（1）申请人在信贷经纪领域是否有过不正当行为，比如引导性销售或泄露客户信息[1]。FCA要求小贷公司采取合理措施确保由信贷经纪人介绍的潜在客户是"被以合适的方式介绍的"。除非是根据合同约定向信用调查机构提供该消费者的负债情况，禁止公司向任何第三方提供客户的信息资料。

（2）确保向客户提供的贷款是在该客户的偿还能力范围内的。FCA认为，高比例的重复贷款意味着发薪日的贷款人在向没有足够偿还能力的人发放贷款。

（3）对面临财务困境的客户给予公平待遇。尤其是，应给予所有违约或欠款客户平等的宽容和充分、适当的考虑；禁止不公平地限制客户以合理方式取得谅解/宽容；必须确保对客户的所有沟通是清晰、公平、非误导性的。

（4）在公司治理层面和控制以符合政策和程序上的合规要求。FCA认为，HCSTC公司普遍存在变量控制环境的不足，比如IT系统未能防止重复交易或者在错误计算利息时使客户发生的损失。因此FCA要求HCSTC公司有必要的风险管理机制，对可能的风险进行管控。

为了应对上述关注重点的监管，FCA采用了最高价格限制和特定行为标准两套监管体系。另外，对于信贷经纪人，通过CONC提出特别的要求进行监管。

2. 最高价格限制

（1）立法过程

2013年12月FCA被要求对HCSTC市场施加最高价格以给予借款人合理程度的保护，防止HCSTC公司按照过高标准收费。2013年12月发布的《金融服务（银行改革）法》授权FCA对发薪日贷款进行最高价格限制的监管。FCA在对监管的结构和程度进行研究、分析后，于2014年7月发布了

〔1〕英国对于信贷经纪业务的监管要求就包括这一点，详见下文"特定行为标准"。

《征求意见稿》，于收到反馈后又在 2014 年 11 月发布了《对征求意见稿的政策申明》，该申明包括了对高利短期贷款的最高价格限制更为细致的规定。最高价格限制最终被规定在 2015 年 1 月 2 日生效的 CONC 第 5A 条。

（2）适用

①具体规定

第一，首笔费用的最高限制为每日不超过总借款金额的 0.8%。公司可以在这个范围内自由决定费率的结构。以每月 30 日计算，则月利率不得高于 24%。该利率限制不仅适用于使用借款本金所产生的利息，也适用于迟延支付违约金时所产生的利息或费用。

第二，违约金最高不超过 15 英镑。公司可以在客户违约后要求支付违约金，并在其还款前继续收取违约金利息，只要遵循不超过首期利率即可，但是无论总借款金额还是违约时间，对违约金固定不能超过 15 英镑。

第三，总计最高价格不超过 100%。借款人对借款所支付的全部利息、费用总计不超过 100%，无论借款期限多长。

如表 5 所示，以本金为 100 英镑、借期 1 个月为例，月利率违约金均按照最高标准计算，则价格为：

表 5　还款时间与利息违约金最高标准

还款时间	利息（£）	违约金（£）	违约金利息（£）	总计（£）	应付（£）
按期还款	24	0	0	124	124
迟延 30 日	48	15	15 × 24% × 1=3.6	166.6	166.6
迟延 60 日	72	15	15 × 24% × 2=7.2	194.2	194.2
迟延 90 日	96	15	15 × 24% × 3=10.8	221.8	200

最高价格限制的实际作用主要在于限制违约金及其利息，而总价格的限制，在现行发薪日贷款市场的利率条件下，主要的保护对象是迟延超过 90 日的用户。

②适用范围

最高价格限制适用于所有的高利短期贷款，因此在此后重复贷款适用与首次贷款相同的限制，HCSTC 公司不能对借款人索取额外的费用［CONC

5A.2.14R（2）（3）]。

另外，最高价格限制还适用于债务追索、债务管理和其他辅助措施，也包括信贷经纪费用，只要该经纪人从贷款人处分享收益。凡设立在英国的债务追索人，不能在依据欧盟《电子商务指令》（2000/31/EC）所设立的贷款人就HCSTC协议所享有的超出上述最高价格限制的债务进行追偿。在英国设立的债务管理人同样不能代理贷款人就该等高利短期贷款行使追索的权利。

时间效力上，在2015年1月2日CONC生效前已经签订但在CONC生效时尚未到期的贷款协议，也需要遵守此最高价格限制。一旦消费者认为HCSTC公司对其收取的利息或者费用违反了最高价格限制，可以首先向贷款人提出，若无法解决，再向FCA提出。

（3）最高利率限制对市场的影响

最高价格限制规定试图在对一个灵活的HCSTC市场的需求和保护借款人的需求之间寻求平衡。但是，市场人士认为这一限制实际上导致了只有较大规模的HCSTC公司能够存活下来。CMA在对发薪日市场竞争状况的调查报告也表示了同样的担忧。消费者协会担心最高价格限制会导致部分消费者可能无法从任何渠道获得短期贷款，最终导致这些脆弱无助的消费者求助于高利贷。

FCA旨在监督最高价格限制是否会产生预料之外的作用（包括导致部分债务人无法获得贷款），并在2017年上半年对最高价格限制的作用进行审查。最高价格限制可能导致一些规模较小的贷款人无法获得足够的利率来支撑运行，从而导致市场上竞争者的减少，反而损害了竞争。据报道，在实行最高利率限制后，英国规模较大的发薪日贷款公司The Money Shop宣布将关闭其共500多家门店中的200家，其中还包括一间主要办公室。[1]

3. 特定行为标准

2014年5月FCA对涉及发薪日贷款的公司的行为准则有比较细致的规

---

〔1〕 Howard Mustoe, "Money Shop could close 200 stores in restructure", accessed March 19, 2017. http://www.bbc.com/news/business-30747519.

定，主要是与贷款有关的一系列信息披露和风险提示。

（1）风险提示要求

①风险警示语

在英国，任何从事高利短期贷款的公司必须在与消费者沟通中提示其注意下列由 CONC 3.4R 条所要求的风险警示语条款，并应该在其网站上标注，该风险提示语是为了增强消费者进行小额信贷消费的审慎性，并指明消费者可以在借贷前先通过货币咨询服务中心网站进行咨询以加强对消费信贷的了解。

②禁止在金融推广服务中过度强调贷款的用处而不解释到期不能偿还的风险和不利。

（2）信息披露要求

包含若干个禁止性规定：

①禁止不对信贷经纪服务的费用进行说明或用其他条款将该等费用掩盖起来，或未能提请消费者合理注意。

②必须在网站的合理、显著位置显示其年化利率，并对利率之高进行解释。与该条相辅相成的规定则是对于信贷经纪服务提供商（在英国，对于金融服务的推广活动被作为一种信贷经纪活动进行规制）的禁止引导性销售的行为要求：禁止在金融推广活动中淡化年化利率的重要性，FCA 明确要求 HCSTC 公司要强调其年化利率，因为 FCA 认为这能够保证消费者对价格进行多方比较。

（3）还贷能力审查要求

FCA 要求发薪日贷款公司对客户对其所借金额是否有支付能力进行审核，禁止这些公司向明显没有偿付能力的人发放贷款。FCA 认为，大部分消费者错误地估计了自己的还债能力，CMA 最终报告中对还贷率的统计数据也印证了这一点。

（4）对贷款展期的限制

①直接展期的禁止

FCA 要求 HCSTC 公司有义务提醒借款人优先考虑获得免费贷款而非直

接进行贷款展期(CONC 6.7.20R),因为通常贷款展期所要支付的费用更高。

②展期次数限制

必须向借款人明示HCSTC贷款展期次数不多于两次(CONC 6.7.23R)。

(5)还款划扣的说明

HCSTC贷款人必须向借款人说明,利用CPAs来支付欠款尝试失败的次数限制是两次,以及对分期偿还的禁止(CONC 7.6.12R to 7.6.15G)。

4. 对信贷经纪人的额外要求

FCA在CONC中还对从事发薪日贷款活动的经纪人提出了额外要求:

(1)信息通知和消费者确认要求。英国法律禁止信贷经纪人对提供的信息收取费用,除非经纪人以信息通知的形式提供了特定的信息并且消费者确认其收到该等信息。这些信息必须确保消费者确切知道他们的交易对象、交易费用和费用支付的方式、时间。信息通知和消费者确认函均必须以可保存的媒介形式存储,经纪人必须保留其记录。

(2)透明性要求。信贷经纪人必须在所有金融推广活动中表明其法人名称,并确切表明是以经纪人身份而非贷款人身份从事交易。

(3)消费者的任意撤销权。对于并非当面签订的信贷经纪合同(比如通过网络或者电话订立的),消费者有权在合同订立后14天内任意时间撤销合同,并要求退还费用。

(二)CMA的竞争监管

作为竞争执法机构,CMA对发薪日贷款的监管主要是从维护和促进市场竞争的角度出发,保护消费者利益。为完成机构改革,CMA下属的OFT负责对发薪日贷款市场中可能存在限制竞争因素进行调研,由CMA进行审查后发布报告,并提出救济措施。

1. 发薪日贷款市场存在限制竞争的初步调查

2013年6月,OFT向CMA提交报告,认为发薪日贷款市场具有以下可能妨碍、限制或扭曲竞争的特征:

(1)贷款人之间为了尽快审核贷款的竞争,已经导致了广泛存在但程度不一对现有监管要求的违反;

（2）该市场内的商业实践使得计算或比较发薪日贷款的全部费用，尤其是在迟延还款或不还款的情形下；

（3）明显有一部分发薪日贷款的借款人有着不良的信用记录，并因而缺乏其他获得贷款的渠道但又有着急迫的用款需求，因而可能对贷款的价格不敏感；

（4）在贷款的延期上存在障碍；

（5）市场集中，且有准入和扩大壁垒。

基于上述分析，OFT 认为，对该市场启动 MIR（market-investigation-reference）调查是一种合理的应对。CMA 接受了其建议，并在调查结束后，于 2015 年发布了报告。报告认为，发薪日贷款市场上有一部分借款人无法判断自己是否有能力还款，因而会承受根本无法还款导致的损失。调查显示，贷款人通过贷款的展期所获得的收入占其总营业收入的比重高达 50%。[1]

除了贷款人方面主观上以各种手段掩饰、隐藏其实际利率，在消费者方面，缺乏相应的知识或者心理上的脆弱性都会阻碍其在不同贷款人之间进行比价，从而使价格竞争并不充分。有相当一部分借款人没有意识到无法按期还款的后果，尤其是无法一次性偿还全部贷款本金、利息和费用的后果。另外，一些借款人并不理解贷款展期是如何运作的，对于贷款展期所得批准的速度、展期所可能产生的费用缺乏明确的说明，都将可能阻止借款人去货比三家，并意识到他们还有其他选择，从而导致发薪日贷款市场在利率上的竞争是不充分的。

2.CMA 最终报告

CMA 作为英国的竞争执法机构针对发薪日贷款市场的竞争情况及其影响进行了评估，并于 2015 年初发布了最终报告。CMA 认为：

（1）在发薪日贷款市场，消费者对发薪日贷款的价格并不敏感，消费者在选择贷款人时主要考虑的是能否尽快取得贷款，价格机制的作用并不明显。并且，相较于违约金等潜在费用，消费者对直接的利率更为敏感，而这导致不

---

〔1〕 See Payday MIR by OFT，p.9.

少贷款人想方设法降低利率但提高违约金、展期费用等潜在费用，并且与贷款人隐藏此类费用的行为相关。

（2）在发薪日贷款市场上，消费者对于贷款到账速度的需求是主导性的，因此导致消费者选择贷款人时往往倾向于规模较大的平台，因为平台规模越大越能更快地找到愿意提供贷款的贷款人，从而资金到账的速度更快。发薪日贷款市场具有自然垄断的倾向，而这种倾向不能被最高价格限制所遏制。

因此，对发薪日贷款施加最高价格限制并不能够提高消费者在消费此类金融产品时获得更有优惠的价格的能力。相反，最高限价反而可能减少市场中贷款人数量，从而减少市场竞争。

3.CMA 救济措施

CMA 施加救济措施，是为了达到刺激消费者对不同产品的价格进行比较，从而鼓励贷款人降低价格的目的，而不是导致减弱市场竞争。

发薪日贷款业务，作为金融服务市场的一部分，其成本和价格之间的关系一直是一个难题。消费者无法从银行或者其他传统无担保贷款人处获得短期贷款，而发薪日贷款市场正是在对这种短期贷款的需求做出反应。但发薪日贷款的年化利率与银行等金融机构提供的传统贷款利率相比明显过高，使其广受非议，竞争执法机构需要像坚信此类救济措施会促进消费者的福利一样，坚信他们的措施不会在意料之外减少消费者的选择权或者抑制创新。

CMA 提出的主要救济措施如下：

（1）支持和推广建立价格比较网站，以便于消费者对不同贷款人之间提供的价格进行比较，提高消费者对于发薪日贷款的价格敏感度；

（2）建议 FCA 采取措施进一步督促贷款人披露其违约金、展期手续费等因迟延还款而产生的费用；

（3）建议 FCA 与贷款人以及其他市场参与者加强沟通和合作，以帮助消费者在获得贷款的能力不受到影响的前提下能够对不同贷款人进行比较；

（4）推进贷款人之间实时数据共享；

（5）要求所有贷款人提供现存的消费者借款的总结；

（6）建议 FCA 采取措施提升市场主要竞争者（lead generators）的信息透

明度。

（三）ASA对金融推广活动的规制

发薪日贷款产品的广告，首先需要遵守英国的广告监管部门ASA、CAP基于CAP Code（British Code of Advertising, Sales Promotion and Direct Marketing）和BCAP Code（Broadcast Advertising Code）的监管要求。据统计，2014年4~8月，ASA共审查了超过1500份消费信贷产品的金融广告，其中被认定未能遵守广告合规要求的共有227个案件，而在所有违规广告中有四分之一以上涉及HCSTC贷款，并且大部分是由于未能提示风险警示语或未标明年化利率。

自2014年4月1日起，被授权从事金融服务的人也需要满足对金融服务的"远程推销监管"。《消费信贷手册》第2.7条和第11条要求贷款人在对金融服务进行远程推广时，必须提供以下信息：（1）贷款人的姓名和住址；（2）对贷款协议的主要特征的描述；（3）为该贷款支付的总价款；（4）付款和履行上的安排；（5）应告知撤销贷款的权利。

1. BCAP Code对金融推广的监管

BCAP Code主要是对电视和广播的广告播出进行监管。其规定主要是：

（1）必须严格披露贷款的年化利率。在几个案例中，ASA分别认定在电视广告中不披露年化利率的行为（Wonga）、在电视广告中未对举例说明贷款费用计算方式中的利率不具有普遍适用性进行说明从而可能对消费者产生误导的行为（Wonga）、将年化1918%的利率读成"nineteen eighteen percent"可能引起广播听众的误解的行为（Peachy），以及对年化利率只有文字提示但没有配合语音描述的行为（Cash Lady）认定为是违反BCAP Code对年化利率的披露要求。

（2）不得建议贷款是解决财务问题的合适方法。

（3）不得建议发薪日贷款适用于不必要的或者冲动消费。违反此规定的广告将被认定为是不负责任的。比如在两个案例中，ASA分别认定Borro和Pounds to Pocket的广告不负责任，因其在广告中不负责任地鼓励消费者为不必要的目的（如度假、休闲活动、庆祝生日等）进行贷款，并鼓励对申请短期贷款持一种轻率、随意、不担心的态度。

（4）不得不可接受地扭曲使用发薪日贷款产品的严峻后果。

（5）不得误导儿童并使其要求父母进行发薪日贷款。

其他规定还有：不得误导消费者，比如在ASA查处Sunny的广告中，ASA认为Sunny夸大了其提供"可灵活提前还款、不附罚金"和"灵活的借款方式"等服务，误导消费者将消费者本就享有的权利解释为Sunny提供的特殊服务，误导消费者认为灵活、无罚金的还款方式是Sunny独有、其竞争者不提供的，违反了BCAP Code第3.13条（夸张）和第14.4条（借贷）；在查处Cash Lady的广告时，ASA认为其在广告中以银行的替代品标榜自己，并暗示其产品可用于解决消费者的财务危机等是不负责任的，违反了BCAP Code第1.2条（社会责任）、第3.2条（误导性广告）、第3.11条（适格性）和第14.11条（借贷）。

2015年10月，BCAP发布了针对发薪日贷款电视广告收到的意见有来自CFA、儿童协会和金钱建议基金（Money Advice Trust），这些机构主要关注发薪日贷款后果的严重性和在广告宣传中对其严重性的淡化的担忧，尤其是关注对儿童的特殊保护，其目的在于防止心理尚未成熟的儿童经过多接触发薪日贷款并将其当作日常生活正常化行为的一部分。

2.CAP Code对金融推广的规制

CAP Code主要是对非广播的广告进行监管，重点从以下几个方面对贷款产品的广告进行监管：

（1）获得贷款的速度和便捷性。禁止公司过分强调获得贷款的速度和便捷性以促使消费者不慎重地进行贷款。ASA曾经在一起案件中认定某一广告行为过分强调获得贷款的速度，因为该公司在广告中称在一天中的任何时间都可以获得贷款。

（2）禁止公司将贷款行为日常化。ASA会从广告的语气和内容中判断广告是否淡化了贷款行为后果的严重性，比如ASA曾经认定一则广告淡化了贷款行为的严肃性，因为该广告利用卡通人物、鲜亮色彩和魔法等内容来使广告的受众认为贷款可以在一种无忧无虑、十分轻松的（light-hearted）状态下获得。

(3)禁止公司将广告以“脆弱群体”(Vulnerable groups)为目标定向投放。仅仅是针对一个有着某一特征的群体进行投放是可被接受的,比如定位于低收入人群,或者是领取政府救济金的人群。

(4)贷款目的。针对发薪日贷款的广告,应避免提及贷款可以被用于轻率/冲动消费(frivolous purchases),ASA曾经认定一则发薪日贷款广告违规,因该广告提及了发薪日贷款可用于外出约会、购物和度假。

(5)其他针对贷款的一般规定:比如不能利用消费者对于贷款操作上无经验;合同中的任何价格、费用、惩罚等条款必须被包含在说明材料中免费向消费者发放。

3. 小结

总结英国现有规定来看,对于发薪日贷款的广告主要为两个方面:(1)禁止针对特定人群(比如“脆弱群体”、儿童)播出;(2)禁止在广告中将发薪日贷款行为日常化,以淡化其不能按时还款而产生的严重后果。

澳大利亚发薪日贷款运行机制及监管模式研究

范　晓*

内容提要

澳大利亚发薪日贷款的受众一般是经济困难或突发财务危机的低收入或低信用群体，具有易申请、借款时间短、借款数额少、年化利率高的特点。因其在发展过程中，易加重借款人贷款负担，引发借款人连续贷款，澳大利亚联邦政府通过设定专门的监管机构与制定相关法律对其加强监管。澳大利亚《消费信贷保护法修正案2012》对发薪日贷款种类的划分、最高费率设限、对借款人最近90天账户报表的审查义务、对借款人法定最低收入的保障义务、信息披露及警示说明义务、询问借款人的要求和目的等规定保护了金融消费者的利益，对我国小额贷款的规制具有借鉴意义。

关键词

澳大利亚　发薪日贷款　运行机制　ASIC　监管

一、澳大利亚发薪日贷款市场情况概述

发薪日贷款是澳大利亚小额信贷市场的一部分，大概占全国整个消费信贷市场[1]的0.4%，在澳大利亚发展迅猛。从2013年6月到2014年6月，1年内

* 作者单位：北京大学金融法研究中心。

〔1〕“消费信贷市场”是指所有金融机构向个人或家庭提供的贷款，助学贷款和不动产交易贷款也包括在内。

市场交易额约为4亿美元，与2008年相比，增长了125%。[1]发薪日贷款在澳大利亚发展迅速，主要因为其申请条件宽松，无论申请人信贷记录优劣、收入高低，只要有工资或福利金基本上都能获得贷款。据调查，在澳大利亚联邦政府出台《国家消费信贷保护法2009》之前，其每年的市场交易额达到8亿美元。[2]

发薪日贷款的受众十分广泛，但主要是有严重财政困难或现金流动危机的低收入群体或失业群体。该部分群体一般因为曾经有过不良信贷记录或收入过低而被拒之于主流信贷行业门外，发薪日贷款无疑是他们所能够抓住的最后一根救命稻草。发薪日贷款机构则利用了该部分群体对贷款的强烈需求，谋取高额利润。

相比于银行或普通的存贷机构，发薪日贷款的收费（包括开户费、手续费等一系列费用）、利息均很高，将各种费用及利息折算下来的年化利率在48%~1500%不等。过高的收费和利息使得本来就经济困难的借款人不堪重负，很多借款人在发薪日时不得不诉诸另一笔贷款以填补下个月的生活开销。这就形成了一个恶性循环。

澳大利亚竞争和消费者委员会以及消费者利益维护人士高度重视这一情况，认为发薪日贷款机构严重侵害了消费者的权益，国家应该出台相关法案对发薪日贷款进行监管以保护处于弱势地位的借款人。在竞争和消费者委员会及众多消费者利益维护者的呼声中，从2008年开始，澳大利亚联邦政府收回各州和地区在消费信贷领域的立法权，出台了一系列法律及修正案对信贷市场进行监管，特别是对发薪日贷款进行规制。[3]

澳大利亚联邦政府的一系列立法加强了国家对发薪日贷款的监管，但同时也对发薪日贷款行业的发展造成了不利影响，许多贷款人离开发薪日贷款

---

〔1〕 See Table D6 Lending commitments All lenders at www.rba.gov.au/statistics/tables/index.html.

〔2〕 See Jane Searle, "Cash in Demand", *Australia*, *Business Review Weekly*, 2007, pp.36-39.

〔3〕 此一系列法律及修正案包括《国家消费信贷保护法2009》《消费信贷保护法修正案2012》《国家消费信贷保护修正案（小额贷款合同）规定2014》。

行业。澳大利亚证券和投资委员会(ASIC)[1]官方调查报告显示,尽管从事发薪日贷款行业的企业数量有所减少(从2013年度的1208家减少到2014年度的1136家),但2013年、2014年里授予发薪日贷款营业执照的数量未见大幅度减少(实际授予的数量在2013年度为68家,2014年度为64家)。(见图1)

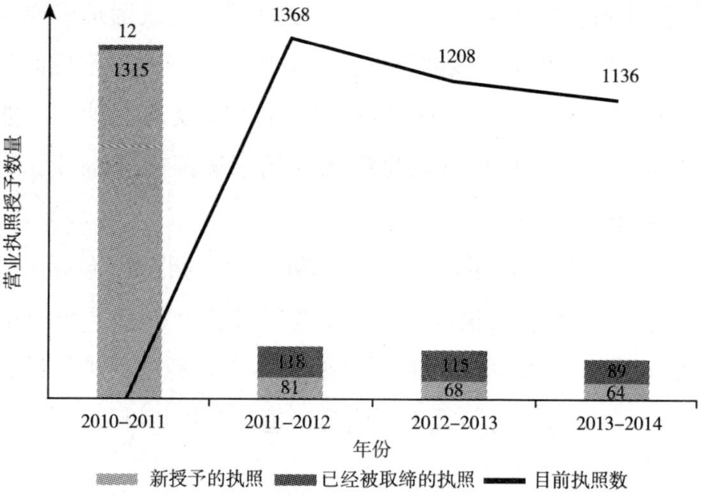

图1　澳大利亚发薪日贷款行业营业执照授予情况[2]

实际上,国家监管措施的加强使发薪日贷款遭受一定打击,同时也使发薪日贷款机构的经营模式发生一定转变。

二、澳大利亚发薪日贷款借贷主体情况

(一)贷款人情况

1.综述

澳大利亚发薪日贷款机构的规模各不相同,包括大型国营企业、地方性的小企业;经营方式也不相同,包括网上营业、电话营业、实体营业厅等。随着澳大利亚对发薪日贷款监管的加强,发薪日贷款机构数量有所减少、利润大大降低,贷款机构为了降低成本,赚取更多利润,很多公司改变经营方式,从线

〔1〕 澳大利亚证券和投资委员会(Australian Securities and Investment Commission),是澳大利亚金融服务和市场的法定监管机构。

〔2〕 参见ASIC官方网站的报告Pagday Lenders and the New Small Amount Lending Provisions,第25页。

下实体公司转移至线上公司，并转向多元化经营：贷款种类从“小额贷款”向“中等额度贷款”转变，兼营典当业、购买黄金、支票兑现、担保贷款、购买拖欠债务等业务。

2. 贷款公司 Cash Converters[1]情况介绍

Cash Converters 贷款公司在澳大利亚有 152 家门店，是澳大利亚一家较大的网上和实体兼营的贷款公司。该贷款公司不只局限于贷款业务，其业务范围广泛，包括借贷、典当、汽车、珠宝、黄金买卖、游戏产品买卖等。该公司主营的贷款业务包括现金贷款、预付现金贷款、个人贷款、不良信用贷款、发薪日贷款、无担保贷款六种，提供贷款数额为 50~2000 美元，贷款期限为 6 周或 12 个月。在贷款申请条件上，无论申请人是否有不良信用记录，只要是年满 18 周岁并居住在澳大利亚的人均可以在网上或实体店申请贷款。（具体申请贷款的流程见图 2）

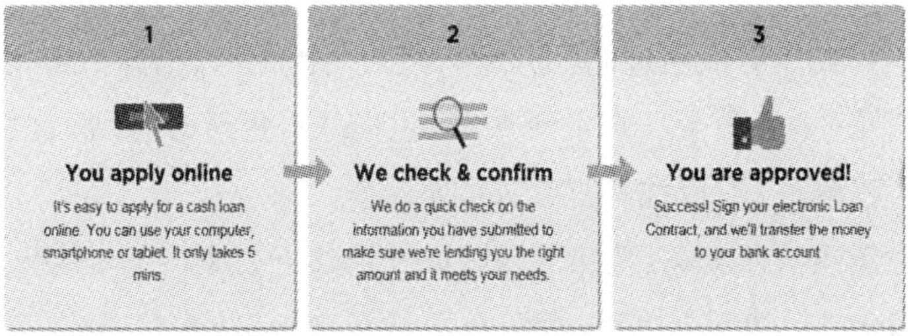

图 2　Cash Converters 申请贷款流程[2]

贷款类型、贷款数额和贷款期限不同，贷款费用及利息也不同。但无论哪种类型，贷款费用及利息折算的年化利率都很高。Cash Converters 官网显示，如果借款 1000 美元，借期为 6 周，每周须还款 213 美元，手续费共 280 美元，将利息、手续费相加折算的年化利率为 446.4%；如果借款 1000 美元，借期 12 个月，每周还款 34 美元，手续费共 680 美元，将利息、手续费相加折算的年化利率为 131.2%。（见图 3 ）

〔1〕 载现金转换器贷款公司的官方网址：https://cashloans.cashconverters.com.au/。

〔2〕 载现金转换器贷款公司的官方网址：https://cashloans.cashconverters.com.au/。

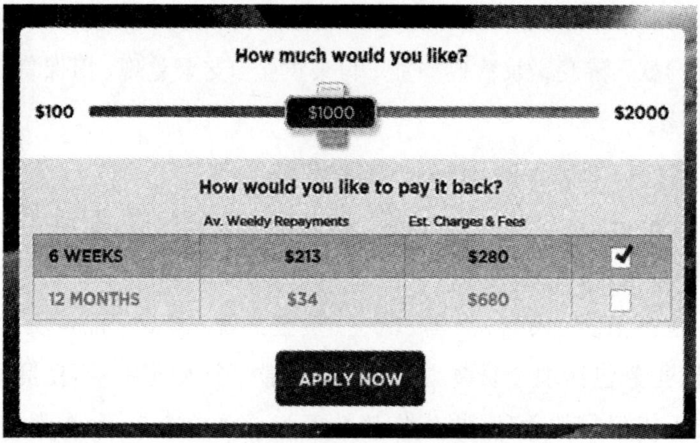

图3　Cash Converters 贷款费用[1]

（二）借款人情况

澳大利亚发薪日贷款的受众一般是经济困难或突发财务危机的群体，一般是以下几类人：

1. 月工资或生活福利过低，月不敷出型。此部分人借款数额很少，一般为100~300美元，主要用于日常生活支出，包括基本生活必需品、食物、租金、水电费和其他账单等，[2]以弥补月收入的不足。

2. 因身体或精神疾病、残疾等原因而长期处于失业状态。这些人常年依靠残疾人保障金或低福利金生活，近四分之一的人的年收入在2000美元以下。[3]

3. 突发财务危机型，如破产、突然发生重大疾病急需现金。

4. 在银行有不良信贷记录。研究发现，澳大利亚超过60%的发薪日借款人在银行有不良信用记录。[4]

5. 因主流信贷准入门槛比较高，以上经济困难群体根本不能办理信用卡或者得到主流银行贷款，具有便捷性和易获取性的发薪日贷款便成为他们唯

---

〔1〕 载现金转换器贷款公司的官方网址：https://cashloans.cashconverters.com.au/。

〔2〕 See *Caught Short Report.*

〔3〕 See *The Gillam Report.*

〔4〕 See *Caught Short Report.*

一可行的信贷选择。他们并不是青睐发薪日贷款，而是“不得已而为之”。

三、澳大利亚发薪日贷款运作机制

（一）运行成本

在最新修订的法案颁布之前，发薪日贷款的开户费和其他的相关费用处于无监管状态，相关费用和明计利息很高，导致折算的贷款利率很高。贷款机构认为，年化利率高不表示贷款繁重，高利率主要有两个方面的因素：一是与贷款的数额和借款时间有关。因为借款人借的每笔贷款数额较少，时间又比较短，费用和利息折算成年化利率就比较高。二是贷款人发放发薪日贷款的风险很大，利率高主要是考虑到实际回收贷款的成本应该被计算在内，并且考虑借款人违约的情况。

根据目前的资料，很难估算澳大利亚发薪日贷款的实际运行成本，因为不同发薪日贷款企业的经营模式不同，但总体来说，其运行成本很高，可能与下列因素有关：（1）相比于主流贷款机构，发薪日贷款的借款人信誉普遍较低；（2）借款人对发薪日贷款的需求往往是由严重的财政危机导致的，还款能力较弱。

（二）借款模式

• 模式 1：贷款人和借款人

此种借款模式只有贷款机构和借款人双方，不涉及任何第三方，借款模式简单。贷款人向借款人提供借款，借款人向贷款人偿还本金并支付利息及一系列费用。（见图 4）

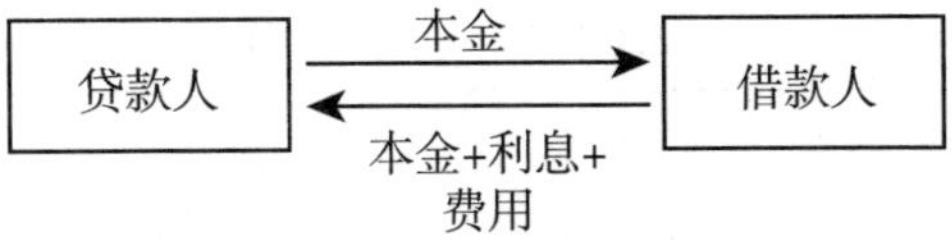

图 4　借款模式 1 图解

• 模式 2：贷款人和借款人，贷款人搭售贷款保险

此种模式虽然也只有贷款机构和借款人双方，但贷款人同时也是保险出售人。贷款人向借款人提供借款的同时向其推销保险，由此可以得到提供贷款和出售保险的双重利益。（见图 5）此种模式虽然目前在澳大利亚已经出现了认定其违法的判决，但实际运行中仍然存在。

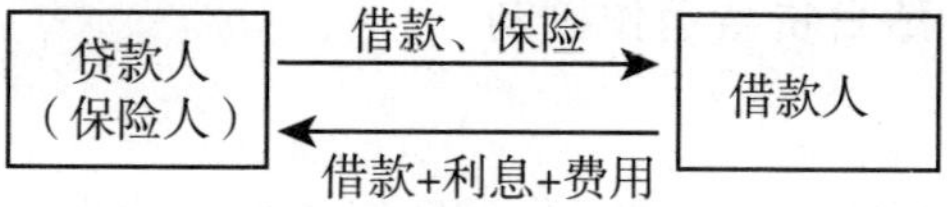

图5　借款模式2图解

The Cash Store Pty Ltd.（下称TCS公司）是这种运营模式下的典型例子，以下作简要说明：

TCS公司向发薪日贷款人推出名为“付款保护计划”（the Cash Store Astralian Payment Protection Plan ，下称CCI计划）的消费信贷保险业务。CCI计划推出后，自2010年8月14日至2012年3月16日，TCS公司共贷出268，903笔发薪日贷款，其中有182，838笔贷款（占总笔数的68%）与这款保险产品一并售出，这项保险的营业额达到2，278，404美元。然而，销量如此巨大的保险产品，却只有110份保险被要求理赔，而且在这110份保险中，TCS公司实际予以赔付或者答应将要赔付的才43份，累计赔付额仅为25，118美元。根据法院采纳的专家认定意见，TCS公司收取的保险费率是同行业的2.5倍，实际赔付额占保险费总额的比例以及赔付率，均只有同行业平均水平的1/19。（见表1）

表1　TCS公司保险费及赔付率情况

对比项	保险费率（保险费/该笔贷款额）	实际赔付额/保险费总额	赔付率
TCS公司	3.38%	1.1%	1.3%
行业平均水平	1.37%	20.7%	25%
TCS/行业平均水平	约2.5倍	约1/19	约1/19

TCS公司推出的保险索赔率如此低，与该保险的理赔政策有关。事实上，相当一部分向TCS公司借款的人是依靠政府福利署福利过活或者因失业、残疾、疾病等经济状况不佳的人，他们没有能力申请期限较长的贷款，只能申请短期贷款。而在CCI计划覆盖的贷款中，贷款期限基本上在1~36天，平均贷

款期限约为 13 天。因此，按照表 2 中载明的理赔政策，投保人一般无法从这项保险中受益。如此一来，TCS 公司既可以收取高额保险费，又只需面对远远低于同行业平均水平的索赔率和实际赔付率。

表 2　TCS 公司保险理赔项目

理赔范围	注解
死亡和残疾	投保前已经死亡或残疾的除外
意外伤害致残	投保时已经失业的除外 残疾时间少于 7 天的除外
癌症、突发心脏病	包括配偶在内
非自愿性失业	投保时已经失业的除外
重大疾病	购买保险后 24 小时内发生的除外

因此，ASIC 诉 TCS 公司案的主审法官认为，CCI 计划的违法性几乎不证自明（self-evidently），故认定其违反了《国家信贷保护法 2009》第 12CB 条的规定。

• 模式 3：贷款人、借款人、保险公司〔1〕

在此种借款模式下，贷款机构不销售保险，但却代保险公司销售保险。贷款机构在向借款人提供贷款时，会极力劝说借款人购买消费信贷保险和贷款保护保险。贷款人对借款人常常采取以下激励措施：如果借款人同意投保贷款保护保险，借款人获得的贷款数额会增加。此外，贷款人会替借款人支付保险费用，但会相应提高贷款的费用和利率，以支付增加的那部分保险费用。

此种激励模式实质上是贷款机构和保险公司合作赚取利润的模式。虽然保险费是由贷款机构付给第三方保险机构，但贷款公司不仅可以获得保险公司给予的回扣，而且可以向借款人提供更高利率的贷款；保险公司则可以卖出大量保险。此种模式下，贷款机构和保险公司达到“双赢”的结果，而借款人却因此遭受极大的损失。保险费看似由贷款机构支付，实质上却由借款人支

〔1〕 此种模式在澳大利亚是违法的，却实际存在。

付的高额利率买单。因澳大利亚的保险费通常较高，可以想象，此种情况下借款人的贷款利率和费用会有多高。

还有一个问题就是，高花费的贷款保护保险对于借款人投保的事项，多数情况下是得不到任何收益的。贷款保护保险主要是在借款人因死亡、受伤、疾病或失业而丧失收入来源的情况下，保证贷款可以被及时偿还。但在借款人失业却有福利金的情况下，不能适用该保险。所以，该保险在很大程度上并不适合借款人。借款人的还款数额将会因间接支付保险费的缘故而增加。（见图 6）

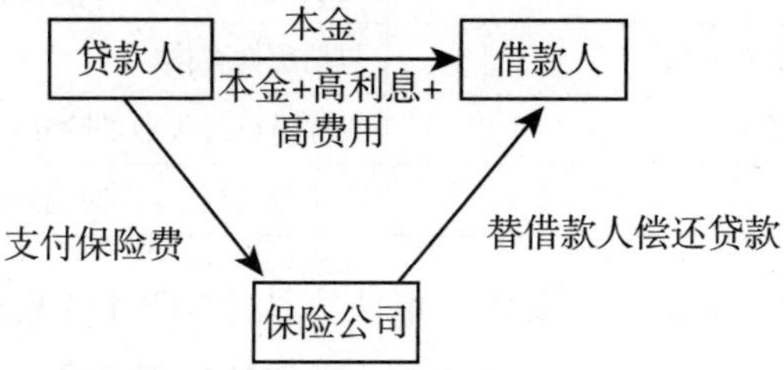

图 6　借款模式 3 图解

·模式 4：贷款人、第三方交易软件、借款人

此种模式下，贷款人通过第三方软件绑定借款人的网上银行信息，以此来向借款人提供借款。第三方交易软件提供服务的流程为：借款人网银登录信息；借款人打开网银登录界面，并自主选择一个账户与第三方软件绑定；第三方软件获取借款人的银行账户信息，继而进入一个界面，显示经系统审核过的借款人账户收支数据。（见图 7）

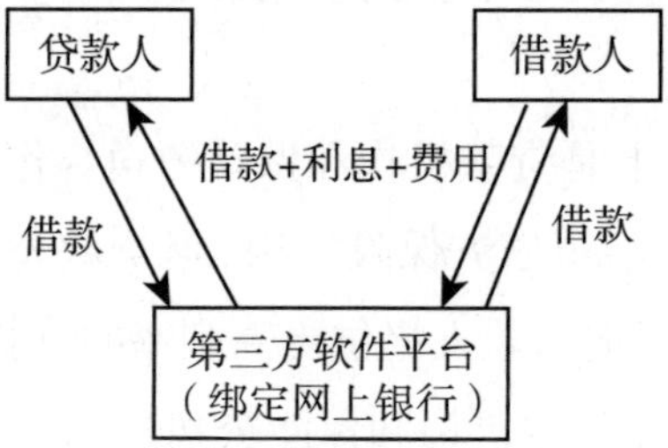

图 7　借款模式 4 图解

尽管第三方交易软件早就存在，但对于发薪日贷款行业来说，此种技术却是在《消费信贷保护法修正案 2012》提出收集客户最近 90 天银行账户信息的要求后被迫采用的。

此种模式引发了一系列问题。由于这些软件是独立于贷款人的第三方软件，且借款人在使用这些软件时通常会不假思索地同意其提出的协议，因而也引发了客户隐私泄露、外部争议解决方案难以评估等问题。此外，第三方交易软件获取的借款人的信息存在错误的情形，如在第三方软件平台中，借款人的“应收账款”被直接作为“薪水”对待，然而这些“应收账款”很明显是借款人从其他地方申请到的发薪日贷款，而这并没有被贷款机构或软件平台界定为错误信息。

针对运行中出现的一系列问题，法律出台了相应规定，如在使用第三方软件收集、评估借款人账户信息时，贷款人应当以引人注目的方式向客户全盘揭示第三方软件可能存在的风险（尤其是可能无法获得《电子支付法》保护的风险），并提醒借款人不要再通过其他方式泄露自己的银行账户信息；第三方交易软件应当改进其服务流程，确保获得精确的客户信息。

（三）还款模式

澳大利亚发薪日贷款的还款通常是通过指定的银行账户以直接还款的方式进行。通过引进银行这个第三方，发薪日贷款下的还款时间会与借款人的工资和福利发放的时间相一致。当工资或福利发放时，还款会被自动地从借款人的账户划到贷款人的账户，而不需要借款人的参与。

此种还款方式会产生两方面的影响：（1）通过引进银行这个第三方，极大地降低借款人的违约率，使发薪日贷款的贷款人获得了事实上的优先权。由于还款会优先于借款人其他开支包括食物、必要的公共事业开支而自动地从银行账户划给贷款人，很大程度上反驳了贷款人声称的收取高利率和高额费用是为了防范借款人违约的风险的说法。（2）在借款人原来的贷款已经用尽、其他的收入有限的情况下，优先偿还发薪日贷款会引发连续借贷的风险。

四、发薪日贷款引发的问题

（一）借款人的贷款负担占收入比重大

澳大利亚消费者行动法律中心（Consumer Action Law Centre）在《消费信

贷和企业联合委员会的报告》[1]中举了两个例子：

借款人每年税后赚得24,000澳元，折算下来每两个星期赚923澳元，向发薪日贷款机构借300澳元（偿还期28天），需要还的贷款本息总额405澳元。在这个案例中，每两周需要还款数额是202.50澳元，占借款人收入的22%。

另外一种情况是，假定借款人是一个成年的残疾人，其收入（残疾人扶养费）按最高计算，每两个周的收入是748.8澳元。假定在这个案例中所有其他因素和上面的相同，这个人需要还的贷款占其收入的27%。

上面的两个例子均说明，偿还贷款对于一个低收入借款者来说无疑是巨大的负担，因为他们全部的收入可能刚好满足必要的生活开支。

（二）借款人忽视借款成本

普通银行贷款或信用卡一般会明示贷款年利率，而发薪日贷款一般不会。由于发薪日贷款的借款数额比较小，发薪日贷款的开户费、手续费、利息以数字呈现出来不会显得很高，但这些费用折合成"占借款总额的百分比"就会很高。寻求发薪日贷款的借款人一般是急需用钱的群体，他们往往忽视借款成本，也不会将借款费用折算成年化利率与银行贷款比较。一方面，这些人认为发薪日贷款是他们唯一的选择，没有必要进行对比；另一方面，一些借款人也会因为不清楚发薪日贷款的隐性成本误以为其费用很低而选择此种贷款模式。

（三）连续借贷在发薪日贷款中普遍存在

对于很多借款人而言，还款的唯一途径是薪金或福利，因为他们没有存款或只有极少存款。而发薪日贷款的短期限（通常两个周至一个月）和高费用意味着当贷款到期时，借款人必须偿还的金额可能要花费其大部分工资和福利，甚至高于其工资和福利。所以，他们不得不诉诸其他发薪日贷款机构另行借款或向同一家贷款机构另借一笔款项来支付下个月的生活花费和各种开支。如此下去，借款人不得不在一年内多次支付费用，笔者称之为"连续贷款"。连续贷款使短期贷款长期化，并且借款人需要支付高额的利率。（见图8）

---

〔1〕 See *Consumer Credit and Corporations Joint Committee Report*.

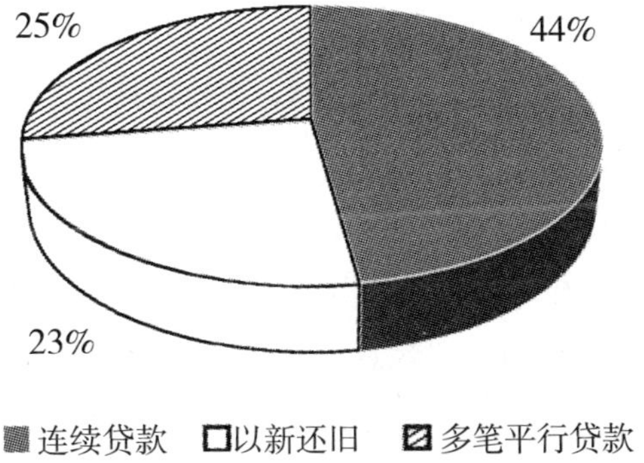

图 8　澳大利亚发薪日贷款借款人连续贷款情况[1]

连续贷款对借款人可能引发极大的风险。澳大利亚财政部在《调控影响报告书》中表明，借款人越是连续贷款，其工资收入越有可能不足以支付贷款，进而只能依靠贷款来满足经常性必要支出，如食品、公用事业和运输费用等，如此就会形成一个恶性循环。[2]大量研究表明，对于低收入和经济困难的借款人，发薪日贷款所提供的连续贷款不仅不能改善他们的经济状况，反而会使他们的经济状况恶化。

五、澳大利亚对发薪日贷款的监管

发薪日贷款高成本、连续贷款的特点以及运行过程中出现的问题，使澳大利亚联邦政府逐渐认识到其可能会侵害处于弱势地位的借款人的权益。政府担心发薪日贷款机构不仅不会改善经济困难家庭的状况，反而会使其经济压力更大，从而带来社会的不稳定因素，因而对发薪日贷款机构采取日益严格的监管措施。澳大利亚金融服务部长强调，减少发薪日贷款对经济困难的借款人产生的危害，是对发薪日贷款进行监管改革的核心。故自 2008 年开始，澳大利亚各州和地区在消费信贷领域的立法权统一上交给联邦政府。澳大利亚联邦政府自 2009 年起制定了一系列规制发薪日贷款等小额信贷的法案、修正案，ASIC 也加强了对发薪日贷款市场的监管。

---

〔1〕 因发薪日贷款借款人“连续贷款”“以旧还新”“多笔平行贷款”等情况可能同时存在，也可能单独存在，故各种情况所占比例统计数据之和不为 100%。

〔2〕 See *Regulation Impact Statement.*

（一）ASIC对发薪日贷款的监管

ASIC是澳大利亚金融服务和市场的法定监管机构，于2001年根据《证券投资委员会法案》（ASIC法案）成立。该机构依法独立对全澳公司、各金融机构、投资行为、金融产品和服务及专业从业人员行使金融监管职能。因此，ASIC对发薪日贷款具有法定的监管义务，其有权根据最新的法律修正案及时评审发薪日贷款业的守法状况，并对小额贷款相关法律进行客观独立的评审，以提出修法建议。

1. 展开评审工作，发布报告

ASIC在2015年对澳大利亚13家发薪日贷款企业发起了评审，[1]除了审查这些企业的交易文件，还对其业务规则和流程进行评审，以了解这些企业是否尽到法定义务。ASIC每年都会进行评审工作，评审之后，会在ASIC官方网站上发布报告，供各机构及借款人查阅。

2. 查处工作

《国家消费信贷保护法2009》（National Consumer Credit Protection Act 2009,NCCA）实施以来，对发薪日贷款企业的查处工作一直是ASIC工作的重点。对发薪日贷款机构在放贷前未充分了解借款人的财务状况、未更正业务材料中自相矛盾的客户信息、未充分保留业务数据的行为，ASIC会给予警告；针对发薪日贷款机构收费过高、试图规避《信贷法》、违反贷款人应尽的基本法律义务的行为，ASIC还会采取一些重大的查处措施。从2010年起，在ASIC的查处下，发薪日贷款行业至少有一万名被收取过高费用的借款人得到了退款，退款总额累计近200万美元。此外，ASIC向发薪日贷款机构发出过13个违法处罚通知书，处罚总额达12万美元。[2]

3. 代表诉讼

ASIC有权对发薪日贷款公司的违法行为提起诉讼。ASIC的官方报告显示，《国家消费信贷保护法2009》实施以来，ASIC已对存在全局性违法行为的

〔1〕 评审的这13家公司的发薪日贷款业务至少占全国市场份额的四分之三。

〔2〕 See ASIC, "Payday lenders and the new small amount lending provisions".

七家公司提起了诉讼。表 3 列出了 2 例典型诉讼。

表 3　典型诉讼

原告	被告	时间	起诉理由	案情	判决结果
ASIC	Fast Access Finance Pty Ltd.，下称 FAF	2015 年	FAF 在未取得任何执照的情况下从事借贷业务	FAF 跟潜在借款客户签订钻石销售协议，约定一颗钻石售价 250 美元；FAF 又安排 DCH 公司与该客户签订钻石购买协议，约定一颗钻石售价 125 美元。之后，该客户得到 DCH 公司打到客户指定银行账户的钱（贷款）。实际上，在整个交易过程中不存在任何钻石，即假借钻石买卖经营借贷业务。借款人要还给 FAF 的钱是其从 DCH 公司借到的钱的 2 倍。而 FAF 公司从未按照《借贷保护法案》（Credit Protection Act）申请注册从事借贷活动，也未申请获得 ACL 执照。ASIS 认为，FAF 公司的行为违反了《借贷保护法案》《国家消费者信贷保护法案 2009》等法律规定，请求法院判决 FAF 公司从消费者所得的利益全部返还给消费者，禁止其获利	法院认定 FAF 公司在未取得任何执照的情况下从事借贷活动，但未判决 FAF 公司将所得利益全部返还给消费者，而是判决：计算用户支付给 FAF 公司所有的付款，用该付款减去 DCH 付给用户的钱和法律所允许的最高利率的利息，剩下的数额以年利率 5% 自用户还钱给公司起至作出判决之日起向用户支付赔偿款
ASIC	The Cash Store Pty Ltd.，TCS 和 Assistive Finance Australia Pty Ltd.，AFA	2014 年	TCS 和 AFA 存在实体违法和程序违法行为	TCS 向大量的低收入者以及靠福利署救助金维生的人提供了超出他们负担能力的贷款。此外，这家公司还为这些贷款的偿还设立了保险，然后将保险与贷款一并提供给这些借款人，然而事实上，这些人从来就不可能获得保险理赔	法院支持了 ASIC 的主张，认定这两家公司存在全局性的实体违法与程序违法行为，并对它们一共处以 1.8975 亿美元的罚款

4. 监督发薪日贷款企业

ASIC 对发薪日贷款的法定监督权，包括责令贷款企业退款、取消企业经营发薪日贷款的资质等。此外，ASIC 还会督促贷款企业严格按照信贷立法的要求开展业务，并对企业的违法行为采取一系列的执法措施。

（二）法律监管

1. 修法进程

澳大利亚对发薪日贷款的法律监管经历了从宽松到严格、从粗略到详尽的过程。

2010年4月，《国家消费信贷保护法2009》开始实施。该法案针对小额贷款规定了一揽子措施，主要目的是为家庭消费借贷者提供更完善的保护，从而制止掠夺性贷款行为。这些措施包括：贷款人必须取得国家的信贷执照；改进政策及程序，以指导贷款人更好地守法；在处理投诉问题上，通过内部争端解决程序（IDR）或双方认可并经过ASIC批准的外部解决方案向消费者提供免费的纠纷解决平台。

2013年，《消费信贷保护法修正案2012》（Consumer Credit Legislation Amendment Enhancements Act 2012）开始实施，其中规定了小额贷款条款。这些条款的制度设计，意在强调小额贷款特有的金融风险，尤其是防范消费者因重复、持续使用代价昂贵的小额信贷服务而陷入债务的深渊。

小额贷款条款引入了特别的义务要求，详见表4。

表4　小额贷款条款规定的特别义务

义务要求	具体规定
违法性假设	1. 默认消费同时接受两笔或两笔以上的小额贷款（默认假设）； 2. 在90天内消费接受了两笔或两笔以上的小额贷款（多笔贷款假设）
设置收费上限	单笔贷款服务费不得超过本金的20%，每月费用不得超过本金的4%
费用收取	被认为默许接受了小额贷款的人，费用收取总共不能超过本金的2倍
留存借款人必需的生活费	必须保证借款人实际到手的收入不低于《社会保障法1991》所规定的收入额的50%
服务费	如果借款人为了偿还另一笔小额贷款而贷款，则禁止再收取服务费
审查义务	必须了解借款人近90天的账单支出状况并加以评估
告知义务	必须警示小额贷款所具备的风险，并告知其他的替代方式
禁止短期借款	禁止金额在2000美元及2000美元以下、为期不超过15天的贷款

2014年6月《国家消费信贷保护修正案（小额贷款合同）规定2014》（National Consumer Credit Protection Amendment Regulations 2014）开始实

施。该法案针对小额贷款制定了更为具体的规定。根据该规定，特殊费用应当包含在小额贷款的所有费用（包括利息）之中，由此来判断合同是否合法。

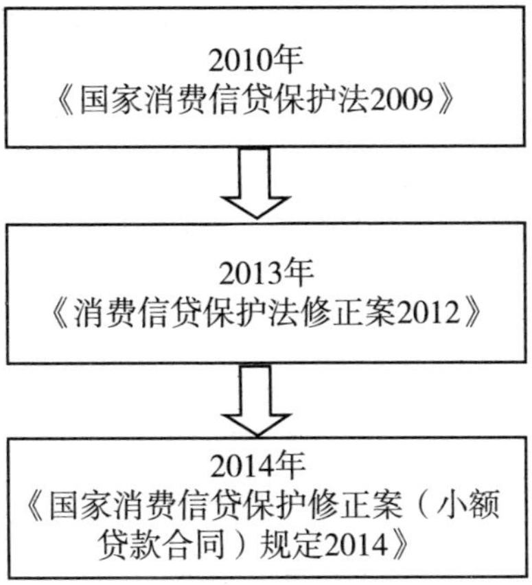

图 9　澳大利亚对发薪日贷款的法律监管历程

澳大利亚立法修改过程其实是维护金融消费利益者和发薪日贷款机构相互博弈的过程。在立法修改过程中，一派主张修法，认为应严格监管发薪日贷款机构，维护借款人的利益；另一派主张废除对发薪日贷款年化最高利率的限制，废除禁止多次贷款的规定，认为严格的监管会使该行业很难存活下去。发薪日贷款行业代表和维护借款人利益的公益机构分别向澳大利亚议会众、参两院联合委员会递交了陈述，澳大利亚议会众、参两院联合委员会则试图在保护借款人和行业生存中找到一个平衡点。

澳大利亚财政部代表阐明了立法改革的目的：基于公平的考虑，最大限度地提高社会包容低收入或边缘化债务人的可能性……改革的目的是降低成本相对较高、很多人承受不起的贷款的负面经济影响和社会影响。该陈述表明，澳大利亚政府及其官方机构已经认识到法律需要为使用发薪日贷款的低收入、经济困难的借款人提供额外的保护。

2. 关于发薪日贷款的法律规定及分析

（1）发薪日贷款的种类

根据《消费信贷保护法修正案 2012》的规定，因为单笔贷款额度的不同，发薪日贷款可分为以下两种：

一种被涵盖在“小额信贷合同”(Small Amount Credit Contract,SACC)的法律概念之中。SACC,是指未被官方授予吸收公众存款资质的机构在不超过2000美元的额度内,向借款人提供为期16天至1年不等的非连续性贷款,并有权在利息(年利率不超过48%)之外一次性加收相当于该笔贷款20%的管理费,借款人不必提供抵押担保的借款合同。[1]

另一种被包含在“中额信贷合同”(MACC)的法律概念之中。MACC,是指未被官方授予吸收公众存款资质的机构,在2000~5000美元的额度内向消费者提供为期16天至2年不等的非连续性贷款,贷款人除收取年利率不超过48%的利息外,还可能对每笔贷款加收400美元的管理费的贷款合同。[2]发薪日贷款的放贷人被要求与其他一切债权人一样,诚实履行自己作为放贷人的义务。与其他国家不同的是,澳大利亚从事SACC或MACC发薪日贷款业务的人,未被要求将各项费用算入年利率加以公布。

《消费信贷保护法修正案2012》增加了一个新概念“短期信贷合同”(Short-Term Credit Contract,STCC)。短期信贷合同与小额信贷合同不同,指未被官方授予吸收公众存款资质的机构在不超过2000美元的额度内,向借款人提供为期少于等于15天的贷款。[3]然而,新修正的法案对短期借贷合同进行了全面的禁止,无论是否提供担保,贷款人和贷款机构都不能达成短期借贷合同,否则会被处以民事罚款或刑事责任。《消费信贷保护法修正案2012》第7条规定,在《国家消费信贷保护法2009》第七章“关于短期和小额信贷合同的特殊规定”中增加124A条“禁止提供关于短期信贷合同的借贷服务”。该条规定:“持有牌照的贷款机构不能建议消费者签订或帮助消费者签订短期信贷合同;不能建议消费者申请或帮助消费者申请提高与特定贷款提供者签订

〔1〕 See Consumer Credit Legislation Amendment (Enhancements) Act 2012 Schedule 3—Short term and small amount credit contracts.

〔2〕 See Consumer Credit Legislation Amendment (Enhancements) Act 2012 Schedule 3—Short term and small amount credit contracts.

〔3〕 See Consumer Credit Legislation Amendment (Enhancements) Act 2012 Schedule 3—Short term and small amount credit contracts.

的短期贷款的信贷额度。”[1]

SACC、MACC 与 STCC 最大的不同之处在于借款期限。关于澳大利亚为何将发薪日贷款限定在小额信贷合同和中额信贷合同之中却禁止短期信贷合同，最主要的原因在于短期信贷合同借款期限太短，费用和利率折算的成本过高，很可能导致借款人延期还款、再次借款或以新贷还旧贷等，不利于保护借款人的合法利益。

实际上，以上规定是澳大利亚联邦政府综合权衡借款人（消费者）利益和贷款机构利益的结果。澳大利亚官方政府认为禁止短期信贷合同是合理的，因为短期借贷意味着还款会占借款人收入很大的比重，与借款人的收入不成比例，很可能导致借款人重复贷款而更加陷入经济危机。除此之外，期限少于 15 天的短期借贷成本很高，立法上很难以一个精确的数额对其费用、利率进行限制以达到保护消费者的目的。[2]

然而，很多社会人士对此种分类界定发薪日贷款的方法表示质疑。他们认为，该做法增加了发薪日贷款规制的复杂程度，呼吁议会扩大小额信贷合同定义范围，以便更好地实施简化的费用限制、贷款人的义务。

（2）信贷许可证

澳大利亚信贷牌照是授权被许可人从事特定信贷活动的许可证。从事不同种类的信贷行业所需的条件不同，申请人只有达到不同信贷行业的特定条件才能被授予许可。

①申请牌照的整体流程（见图 10）

---

〔1〕 124A Prohibition on providing credit assistance in relation to short term credit contracts

(1) A licensee must not provide credit assistance to a consumer by:

(a) suggesting that the consumer apply, or assisting the consumer to apply, for a short term credit contract; or

(b) suggesting that the consumer apply, or assisting the consumer to apply, for an increase to the credit limit of a particular short term credit contract with a particular credit provider.

〔2〕 See Supplementary Explanatory Memorandum, Consumer Credit and Corporations Legislation Amendment (Enhancements) Bill 2011 (Cth) 13 [1.49].

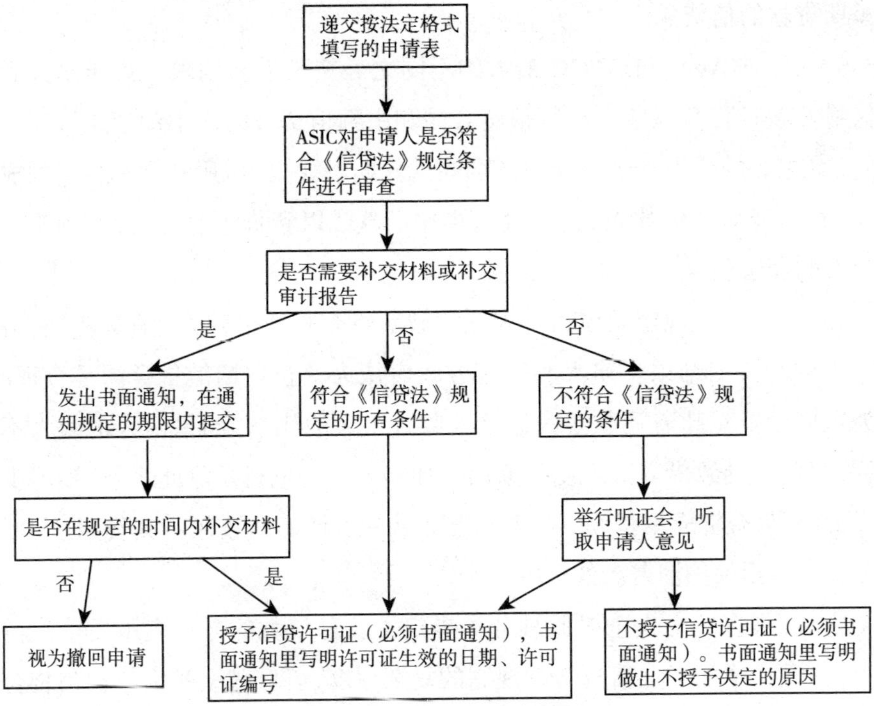

图10　澳大利亚贷款人申请牌照流程

②申请牌照的条件

a. 澳大利亚非法定授权存款机构（非ADIs）申请牌照的条件

按照法律的规定，申请人需在2010年7月1日或以后向ASIC递交申请。申请表必须以法定的格式填写，申请采用批准制。当满足递交申请、未违反《信贷法》规定的义务、申请人是适当的从事信贷活动的人、提交ASIC要求提供的任何其他信息或审核报告等条件时，ASIC必须授予牌照。

申请人是不是从事信贷活动的合格申请人，ASIC需要从以下几个方面进行判断：申请人的执照或澳大利亚金融服务牌照是否曾经被暂停或取消过；是否对申请人做出过禁止令或取消资质令；根据一个国家或地区的法律，申请人是否曾经被禁止从事信贷活动；一个国家或地区或其权力机关，向ASIC提出的关于申请人的任何相关信息；申请人是否曾经破产；申请人是单个自然人，需要考虑申请人是否是2001年《公司法》下的不合格管理人、递交申请10年之内是否受过刑事处罚；申请人是非自然人，若是法人团体，需要判断法人团体的主任、秘书、高级管理人员谁对将要被授权的信贷活动履行职责；若是合伙企业或信托公司，需要判断哪一个合伙人或受托人对将要被授权的信贷活动履行职责。

ASIC可以向申请人发出书面通知，要求申请人在通知规定的时间内提交与颁发许可证相关的额外补充材料，也可以要求申请人在通知规定的时间内到ASIC指定的具有合格资质的部门审计。申请人需要在规定期限内向ASIC提交相关审计报告，逾期不提交者，将被视为撤回申请。ASIC也可能对申请人发出书面通知延长提交补充材料的时间。

b. 澳大利亚法定授权存款机构（ADIs）〔1〕申请信贷许可证的条件

ADIs除了需要按照《信贷法》第36条的规定，在2010年7月1日或以后向ASIC递交申请以外，还需按照经批准的形式要求提交声明申请表，以表明如果被授予许可证，将遵守持证人的相关义务。之后，ASIC将授权ADIs经营申请表范围内的信贷活动，为符合条件的申请人颁发ADI许可证。

c. 不可以被授予信贷许可证的申请人

如果申请人得到过禁止令或取消资格令，或法律规定的国家或地区针对该申请人采取了强制执行措施，ASIC不得对其授予信贷许可证。

具体来说，如果申请人是自然人，法律规定的国家或地区对该自然人采取了强制措施；如果申请人是法人团体，法律规定的国家或地区对该法人团体的董事长、秘书或高级管理人员中对信贷活动负责的人采取了强制性措施；如果申请人是合伙企业或信托公司，法律规定的国家或地区对信贷活动负责的合伙人或受托人采取了强制性措施。（见表5）

---

〔1〕 法定授权存款机构（Authorised Deposit-Taking Institution，ADIs）是澳大利亚《1959年银行法》中提出的术语，是澳大利亚政府根据《1959年银行法》授权接受存款的公司。法定授权存款机构包括银行、建筑协会和信用社。所有法定授权存款机构的设立都要接受同样的审慎标准的审查，即对于使用“银行”“建筑协会”“信用社”名称的公司必须符合一定条件。

表5　澳大利亚申请信贷牌照的条件

条件	类别				
	自然人	法人团体	合伙企业	信托公司	法定授权存款机构
一般条件	(1)递交按法定格式填写的申请表;(2)未违反《信贷法》第47条适用的义务;(3)适合从事信贷活动;(4)提交了任何其他信息或审核报告;(5)符合《信贷法》规定的其他条件				2010年7月1日或以后向ASIC递交以法定格式填写的申请表
特别条件	不是不合格管理人、递交申请10年之内未受过刑事处罚	法人团体的主任、秘书、高级管理人员谁对将要被授权的信贷活动履行职责	哪一个合伙人对将要被授权的信贷活动履行职责	哪一个受托人对将要被授权的信贷活动履行职责	提交特别声明申请表,特别声明表要与待核准的形式申请规定的义务相一致以表明如果被授予牌照,会遵守持牌人的相应义务
禁止条件	曾受到禁止令或取消资质令处罚				
	被采取强制措施	对信贷活动负责的高管被采取了强制性措施	对信贷活动负责的合伙人被采取了强制性措施	对信贷活动负责的受托人被采取了强制性措施	法律规定的国家或地区的申请人或申请人的代表人采取了强制措施

(3)最高费率限制

《国家消费信贷保护法修正案2012》设置了发薪日贷款费率的最高上限(一笔贷款的服务费不能超过本金的20%,月利率不能超过4%)。在某些情形中,仍允许收取第三方直接借记费用。在借款人违约的情况下,可以对借款人收取违约费,违约费不能超过借款数额的两倍,违约费不包括贷款方的强制执行费。参议院经济立法委员会(The Senate Economics Legislation Committee)在针对《国家消费信贷保护法修正案2012》的报告中提到:国家有充分理由制止发薪日贷款业收取过高的利率和费用。引入费率限制条款的目的在于防范高利率贷款给借款人带来的特殊金融风险。如果借款人急需一笔贷款,发薪日贷款公司很可能趁机剥削牟利,相伴而生的是竞争的缺乏以及对借款人权益的侵害。[1]

〔1〕 Senate Economics Legislation Committee, *Consumer Credit and Corporations Legislation Amendment (Enhancements) Bill 2011 [Provisions]*, report, December 2011, www.aph.gov.au/Parliamentary_Business/Committees/Senate/Economics/Completed%20inquiries/2010-13/consumercreditenhancementsbill2011/report/index, paragraph 2.46.

实际上，月利率 4% 是发薪日贷款公司争取的结果。之前的草案对发薪日贷款企业收费、利率的限制更为严格。《消费信贷和企业法修正草案 2011》[Consumer Credit and Corporations Legislation Amendment (Enhancements) Bill 2011]规定，如果发薪日贷款是一个小额借贷合同，贷款机构只可以向借款人收取三种费用，不得收取利息。这三种费用分别是开户费(包括贷款申请费、提供贷款的管理成本费)、月费、违约费。法律所允许的最高额度的开户费是借款人借款的 10%，最高月费是借款人借款的 2%(一年 24%)。对规费和手续费严加限制的目的在于降低借款人借款成本、降低借款人风险，鼓励贷款机构向借款人提供期限更长、收费更低的贷款。然而，草案公布后，最大的发薪日贷款机构建议政府将开户费的限额提高到 25%，并建议上限限制只针对收入唯一来源是政府补贴并且每周补贴少于 400 美元的借款人。他们认为，过严的规制会使发薪日贷款机构难以存续。澳大利亚联邦政府听取了相关贷款机构的建议，试图平衡发薪日贷款业的发展与借款人保护，所以，正式出台的《国家消费信贷保护法修正案 2012》提高了费用、手续费的最高额度，规定开户费的最高额度是借款人借款的 20%(从 10% 变为 20%)，最高月利率是 4%(从一年 24% 变为一年 48%)。

确定费率限额需要综合考虑消费者和贷款机构的利益，既要保证借款人(消费者)免受借贷合同费用过高、偿还压力过大的侵害，也要保证贷款机构能正常运行。如果最高限额(caps)设得过高，消费者会面临贷款成本过高的问题；如果最高限额设得过低，贷款机构可能会因为赚取的利润太少不能收回经营成本而不从事相关业务。如果贷款机构因利润太少而不从事小额贷款业务，借款人(消费者)不得不寻找其他可替代的借贷途径，从而可能导致借款人从其他非法途径获取贷款。判断最高限额是否合理，需要判断小额信贷合同中贷款机构成本的临界点，也就是贷款人在每一份贷款中必须收取多少钱才能够覆盖经营成本。而经营成本与贷款的额度、贷款业务的规模均有关系。

澳大利亚发薪日贷款最高年利率一律设定为 48% 的规定有好处也有弊端。好处是简便、法律能够更有效地执行(不管借款规模大小、借款合同类型，一个费率限制适用于所有信贷合同)，也可以促使贷款机构提供长期贷款。弊端首先是，在贷款成本上涨的情况下，贷款利率最高额不会变化；其次，贷款机构因担心赚取利润变少不能覆盖成本而在贷款准入门槛上设限或变更贷款种类，很多消费者因此得不到发薪日贷款。

（4）对借款人最近90天账户报表的审查义务

《消费信贷保护法修正案2012》要求发薪日贷款机构须审查借款人申请贷款前90天的账单情况，根据借款人的账户支出情况考虑是否提供贷款。《消费信贷保护法修正草案2012（修订解释性备忘录）》认为：这一规定旨在确保贷款人通过借款人的账单交易记录充分获取其收入和消费开支的信息，以使贷款人充分判断借款人是否适用小额贷款合同，尽到贷款人的审查义务。[1]

发薪日贷款机构为了应对这一规定，采取了必要的收集借款人银行账户数据的措施。ASIC 2015年3月的审查报告显示，在其审查的288份交易文件中，有272（94%）份包含了前述审查事项。[2]

（5）对借款人法定最低收入的保障义务

为了进一步保护低收入水平的借款人，《消费信贷保护法修正案2012》引进了一项特殊规定——当借款人的还贷金额超过收入的20%时，对于超过20%的部分将免予履行还款义务（受保护的收入金额条款）。

发薪日贷款机构对此采取了应对措施，制定了相应的内部规则，包括：①对以福利署救助金为主要收入来源的借款人不再提供发薪日贷款；②无论收入来源，一律确保所有借款人的还款额度不超过其收入的20%；③将借款人从政府福利署获得的收入一律排除在借款人收入额之外。

ASIC 2015年3月的审查报告还显示，调查的13家发薪日贷款企业中有6家已经停止向以福利金为主要收入来源的借款人提供贷款。在其调查的288笔贷款中，约24%的贷款借款人过半的收入来自政府福利署，其中有68笔贷款的还款金额超过收入的20%，但对于超过20%的部分，贷款人都未要

〔1〕 *Revised Explanatory Memorandum*, paragraph 4.26.

〔2〕 See ASIC, report 426, *Payday lenders and the new small amount lending provisions*, p.26.

求借款人还款。

(6)信息披露及警示说明义务

《国家消费信贷保护法修正案2012》规定了发薪日贷款机构的信息披露及警示说明义务，包括形式上和实质上的警示说明义务，必须参照ASIC“财务智囊网”(Money Smart)[1]上的说明执行。例如，发薪日贷款机构需要在实际经营场所张贴相应的警示标语，在公司网站首页或借款人借款窗口显示警告语“你真的需要贷款吗？该种贷款很昂贵，只能提供小额贷款，可能不会解决你的资金问题”，提供免费的联系电话，在官方网站上设置全澳大利亚金融咨询服务、福利署、ASIC金融知识和资金管理网络资源“财务智囊网”等网页信息的链接。

设置警示告知义务，是为了使消费者在信息充分的条件下作出更好的财务决定。ASIC“财务智囊网”统计的数据表明，自从立法规定警示说明义务以来，经发薪日贷款企业网站提醒转而访问“财务智囊网”的人数暴增：该规定实施前的12个月里，经由某家被评审企业的网站转到“财务智囊网”进行访问的次数仅189次，而在该规定实施后的18个月里，这个数字增加到19,777次。

警告语尽管可以提醒借款人发薪日贷款过高的费用和借款风险，但却不太可能阻止和限制借款人借款，因为对于面临严重现金流危机的借款人来说，他们必须通过准入门槛较低的贷款来解决现金流危机。

在实践中，警示告知义务的执行也存在一些问题。ASIC在评审中发现，尽管大多数发薪日贷款企业确实附上了警示说明的内容，但调查的13家企业中有4家展示得不够显眼，难以引起借款人的注意。此外，有些发薪日贷款企业经营方式多样，但只在某一种方式中附上了警示说明性内容。按照法律规定，无论哪种经营方式，都须保证借款人在申请贷款之初就能够切实获悉这些警示内容。[2]

---

〔1〕 财务智囊网(Money Smart)，www.moneysmart.gov.au。

〔2〕 See ASIC, report 426, *Payday lenders and the new small amount lending provisions*, [29/44].

(7)不合理的贷款——假设性测试

为避免借款人在使用发薪日贷款服务时陷入债务旋涡[1],《国家消费借贷保护法修正案 2012》引进了一个"假设性条款"。此假设性条款实际上是贷款人对借款人是否适合被发放小额贷款的一个推测。如果借款人已经借了多笔贷款,正陷于贷款旋涡之中,贷款人应慎重考虑是否继续提供贷款。如果发薪日贷款机构未尽到该条款规定的假设性测试义务,其放贷行为仍然有效,但是该笔贷款可能会被定性为不合理贷款(除非贷款人有充分的证据证明借款人适合发放贷款)。

为了贯彻该法律规定,贷款人必须尽到合理审查义务:询问借款人是否正在使用 90 天以内的短期贷款,是否已经申请了其他种类的小额贷款,是否还有余力支付贷款。发薪日贷款机构为响应"假设性条款"的要求,通常采取以下做法:①视这种条款为禁止性条款,对已经借了多笔贷款的借款人一概予以回绝;②在前述审查措施的基础上作进一步的调查后作出决定;③没有对这种条款作出特别回应,认为做好既有的业务行为就足以应对。此外,有的发薪日贷款企业设置了诸如填写问答式申请表、评估借款人银行账户信用状况等审查流程。

实践中,该条款被遵守的情况不容乐观。ASIC 2013 年审查报告显示,288 份材料中大概有 2/3 可能违反"假设性条款",其中 8% 可能违反"默认假设"条款,54% 可能违反"多笔贷款假设"条款。[2]由此可见,尽管立法引进了"假设性条款",但该条款不属于强制性义务条款,发薪日贷款人违反此条款的现象比较常见。

(8)询问消费者的要求和目的

从 2010 年 7 月起,法律要求发薪日贷款人在放贷前必须询问借款人的要

---

〔1〕 债务旋涡指很多持续使用发薪日贷款的借款人在同一时期身负多笔债务,而且时间越长,负债越重。这就导致借款人的还贷占总收入比重越来越大,相应地,贷款改善生活的功效会越来越低。

〔2〕 See ASIC, report 426, *Payday lenders and the new small amount lending provisions*, [31/44].

求和目的，并保留相关询问记录。为了帮助贷款人更好地理解并遵守法律，ASIC还提供了充分的指导性文件和规范指引，如相关的说明书、209号管理导则《信贷行为指引：合法信贷行为细则》以及ASIC的系列报告。209号管理导则清晰地阐释了贷款人的询问义务：贷款人应当适度地询问借款人的要求和目的，详细地了解他们借款的原因，以便更好地明白所提供的贷款能否真正符合借款人的意愿。

关于发薪日贷款中贷款人的询问义务，ASIC诉“现金商店”有限公司行政罚款纠纷案（联邦法院第926号判决）的法官J.戴维斯表达了这样一个裁判观点：按照法律规定，贷款人应当询问借款人的要求和借款目的，询问必须足够具体，达到能清楚地判断贷款金额与贷款目的是否相符的程度。[1]

六、结论

对于发薪日贷款这个新兴的信贷产业，澳大利亚联邦政府正将其逐步纳入规制的轨道，规制措施也日趋精细化。然而，规制并不代表打压。对于发薪日贷款的行业发展和借款人的保护，澳大利亚联邦政府试图寻找一个平衡点。澳大利亚联邦政府认为，对发薪日贷款行业既不能过于严厉地监管，也不能放任不管，任其自由发展。所以，自2009年以来，澳大利亚立法机构进行了一系列立法修法活动，广泛听取行业代表、消费者保护协会、学者等各方观点。

我国目前发薪日贷款行业处于起步阶段，对发薪日贷款几乎没有规制。澳大利亚对发薪日贷款日趋复杂化的监管框架无疑对我国发薪日贷款的规制具有借鉴意义。

---

〔1〕 See ASIC v. The Cash Store Pty Ltd.(in liquidation)[2014] FCA 926(ASIC v. TCS) at 37(a).

对掠夺性放贷行为的法律监管

莫壮弥 *

内容提要

2006年美国次贷危机爆发后，掠夺性贷款迅速成为市场、政府、公众和媒体关注的焦点。掠夺性放贷的泛滥，既与放贷人追逐利益的天性和市场中的信息不对称密切相关，也与金融管制及法律监管的效果相关联。次贷危机之后，美国对掠夺性贷款的监管日益严格，但现行法律框架下存在固有的立法缺陷，仍无法完全制止掠夺性放贷行为。而在我国，掠夺性贷款原本不是一个备受关注的问题，随着我国住房抵押贷款市场逐步发展，金融创新日渐活跃，加之小额贷款公司及网络借贷平台的井喷式出现，掠夺性放贷问题将成为我国监管层必须考虑的问题之一。

关键词

掠夺性放贷　猎杀放贷　发薪日贷款　借款人保护

中国共产党十八届三中全会提出要"发展普惠金融"（Inclusive Financial System）以来，"普惠金融"一词越来越受青睐，人们对其耳熟能详并津津乐道。似是为了响应国家号召，小额贷款公司及小额现金贷款平台如雨后春笋般出现，成为落实普惠金融理念的重要金融载体。事实证明小额贷款模式是受大众欢迎的，中国人民银行2016年1月26日发布的《2015年小额贷款公

---

* 作者单位：北京大学金融法研究中心。

司统计数据报告》显示，截至2015年年末，全国共有小额贷款公司8910家，贷款余额9412亿元。[1]不过，与这种井喷式增长不太相符的是我国法律法规监管的长期缺位。

本文将重点讨论一种特殊的放贷活动——掠夺性放贷，并将通过分析表明：基于掠夺性放贷活动对社会的危害性，国家应当通过立法予以禁止和监管。

一、何为掠夺性放贷

在美国次贷[2]危机产生之前，掠夺性放贷（Predatory Lending，也有学者译为"猎杀放贷"[3]）对我们而言仍是一个相对陌生的词汇。次贷危机发生后，其造成的金融海啸及其惊人的破坏力引起人们的反思和讨论，掠夺性放贷问题也逐渐成为我们关注和讨论的对象。

（一）掠夺性放贷的基本内涵

事实上，对于掠夺性放贷至今并没有严格的定义。美国前参议院银行委员会主席菲尔·格兰姆（Phil Gramm）也指出，想从学术上定义掠夺性放贷是困难的，但"一旦现实中你遇上了，你就会明确认定这就是掠夺性放贷"。[4]鉴于此，掠夺性放贷被笼统地描述为"通常以不了解信贷市场、信用记录较低的弱势群体为对象并导致他们严重的个人损失，包括陷入破产、贫困和住房的赎回权被取消的一系列放贷行为"；[5]美国学者 Patricia Sturdevant 和 William J. Brennan 也尝试着将这一系列放贷行为一一列出，包括专门针对某一种族放贷、以不必要的家居装修为由放贷、放贷时附加高额费用、诱导借款

---

〔1〕 参见《2015年末全国共有小额贷款公司8910家》，载网易财经：http://money.163.com/16/0127/08/BEARON2S00253B0H.html，最后访问日期：2016年6月29日。

〔2〕 次贷，即次级贷款（Subprime Loans），是指提供给那些因为信用记录存在问题或其他原因而申请不了优质贷款（Prime Loans）的借款人的贷款，这种贷款的利息通常较优质贷款更高。掠夺性贷款多出现在次级贷款中。

〔3〕 参见岑雅衍：《美国猎杀贷款的规制与启示》，载《上海金融》2008年第4期。

〔4〕 See Michele Heller & Rob Garver, "Gramm Takes Stand Against Predator Bills", *ANI. BANKER*, Aug. 24, 2000, at 1, 2000 WL 25344935. See also News Conference with Senator Phil Gramm, FED. *NEWS SERVICE*, Jan. 22, 2001.

〔5〕 See Kathleen C. Engel & Patricia A. McCoy, "A Tale of Three Markets: The Law and Economics of Predatory Lending", 80 *Texas Law Review*, 2002, pp.1259, 1260.

人去借更高成本的贷款、诱导借款人去借超过自身偿还能力的贷款进而导致丧失抵押物赎回权，等等。[1]

自然，这种列举很难真正做到毫无疏漏，因此也有学者通过对这一系列放贷行为进行对比，总结了掠夺性放贷存在的五个基本特征。[2]当放贷行为体现出其中一个或多个特征时，这种放贷行为的"掠夺性"就比较明显了：(1)贷款条款导致借款人严重不合理的净损失，例如"按资产放贷"(Asset-based Lending)导致借款人遭受破产和失去抵押的住房；(2)贷款人寻求不正当的收益，包括收取较高的利息和费用；(3)放贷行为中涉及欺诈、欺骗。欺诈既包括对借款人的欺诈，也包括对资金提供者的欺诈，如二级市场贷款的购买方、联邦贷款保证人等；(4)放贷行为缺少透明度，但在法律上又不确认为欺诈，如放贷行为涉及对某些法律要求提供内容的误导性疏漏；(5)放贷人要求借款人在贷款合同中放弃重要的司法救济手段，如合同条款中包含绝对强制的仲裁条款等。

---

〔1〕 See Patricia Sturdevant & William J. Brennan, Jr., "A Catalogue of Predatory Lending Practices", 5 CONSUMER ADVOC, 4, 1999; see also Cathy L. Mansfield, "The Road to Subprime 'HEL' was Paved with Good Congressional Intentions: Usury Deregulation and the Subprime Home Equity Market", 51 *S.C. L. REV.*, pp.532-561, 2000. "...Listed a broad array of exploitative terms and practices, including racial targeting in advertising and loan solicitations, loans in connection with home-improvement scams, kickbacks in the form of yield-spread premiums, the steering of borrowers to high-cost lenders, loan payments in excess of the borrowers' ability to repay resulting in foreclosure (equity stripping), fraud on borrowers and on secondary-market buyers via falsified loan applications, forged signatures, inflated appraisals and the like, high annual interest rates, high points, balloon payments, negative amortization, padded or duplicative closing costs and fees, insurance packing and single- premium credit life insurance, excessive prepayment penalties, mandatory-arbitration clauses, loan flipping (repeated refinancing by the same lender), refinancing of low or no-interest mortgages at higher rates, shifting unsecured debt into mortgages, making loans in excess of 100% of the loan-to-value ratio of the underlying collateral, abusive collection practices, and foreclosure abuses..."

〔2〕 See Kathleen C. Engel & Patricia A. McCoy, "A Tale of Three Markets: The Law and Economics of Predatory Lending", 80 *Texas Law Review*, 2002, p.1260. 通常掠夺性放贷多出现在次级贷款中，次级贷款(Subprime Loans)是提供给那些因为信用记录存在问题或其他原因而申请不了优质贷款(Prime Loans)的借款人的贷款，这种贷款的利息较优质贷款更高。当然，掠夺性放贷并非仅存在于次级贷款中，有些时候，也会出现在优质贷款之中。如果优质贷款中出现文中所提的五个特征中的一个或多个，这种贷款也可以叫作掠夺性贷款。

无论是一一列举，抑或总结基本特征，掠夺性放贷的本质体现为其“掠夺性”，即把借款人的合法利益转移到贷款人手中。[1]从手段上，掠夺性放贷主要利用了欺诈、误导等信息不对称[2]的情况，使借款人在对借款条件了解不充分的情况下被动接受贷款，并且贷款人多通过贷款条款的设计使借款人无法寻求司法救济。

（二）掠夺性放贷的产生原因

1. 主体原因

在个人信用评级极其重要的国家，例如美国，信用评级不佳的人是无法获得优质贷款的。掠夺性贷款市场中的“最佳借款人”，正是这些由于历史信用记录、歧视以及其他的社会和经济原因而被隔离于信用市场的人。这些人的信用评级不完全相同，有的人信用评级甚至符合优质贷款的信用评级，[3]但因为有污点信用历史，然后恰好被归类为次级借款人；有的人可以承担适度的贷款金额，但不能承担高利率的大笔贷款；而有的人是无论贷款条件怎样都不能承担任何贷款的。以上这些借款人的共同点是“求水无源”，本身也无太多专业贷款经验，他们不理解贷款条款的真实意思和相关风险，缺乏对那些复杂贷款产品的了解，也没有工具或很少有意识去自己研究这些条款，而掠夺性放贷人提供的那些前期起始利率较低、月供低甚至无首付、后期总债务越积越高的贷款产品对他们而言无异于“天上掉下的馅饼”，他们很难觉察出那实际是“饮鸩止渴”，甚至还会感谢放贷人提供的服务和贷款。

对于放贷人而言，与优质贷款设定的低利率相比，掠夺性放贷能为放贷机

---

〔1〕 参见宗晓：《美国掠夺性贷款法律规制的再反思》，载《金融法苑》2012 年第 2 期。

〔2〕 信息不对称，即 Information Asymmetry。这是信息经济学中的一个基本命题，用来说明相关信息在交易双方的不对称分布对于市场交易行为和市场运行效率所产生的一系列重要影响。在信息不对称的环境中，由于交易一方比另一方占有较多的相关信息，信息优势方可能会以此谋求在交易中获取更大收益，而信息劣势方则可能因此受损。参见吴梅兰、刘勤志：《关于信息不对称问题的研究》，载《情报杂志》2006 年第 6 期。

〔3〕 但这部分借款人很可能会因为其他的原因，如作为外来移民时遭受社会歧视等，没有机会或自己没有意识到可以选择优质贷款产品。掠夺性放贷人会利用这一点，诱骗他们签订掠夺性贷款合同。

构带来高得多的收益。另外一些中介机构为赚取更多佣金也会通过欺骗方式推销贷款。放贷人利用上述信息不对称的情况，将许多规定了不公平内容的不透明条款毫无风险提示地强加给借款人。

2. 客观原因

掠夺性放贷在美国大面积产生的一个重要原因是住房抵押贷款证券化的兴起，放贷人可以快速转让发放的贷款，将贷款债权的风险转移给二级市场投资者。这样一来，放贷人的收益与贷款数量相关，而贷款质量即借款人的还款能力却与收益无关，放贷人就会放松对借款人资质的审查。例如，房贷的放贷人让借款人以比正常水平高的利率签约并将贷款打包、证券化，然后分割成各种等级的担保债务凭证（Collater alized Debt Obligation，CDO）出售给二级市场投资者，放贷人就很有可能不去遵守那些传统的放贷原则和风险控制准则。

同时，20世纪70年代以来，在金融自由化（Financial Liberalization）理论的影响下，美国兴起了一场以“放松监管”为标志的金融监管法制改革，[1]鼓励放贷人向中低收入借款人发放贷款，对层出不穷的贷款产品创新异常宽容，而这一切都为掠夺性放贷的迅速滋长提供了温床，最终难以避免地导致次贷危机的爆发。

（三）发薪日贷款（Payday Loans）中存在的掠夺性放贷

掠夺性放贷行为多出现于次级住房抵押贷款市场，掠夺性放贷在次级房贷市场上损害的受害人最广泛，给社会带来的影响也最严重，因为借款人存在

---

〔1〕 1977年美国国会通过《社区再投资法》，强迫银行给那些低收入社区发放贷款，使本来因信用等级不高排除在信贷市场之外的人得到了贷款。1980年美国国会通过《存款机构放松管制和货币控制法》，取消了抵押贷款的利率上限，允许放贷机构以高利率、高费率向低收入者放贷，次级贷款合法化。1982年美国国会通过《可选择抵押交易平价法》，规定放贷机构可采用浮动利率放贷和大额尾付贷款。所谓“大额尾付贷款”，指每期还款额都会降低，但在贷款期限结束时，会积累一笔很大的金额。1986年美国国会通过《税改法》，为资产支持证券提供了合理的税收结构体系。1999年，美国国会通过《金融服务现代化法案》，打破了分业经营、分业监管的格局。参见［美］理查德·比特纳：《贪婪、欺诈和无知：美国次贷危机的真相》，覃杨眉等译，中信出版社2008年版，第23页。这样宽松的法律环境下，掠夺性放贷迅速增长。然而，2007年美国利率连续六次提高，而房价不断下跌，借款人无法继续再融资以新还旧，因此越来越多的借款人因无法还贷而失去住房抵押赎回权，进一步刺激了美国次贷危机的发生。

很大的失去住房的风险，失去住房且陷入贫困的借款人无疑增加了社会的不安定因素。当然，在其他贷款市场上也存在掠夺性放贷行为，例如发薪日贷款市场。

发薪日贷款，即放贷人折价购买客户的支票。在一个典型的发薪日借贷交易中，客户开出一张支票给放贷人，后者同意持有支票一段时间（通常不到两周），并收取一定的费用。[1]例如，一笔300美元发薪日贷款，客户开出一张350美元的支票，拿到手的是300美元的现金，相当于放贷人折价购买了客户的支票。这样看来，发薪日贷款机构的经营模式并不复杂，客户主要是不能获得金融服务的中低收入者或因其他社会原因被主流银行忽视的人。[2]对于这部分不能获得主流银行服务的人而言，发薪日贷款无疑更具便利性，他们很容易就能申请到一笔发薪日贷款，一般只需要提供家庭住址、支票账户、驾照、社会保险号、工资单存根、发薪日，交易过程甚至不超过一个小时。也正因如此，发薪日贷款发展迅速，很快拥有了广大客户，并被赞誉为改善中低收入家庭生活环境的“英雄”。但与此同时，关于发薪日贷款的“掠夺性”“剥削性”的批评也越来越多。

1. 短期贷款长期化，产生高额费用

在陷入财务危机而急需一笔现金时，客户贷款关心的不是贷款的年利率，而是发薪日贷款机构提供一次服务的费用，所以他们为了提前两周获得300美元的薪水，会情愿支付50美元的费用，而这笔费用的年换算为年利率433%。[3]如果仅从这个角度出发，简单地认为发薪日贷款费用的换算年利率是300%~1000%，因此具有掠夺性，这种观点恐怕并不周全，因为如果仅是几十

---

〔1〕 参见李猛：《发薪日贷款：特点、争论和启示》，载《国际经贸探索》2008年第5期。

〔2〕 也有学者认为，典型的发薪日贷款客户其实不是社会弱势群体，大部分人能够获得其他形式的信贷服务，是标准的金融服务市场的参与人；半数借款人有大机构发放的信用卡，所有人都至少有一家银行户头；大部分人有工作，薪水在1.5万~6万美元；大部分人至少受过中学教育，半数人还受过高等教育。参见［美］罗伯特·德阳、罗尼·菲利普斯：《炙手可热的美国发薪日贷款》，张明莉译，载《银行家》2006年第11期。

〔3〕 计算方法为(50/300)÷(2/52)×100%≈433%。换算后年化利率过高，所以在美国有些州会以贷款利率不符合州法为由禁止发薪日贷款，甚至认为其构成高利贷犯罪。

美元的费用，还不足以构成对客户的称为“剥削性”的负担。

真正的问题在于，如果客户不能及时还款，发薪日贷款经常滚动至下一期，尤其是在网上发薪日贷款中，网上贷款通常会被设定为自动展期，除非客户在贷款到期日来临之前联系放贷人取消，以说明其想按时全额还款。[1]此时，客户必须再支付一次原来的费用。如此下去，客户不得不在一年内多次支付费用，短期贷款往往长期化，最终导致客户债台高筑。例如，客户从发薪日贷款人那里以50美元的费用借款300美元，为期两周。如果客户决定在发薪日到来的时候延期还贷，其需要再支付50美元的费用。这100美元的费用，来源于两期合计300美元的发薪日贷款。那么，不难看出，贷款费用将随着时间线性叠加：总费用=50美元+延期次数×50美元，如果延期次数不受限制，终有一天贷款的总费用会超过甚至远超贷款本金。[2]也因此，有人批评发薪日贷款是信贷市场上的强效可卡因、“自杀陷阱”，[3]一旦客户使用了发薪日贷款，他们可能会“上瘾”而变成长期借款者，进而无意识地就被拉入永久性负债的陷阱。

2. 信息披露不全，放贷人与借款人之间信息不对称

如前文所述，信息不对称的存在导致借款人居于绝对劣势，在发薪日贷款市场也是如此。为什么借款人愿意去借一笔利息高达几百甚至上千个百分点的贷款？一种解释是借款人并不充分了解此种产品的成本。例如，借款人只知道借300美元需要支付50美元的费用，却不会下意识地计算这笔贷款费用的换算年利率，也不会在此基础上对比多家信贷产品。另一种解释是借款人

---

〔1〕 参见CFPB：http://files.consumerfinance.gov/f/201304_cfpb_payday-dap-whitepaper.pdf，最后访问日期：2016年6月30日。

〔2〕 依照美国消费者金融保护局（CFPB）的一份对于发薪日贷款情况的报告，放贷人将借款人开始一次贷款并且进行一次展期视为两次交易。同样地，如果借款人还清贷款并且开始新的贷款，也视为两次交易。按照这样的标准，接近一半的借款人有超过10次的交易，并且支付了总计458美元的费用；其中四分之一的借款人支付了超过781美元的费用。参见CFPB：http://files.consumerfinance.gov/f/201304_cfpb_payday-dap-whitepaper.pdf，最后访问日期：2016年6月28日。

〔3〕 参见李平：《美国“发薪日贷款”让借款人雪上加霜》，载《中国改革报》2008年4月3日，第6版。

过高地估计了自己的还款能力，没想到一再的延期会导致费用的螺旋式上升。这两种解释成立的前提正是借款人没有能力分析手上的财务信息，或者他们可以获得的信息并不多，放贷人也不向借款人披露贷款合同的真实风险，例如不披露贷款费用换算后的年化利率、不披露连续贷款会导致的风险等。

二、掠夺性放贷是否应被监管

（一）掠夺性放贷的危害性

掠夺性放贷应接受监管，这似乎是毋庸置疑的。

如前所述，在掠夺性放贷多发的次级房贷市场，借款人遭受大额财产损失或失去住房后，他们的生活甚至社会的稳定性会受到影响。再者，随着住房抵押贷款证券化的流行，二级市场中贷款的购买方也可能因被欺诈而背负风险。在发薪日贷款市场，尽管借款人所受损失大部分不是失去房产，但因连续贷款而产生的高额费用，也很有可能耗尽财务脆弱家庭的财富，进而带来社会不稳定因素。

（二）市场失灵（Market Failures）

有观点可能会认为，即使掠夺性放贷会引发一系列问题，也无须监管者或立法者出面，可以交由市场解决。但问题在于，掠夺性放贷产生的很大原因是存在信息不对称，放贷人及中介利用了信息不对称来诱骗借款人申请掠夺性贷款。既然有一部分市场参与者是依赖信息不对称来赚取利润的，仅靠市场自身的力量，恐怕很难完全消除信息不对称，容易导致利益相关者抵抗。其次，在次级贷款市场中，掠夺性放贷人缺少竞争对手。即使可以收取高额利息和贷款费用，银行等金融机构也很少会愿意贷款给中低收入人群；而那些合规的次级贷款放贷人，他们面向的客户多是曾有过贷款经验或积极申请合规的次级贷款、在不同放贷人间询价的借款人，他们其实并不会成为掠夺性放贷人的市场竞争对手，因为掠夺性放贷人看中的客户是那些长期被隔离于信贷市场之外、没有贷款经验、不懂询价而又急需用钱的人，这些人极容易被掠夺性放贷人诱导或欺骗。

当然，在发薪日贷款市场，放贷人是处于市场竞争中的，[1]但这也不意味着信息不对称能被市场根除。或者说，正是信息不对称导致了市场某种程度的失灵。如果借款人有足够信息、充分理解贷款合同，向不同放贷人询价，就有机会选择向合规的次级贷款人或发薪日贷款人借款，掠夺性放贷人逐渐会被市场淘汰。因此，由政府介入市场，制定一系列规则及监管措施，就显得尤为重要。以下将以美国为例，介绍目前对掠夺性放贷的法律监管，并结合发薪日贷款市场进行讨论。

三、美国对掠夺性放贷的法律监管

（一）对掠夺性放贷的法律监管

美国对掠夺性放贷问题进行规制的法律主要分为两类：第一类是传统的民商事法律体系，主要包括联邦统一商法和反欺诈法；第二类则是消费者权益保护法律体系，主要包括信息披露法、反歧视法和价格管制方面的法律。

1. 传统民商事法律体系

（1）美国联邦统一商法

美国《统一商法典》（Uniform Commercial Code）中规定了显失公平原则，在诉讼中使用该原则可以推翻合同的实体性条款。具体而言，显失公平原则规定于《统一商法典》第2-302条："如果法院作为法律问题发现合同或合同的任何条款在缔约时显失公平，法院可以拒绝强制执行，或仅执行显失公平以外的其他条款，或限制显失公平条款的适用以避免显失公平的后果。"[2]尽管这一条款根据该法只适用于货物交易而不适用于信用交易合同，但很多法院已将该原则扩展至适用于所有合同，法院判例还主张公平原则应包括"一方当

---

〔1〕 参见［美］罗伯特·德扬、罗纳德·J.曼恩、唐纳德·P.摩根、迈克尔·R.斯特兰：《重新审视发薪日借贷之争》，赵文博译，载《金融市场研究》2015年第12期。"从发薪日贷款人数量上来判断，发薪日贷款这个市场是非常具有竞争性的。……发薪日贷款人同时也要和其他小额贷款人竞争，这包括透支信用提供者（信用协会和银行）和当铺。"

〔2〕 法条原文："U.C.C. §2-302. Unconscionable contract or Clause.（1）If the court as a matter of law finds the contract or any clause of the contract to have been unconscionable at the time it was made the court may refuse to enforce the contract, or it may enforce the remainder of the contract without the unconscionable clause, or it may so limit the application of any unconscionable clause as to avoid any unconscionable result..."

事人未能对合同内容做出有实质意义的选择却使另一方获得不合理的收益”的情形，[1]这意味着这一原则也可以适用于掠夺性贷款合同，为受害人提供一些救济。

（2）反欺诈法

其一，普通法体系下的反欺诈诉讼。

反欺诈法是最早的专门设计来抑制合同形成过程中的信息不对称问题的措施之一。反欺诈法为掠夺性放贷受害人提供了两条救济途径，一是由地区检察官对掠夺性放贷人和经纪人提起刑事欺诈诉讼，二是由受害人根据普通法提起民事欺诈诉讼。

但存在一个问题，即普通法上的欺诈不包括误导性遗漏或操纵，并要求提供肯定性的证据（Affirmative Proof）和借款人信赖损害（Detrimental Reliance）[2]的证据。这使反欺诈法管辖的掠夺性放贷范围被极大减少，并限制了检察官提起刑事欺诈诉讼的数量。其次，除了极少数例外的州，[3]美国刑事司法系统针对掠夺性放贷进行的欺诈诉讼都极为缓慢，再加上每个地区检察官数量有限，其他紧急案件又很多，掠夺性放贷诉讼通常不可能被优先处理。最后，刑事欺诈诉讼基本上不会给掠夺性放贷的受害人带来任何补偿。受害人想得到经济补偿只能自行提起民事欺诈诉讼，但民事诉讼也很难为受害人提供充足的司法救济。原因如下：第一，如前所述，“欺诈”在普通法上的概念很狭窄，受害人受到保护的范围非常小；第二，普通法上的欺诈诉讼一般不会给受害人提供完全的债务豁免；第三，司法实践中，受害人很难找到律师

---

〔1〕 See Williams v. Walker-Thomas Furniture Co., 350 F.2d 445, 449 (D.C. Cir. 1965).

〔2〕 Detrimental Reliance，指由于对欺诈行为的信赖而导致利益的损失，参见《元照法律词典》，法律出版社 2003 年版。

〔3〕 See Joan Potter, “Fighting Home Equity Fraud and Predatory Lending: One Community’s Solution”, Community Reinvestment Report, Federal Reserve Bank of Cleveland ed., Summer 2000; see also Mike Tobin & Bob Paynter, Feds Raid Real Estate, Mortgage Operations, PLAIN DEALER (Cleveland), Aug. 22, 2001, at al., 2001 WL 20548585.

帮助其起诉掠夺性放贷人；[1]第四，在很多掠夺性贷款合同中的强制仲裁条款甚至直接阻止受害人向法院寻求救济。[2]

其二，联邦和州的反欺诈立法实践。

正因普通法体系下反欺诈诉讼存在缺陷，美国国会、各州和哥伦比亚地区在20世纪通过了UDAP条例（Unfair or Deceptive Acts or Practices），[3]禁止在贸易和商业中存在任何不公平或欺骗性的行为和做法。联邦UDAP条例授权FTC执行，而州的UDAP条例通常提供给私人一种提起诉讼寻求损失赔偿的权利。然而，一些州的反不当竞争条例会排除信用和保险交易，主要是因为金融机构可以得到豁免或者信用和保险不被视为“货物和服务”，也就无法适用UDAP。而在那些UDAP条例包括了信用交易的州，条例的执行也严重依赖于州检察长的优先级选择和司法资源，通常只有少数州，例如纽约州，会积极执行UDAP，打击掠夺性放贷人。[4]在那些司法资源有限的州，对掠夺性贷款的监管仍旧是坐冷板凳的。

综上，在美国传统民商事法律体系下，掠夺性贷款的受害人受偿的机会是十分有限的，受害人个人可能无起诉权利或要付出高价的诉讼成本，即使受害

〔1〕 See Kathleen C. Engel & Patricia A. McCoy, “A Tale of Three Markets: The Law and Economics of Predatory Lending”, 80 *Texas Law Review*, 2002, p.1302. 一方面，私人律师事务所缺乏足够动力去帮助起诉贷款欺诈，美国诉讼中各方应承担各自的律师费用，而强制性的救济（Injunctive Relief），比如撤销合同（Rescission）或贷款豁免所获的补偿往往还不够支付原告律师的律师费；另一方面，在欺诈诉讼中要证明每一个人对欺诈行为的信赖，这又使得可以帮助受害人降低诉讼成本的集团诉讼（Class Actions）非常难提起。

〔2〕 2010年美国国会通过的《多德－弗兰克华尔街改革和消费者保护法》规定消费者金融保护署（CFPA）可以酌情限制甚至禁止消费金融合同中的强制仲裁条款，这意味着赋予了掠夺性贷款受害人寻求司法救济的机会。但有学者认为这一法案在实践中并没有什么作用。See Wayne Koprowski, Khalid A. Razaki, “A Dismal Failure in Regulating Predatory Lending Practices”, *1 Journal of Legal Issues and Cases in Business*, 2012.

〔3〕 See *National Consumer Law Center*, Unfair or Deceptive Acts or Practices § 1.1, 4th, 1997 & Supp. 2000. 联邦层面的反欺诈立法表现为《联邦贸易委员会法》（The Federal Trade Commission Act），§ 45(a)(1)规定，美国禁止使用不公平或欺骗性的交易行为，美国联邦贸易委员会FTC可以在其管辖权之内对不遵守要求的贷款人提起诉讼。

〔4〕 See Richard A. Oppel, Jr. & Patrick McGeehan, Along With a Lender, is Citigroup Buying Trouble? N.Y. TIMEs, Oct. 22, 2000, § 3, at 1, LEXIS, News Library, NYT File.

人能得到救济，很大概率上也得不偿失。

2. 消费者权益保护法律体系

其实，美国有一套较完整的信贷管制法规，其立法目的主要有三点：(1)防止金融市场的系统风险，维持经济稳定发展；(2)保护消费者；(3)达到其他一些社会福利目标，如保证低收入人群的信用供给。在上述第(2)点之下，信贷管制法规发展出了一套比较完整的消费者权益保护法律体系，该体系主要通过如下方式来保护信贷消费者的权益：(1)使贷款合同简明易懂；(2)禁止贷款过程中的歧视；(3)禁止使用非法的催收欠款的方法；(4)管制利率和贷款合同条款；(5)强制的信息披露要求。

而在美国消费者权益保护法律体系中，主要有三个方面与掠夺性放贷问题相关：(1)信息披露方面的法律，如《诚信放贷法》(The Truth in Lending Act, TILA)；(2)反歧视方面的法律，如《公平信用报告法》(Fair Credit Reporting Act)，其目的是使保护信用消费者的信用状况得到合理评估；以及《公平信用机会法》(Equal Credit Opportunity Act)，主要为消费者提供反歧视方面的保护；(3)价格管制方面的法律，如《住房所有权和股权保护法》(Home Ownership and Equity Protection Act, HOEPA)。以下将分别从这三个层面展开讨论：

(1)要求进行信息披露的相关法规

在信息披露方面，有三部联邦法律规定放贷人必须披露标准化的价格信息，以此消除信贷交易中信息不对称的影响，从而保护信贷消费者的合法权益。这三部法律分别为上文提到的TILA、HOEPA及《真实不动产处理程序法》(The Real Estate Settlement Procedures Act, RESPA)。

其中，TILA为消费信贷合同建立了统一的术语，以方便消费者在购物和决策时进行比较，其要求贷款人在披露说明书中要用联邦定义的术语披露该信贷合同的一些最重要条款，包括要求放贷人向申请人披露住房抵押贷款的融资费用和年利率。[1] RESPA使住房抵押借款人可以取得GFEs(Good Faith

〔1〕 15U.S.C. § 1604，§ 1632，§ 1635，§ 1640.

Estimate，可译为“诚信估算表”）和一份 HUD-1 交割声明，[1]该声明会说明借款人必须支付的实际交割成本。由此，借款人至少在进行住房抵押贷款时会清楚自己所要承担的费用和风险，在此基础上再决定是否仍要贷款。RESPA 还制止了抵押贷款成交结算时的不公平成本和行为。[2]而 HOEPA 则是对 TILA 和 RESPA 的补充，其将年利率超过同期限国债收益率 8 个百分点的住房抵押贷款归为“高成本”贷款，对于这些贷款要求进行特定披露，并禁止一些指定的不公平条款。[3]

违反上述三部法律将会受到监管当局的行政制裁，违反 TILA 和 HOEPA 的人还将可能受到刑事制裁。[4]TILA、RESPA、HOEPA 还授予私人提起诉讼的权利。例如根据 TILA，遭受损失的借款人能以个人或集团诉讼的方式要求实际损害赔偿（Actual Damages）、法定损害赔偿（Statutory Damages）和律师费用赔偿。[5]

然而，TILA 和 RESPA 各有缺陷。例如根据 TILA，一些重要的融资成本没有计入融资费用中，诸如调查、公证、登记等费用均不在披露范围；[6]RESPA

---

〔1〕 Http://portal.hud.gov/hudportal/documents/huddoc?id=1.pdf.

〔2〕 12U.S.C. § 260l, § 2603-2604, § 2607.

〔3〕 15U.S.C. § 1639, 12C.F.R. § 226.

〔4〕 Lenders, who willfully and knowingly violate any requirement of TILA or HOEPA, for example, face a maximum fine of $5000 and imprisonment for up to one year. See 15 U.S.C. § 1611, 2000; see also 15 U.S.C. § 1644 (punishing certain types of credit-card fraud).

〔5〕 12 C.F.R. 226.32 (c) (2001); see National Consumer Law Center, Truth in Lending ch.8, 4t, 1999.

〔6〕 TILA has not lived up to its goal of standardizing disclosures on the total cost of credit because a long list of closing costs are currently excluded when computing finance charges and annual percentage rates. See generally Department of Housing and Urban Development & Federal Reserve Board, Joint Report to Congress, Truth in Lending Act and the Real Estate Procedures Act, Executive Summary at VII-XI, 1998. http://www.federaserve.gov/boarddoesrpteongress/tila.pdf.

构建的披露体系在及时性和执行力方面问题也较多，[1]导致其要求放贷人披露的信息未能真正帮助借款人进行决策。相较于 TILA 和 RESPA，后期颁布的 HOEPA 虽完善，但适用范围很窄，不适用于价款抵押、反向抵押贷款，或任何类型的开放式信贷产品，而仅限于年利率超过同期限国债收益率 8 个百分点的房贷，或贷款总利息和费用超过贷款总额 8% 或 4000 美元的房贷。[2]这样一来，规避 HOEPA 其实不难。

也正因如此，有一些州在模仿 HOEPA 制定州法时降低了 HOEPA 在本州适用的触发点。例如 1999 年北卡罗来纳州（North Carolina）颁布 North Carolina' s Predatory-lending Statute 就是首例尝试，[3]它降低了 HOEPA 规定的高成本贷款的触发点，并对个人住房抵押贷款提前还贷的罚金进行了规制。[4]

综上，尽管强调信息披露也是规制掠夺性放贷的一种思路，但如果仅强调信息披露而不注重贷款条件本身，对借款人的保护仍显得不足。另一方面，放贷人按照法律披露的信息难以理解，借款人不如放贷人那么专业时，借款人可能无法理解放贷人披露的大量信息的内涵。此外，放贷人还可能会通过很多

---

〔1〕 HOEPA 要求提供的 GFEs 和 HUD-1 文件都不被强制要求绝对正确，放贷人对于其中的错误也没有法律责任，所以对于借贷成本的估计往往和真实成本相去甚远。加上这些文件披露的时间比较靠后，借款人往往在交割时才第一次知道他们将支付高昂的贷款利息和费用，尽管也会惊讶，但在缺乏咨询及担心失去贷款机会的情形下，大多数借款人仍选择签署交割文件。See generally Department of Housing and Urban Development & Federal Reserve Board, Joint Report to Congress, Truth in Lending Act and the Real Estate Procedures Act, Executive Summary at Ⅺ, 1998. http://www.federaserve.gov/boarddoesrpteongress/tila.pdf. "In a recent survey of GFEs, economist Mark Shroder found that many of the GFEs were off by a fair amount and that a minority of borrowers received large underestimates." Mark Shroder, THE Valueofthe Sunshine Cure: Efficacy Ofthe Respa Disclosure Strategy, at 12 (HUD, Working Paper, Apr. 2000). See id.at XIX. "HOEPA provides somewhat stronger protections for the scant 5% of subprime loans that fall within its coverage. Under HOEPA, the lender must make certain written disclosures three days before closing." See 12 C.F.R. § 226.31 (c), 2001.

〔2〕 See 15 U.S.C. § 1602 (a.a.)(1)-(4); 12 C.F.R. § 226.32 (a)(1), (b)(1).

〔3〕 See Richard R. Daugherty, Note & Comment, "Will North Carolina' s Predatory Home Lending Act Protect Borrowers from the Vulnerability Caused by the Inadequacy of Federal Law?", 4 *N.C. Banking Inst*. 569, 2000.

〔4〕 See Kathleen C. Engel & Patricia A. McCoy, "A Tale of Three Markets: The Law and Economics of Predatory Lending", 80 *Texas Law Review*, 2002, pp.1259,1308.

营销策略来使借款人根本就不读或没时间读放贷人的信息披露文件。

(2)反歧视的相关法规

掠夺性放贷人往往以那些宪法上受特殊保护的人群作为放贷对象，并对这些对象造成歧视性损害，因而一些反歧视措施也可以用于规制掠夺性放贷。例如，1974年美国国会颁布的《公平信用机会法》(Equal Credit Opportunity Act, ECOA)禁止放贷人在信用交易中在种族、肤色、宗教、国际、性别、婚姻状况、年龄等方面歧视对待。[1]类似地，《公平住宅法》(Fair Housing Act, FHA)的一些条款也禁止在住房不动产融资过程中对借款人的种族、肤色、宗教、国籍、性别、残疾和家庭状况等方面歧视对待。[2]

尽管ECOA和FHA都规定了个人可以提起损失赔偿诉讼，但事实上只有很少受害者提出诉讼。由于不知道放贷人内部放贷决策评估标准，很多贷款申请人根本不知道存在歧视问题，[3]也可能不知道放贷人的行为根据FHA、ECOA是不合法的；即使少数受害人知道放贷人违反了法律规定，但要求他们证明放贷人存在歧视行为却并不容易；[4]而数额不高且不确定的损害赔偿金更是进一步减少了公平借贷诉讼案件的数目。在这些因素的作用下，FHA、

---

〔1〕 15 U.S.C. 1691(a)(2000). 但ECOA规定只有真正的贷款申请人才有资格提起诉讼，因此在贷款申请过程启动之前就已经受到信用歧视的受害人得不到ECOA的保护。

〔2〕 42 U.S.C. 3605(1994)(Title VIII of the Civil Rights Act of 1968); see Frank Lopez, Note, Using the Fair Housing Act to Combat Predatory Lending, 6 Geo. J. on Poverty L. & Polly 73, 1999.

〔3〕 See Michele L. Johnson, Your Loan is denied, but What About Your Lending Discrimination Suit? Larimore v. Citibank Federal Savings Bank, 151 F.3d 712(7th Cir. 1998), *68 U.Cin. L. Rev.* Vol. 185, 1999, pp.214-215. 大多数借款人缺乏足够的经验去发现自己是否遭受了歧视待遇。

〔4〕 See Kathleen C. Engel, "Moving up the Residential Hierarchy: A New Remedy for an Old Injury Arising from Housing Discrimination", 77 *Wash. U. L.Q.* 1153, 1188-91(1999). 受害人要证明放贷人的歧视行为，其他借款申请人的贷款信息在证明放贷人存在歧视行为的时候非常有用，但这些信息的取得非常困难，或取得成本非常高，原告不得不去搜索放贷人发放的多份贷款资料以试图找到放贷人的做法对原告方人群造成了歧视性损害或者从上述资料中找出统计性的数据来说明存在歧视行为。但问题在于，上述这些资料因涉及个人隐私或个人信息全都是保密的，受歧视的申请人在提起诉讼之前无法获得；即使有时这些数据是公开的，要对这些数据做细致的分析和统计研究的花费也会相当高。

ECOA 设计的赔偿制度也没有成为受歧视的被害人起诉的动力。[1]

当然，这不意味着 ECOA 和 FHA 未产生任何作用。自 1992 年美国司法部（Department of Justice，DOJ）依据 ECOA 提起第一个公平借贷诉讼以来，DOJ 提起了很多针对放贷歧视的诉讼，大多数是起诉严重的贷款歧视行为。但公平借贷法律关注的问题毕竟是单一的，它们只关注借款人由于自己的种族、年龄或性别等而遭受的歧视，而不关注实体的掠夺性贷款条款，这也决定了它们并非专注于限制掠夺性贷款这一问题的法律。最终，还是需要一种直接地规制掠夺性放贷的核心（比如掠夺性的条款和行为）的方法才能最大化地解决掠夺性放贷问题。

（3）进行价格管制的相关法规

通过高利贷法（Usury Laws）对贷款的价格进行管制是美国各州应对滥行放贷问题的非常古老的应对措施。几个世纪以来，高利贷法饱受争议，有人认为应尊重个人的自由选择，由个人为自己的选择承担责任；有人则认为应该保护那些弱势的借款人。但综合而言，房贷市场中，高利贷法对美国住房贷款价格的限制是逐渐放松的。20 世纪 70 年代，随着美国国会颁布《存款机构放松管制和货币控制法案》（Depository Institutions Deregulation and Monetary Control Act，DIDMCA）和《替代抵押交易公平法案》（The Alternative Mortgage Transaction Parity Act，AMTPA）这两部法律，立法对住房抵押贷款的管制更加宽松，放贷人被允许发放浮动利率抵押贷款、漂浮式抵押贷款。直到 1994 年，国会制定了上文所述的 HOEPA 后，对那些高成本、封闭式抵押贷款的非利息条款施加价格管制，而没有对价款抵押进行管制。HOEPA 本质上不限制名义利率，但对于那些受其管制的小部分次级贷款，HOEPA 还是会限制某些其他的价格条款，[2]包括违约时支付高利息条款、提前还款惩罚性条款等。但 HOEPA 很容易被规避，为弥补 HOEPA 管制范围太小的缺陷，一些州

〔1〕 See Johanna M. Lundgren, Case Note, “As Weakened Enforcement Power: The Fifth Circuit Limits Punitive Damages under the Fair Housing Act in Louisiana Acorn Fair Housing v. LeBlanc”, 46 Loy. L. Rev, Vol.1325, 2001, pp.1329-1332.

〔2〕 15 U.S.C. 1639(c)-(i)(2000); 12 C.F.R. 226.32(d)(2002).

采取措施对住房抵押贷款的非利息条款进行限制。例如1998年德克萨斯州禁止在所有住房抵押贷款中加入提前还款惩罚性条款和漂浮式贷款条款，并对所有这些贷款无论利率是多少都施加了3%的点数（Points）上限。

可以看出，掠夺性放贷问题的泛滥使很多人要求扩大HOEPA的价格管制范围，有些人甚至会要求重新对贷款利息率、点数和费用实施限制。然而，美国过去的利率管制经验表明，价格管制将会对中低收入人群在市场上能获取的信用供给产生直接的负面影响，并抑制市场进行正常的信用评级。[1]换言之，利率上限使中低收入者更加缺少途径获得贷款，因为放贷人不能收取足够的利息来补贴其高昂的放款、收款费用和可能的违约损失。在高利贷法管制很严的地方，放贷人不得不通过高首付、提高发贷费用、缩短贷款期限和限制贷款的金额来定量配给信用。而从目前的价格管制法来看，其作用的效果也不是绝对限制贷款的价格。一般而言，一部法律要绝对限制贷款的价格，可以：（1）直接限制贷款的总价格，包括所有费用和利息；（2）同时限制贷款的利息率和非利息费用。但现实中，美国大多数法律限制的是非利率价格条款。这种立法的意图在于既要尽量避免价格管制实际影响贷款价格，又要减少贷款合同中出现太多复杂的价格条款或者出现侵害借款人的不公平价格条款。这种对价格条款的管制达到的效果其实是强行要求贷款合同具有良好的透明性，以利于借款人理解贷款条款、计算贷款总价格和合理评估自己的支付能力。问题是，这一价格管制立法目的并不容易实现，无论监管机构的立法对价格条款的限制是多么完善，放贷人似乎总会找到新的价格条款来规避监管机构的立法。

综上所述，美国对掠夺性放贷问题有相对齐全的法律监管框架，但现行法律法规无可避免地存在局限性，导致不能周全地保护掠夺性贷款的受害人。

（二）对发薪日贷款市场中的掠夺性放贷行为的法律监管

鉴于掠夺性放贷多见于次级房贷市场，美国立法对掠夺性放贷的限制也多围绕次级住房抵押贷款展开。而对于其他贷款市场，例如在发薪日贷款市

---

〔1〕 See John v. Duca & Stuart S. Rosenthal, "Do Mortgage Rates Vary Based on Household Default Characteristics? Evidence on Rate Sorting and Credit Rationing", 8 *J. Real Est. Fin. & Econ*, 1994, pp.97-107.

场之中出现的掠夺性放贷行为，美国立法对其的监管，与上述对次级房贷市场中的放贷行为的监管应当遵循一致的原则，同时也需考虑到发薪日贷款自身的特点。

对于发薪日贷款，美国监管者其实存在争议，各州监管者的政策选择在于他们将发薪日贷款视为可以容忍的、高成本的、应急短期贷款，还是年利率高达三位数的高利贷，而这种认识的分歧导致了各州在立法和监管过程中的松紧程度不同，具体可以区分为完全禁止、监管严格、监管宽松三种情况：

1. 完全禁止

在有些州，监管者要求取缔所有的发薪日贷款。截至 2006 年，美国有 14 个州直接禁止了发薪日贷款，其中包括纽约州，依照《纽约综合法》《纽约州刑法》，发薪日贷款的年化利率已高于纽约州允许的最高利率，甚至构成高利贷犯罪。在这种情形下，即使发薪日贷款不涉及掠夺性放贷，也不被允许存在。〔1〕

2. 监管严格

在那些允许发薪日贷款存在的州，监管者承认发薪日贷款作为一种高成本的应急短期贷款，其自身有一定价值，且研究表明发薪日贷款机构运营费用与其成本相匹配，并不一定产生高额利润；同时，发薪日贷款能向借款人提供从其他市场无法获得的服务，增加家庭福利、降低财产犯罪，与其他可替代方式相比成本反而更低。〔2〕

如前文所述，发薪日贷款可能牵涉“掠夺性”“剥削性”的情形主要有两种，其一是贷款费用过高，包括允许无限制的连续贷款，导致短期贷款长期化，贷款费用过于高昂；也包括无限制地允许同时申请多个贷款，或允许申请贷款的数额不受限制，客观导致贷款费用过高；其二是放贷人信息披露不全，导致

---

〔1〕 参见李猛：《发薪日贷款：特点、争论和启示》，载《国际经贸探索》2008 年第 5 期。反对发薪日贷款的观点认为，发薪日贷款是从低收入群体榨取钱财，他们无法提供抵押品获得正常的低利率贷款，利用部分借款人认知局限及应急偏好性的同时损害了消费者的利益，并且存在粗暴的债务催收行为。

〔2〕 参见李猛：《发薪日贷款：特点、争论和启示》，载《国际经贸探索》2008 年第 5 期。

借款人不充分了解贷款产品的成本，以致过高估计了自己的还款能力，最终陷入长久负债的困境。那么，与此相对，州立法者颁布法令限制发薪日贷款中的掠夺性放贷行为时，基本上也会围绕着这两点展开：

（1）限制贷款费用

在一般情形下，贷款次数越多、可以同时申请到的贷款数量越多、贷款数额越多，借款人要支付的贷款费用就越高，换算之后的年化率也就越高——如果允许借款人不受限制地连续借款，意味着每到发薪日，无论借款人能否及时还款，都可以支付一笔费用让发薪日贷款滚动至下一期（网上发薪日贷款甚至通常会被设定为自动展期），如此循环往复，贷款费用将随延期次数不断叠加，甚至远远超过贷款本金，借款人此时面临的是一个永久性负债的陷阱，尽管在一定程度上是借款人自身上瘾性地连续借款导致的。而允许借款人不受限制地同时申请多个贷款、申请数额大的贷款，无疑更会加剧贷款费用的叠加。为避免出现这种借款人无法自制地陷入大额负债的情形，通过限制贷款次数、贷款数量及贷款数额以限制贷款费用就有必要。于是，有的州就颁布了法令，限制一个客户可以同时获得的贷款数量、贷款数额，限制连续贷款，强制要求同一客户两次贷款之间要有一定的时间间隔，限制放贷人恶意诱导借款人连续贷款或再融资。

以美国加利福尼亚州的法律规定为例，加利福尼亚州立法将发薪日贷款的每笔贷款金额限于300~2500美元，同时限制了借款人经由发薪日贷款进行再融资的次数和条件，即一般情况下借款人不得进行再融资，除非借款人提交再融资申请时满足以下所有条件：①借款人已经偿还其贷款未偿还余额的60%以上；②借款人仍有未偿还贷款；③被许可人依据f部分的第4段落进行新的贷款；④原始贷款和再融资贷款都是用于个人、家庭成员或者家用，之前借款人没有对未偿还贷款再融资超过一次；⑤尽管有第3段落的规定，再融资时不得订立合同约定或者收取管理费，除非借款人支付上一笔管理费的时间已经过了至少8个月。

再如德克萨斯州的立法机构于2011年通过的两个议案H.B.2592和H.B.2594，在借款人收入的基础上对发薪日贷款的贷款数额做出限制，即要求贷款数额不得超过借款人月家庭收入的25%，以及不得超过借款人月收入的32%。德克萨斯州下辖的休斯顿市还制定了更为严格的规则，要求：第一，发薪日贷款的数额不得超过借款人月收入的20%；第二，展期贷款的次数不得超过3次；第三，每一次展期贷款获得的款项中的至少25%应用于偿还总的借款；第四，要求借款人提供月收入的证明文件。[1]

上述限制本质上是对发薪日贷款的贷款费用的限制，防止放贷人借由高额收费获取不正当利益。在允许发薪日贷款存续的州，有的也会直接针对放贷人收取的贷款费用制定规则。例如加利福尼亚州立法规定，经委员批准参加本项目（加利福尼亚州立法机关实施的可偿付信用建立机会试点项目）的被许可人（放贷人）订立合同约定或者收取费用，该笔管理费用应当在贷款后立即全额收取，金额不得超过下列标准：①第一笔借款本金（不含管理费）的7%或者90美元（以较少者为准）；②第二笔或之后的借款本金（不含管理费）的6%或者75美元（以较少者为准）。同时规定，放贷人不应当在4个月内收取同一个借款人多于一次的管理费。

再如德克萨斯州的经济委员会（The Finance Commission of Texas）在Texas Finance Code中新增的一些针对发薪日贷款的规则，其中规定，对每一笔发薪日贷款，放贷人每月收取的费用为10美元，即100美元的借款在两周内收取11.87美元的费用；允许展期贷款，但是必须降低费用的收取，对于一笔100美元在28天的借款，总共只能收取13.73美元的费用。[2]

（2）强制进行信息披露

如前文所述，掠夺性放贷行为与信息不对称的存在有密切关联，放贷人往往利用了信息不对称，欺诈、欺骗或误导借款人签下并不合适或不公平的贷款合同。鉴于此，美国国会及各州议会通常都会强加给发薪日贷款人/机构强制信息披露义务。在大部分允许发薪日贷款存续的州，放贷人要显著地

[1] See Seeger Ted, “Texas Cities Respond to Payday Lending”, *Houston Law Review*, Vol. 52, 2014.

[2] See TEX. ADMIN. CODE 1.605.

披露信息，并为借款人提供书面合同协议。这些应披露的信息可能包括有关贷款条目的信息、强调相关法规之规制的信息（information emphasizing the constraints of the relevant statute）甚至委托的建议。[1]

TILA作为适用于传统贷款领域的法律，对于限制次级房贷市场中的掠夺性放贷行为有一定作用，2009年该法Z规则（Regulation Z）修订后还进一步改进了限额抵押贷款和房屋净值信用额度贷款的信息披露规则，更强调借款人的知情权，要求放贷人披露借贷所需要的真实费用。[2]而TILA及Z规则能否适用于规制发薪日贷款行业？该法将"贷款人"（Creditor）定义为签订贷款合同并发放贷款的人，定义得很宽泛。尽管发薪日放贷人曾声称他们不受TILA约束，但法院几乎一致认为发薪日贷款是由TILA管辖的。[3]2000年，美国联邦储备委员会（The Board of Governors of Federal Reserve System）修订了Z规则的正式解释，指出由TILA规制发薪日贷款。由此，放贷人就必须如实披露TILA和Z规则所要求披露的信息。

TILA及Z规则规定了两个关键的需要披露的信息：财务费用和年利率（APR，基本上，在披露标准化的年利率时所需要披露的信息将会包括财务费用和贷款期限），以保障借款人能够知悉关于放贷人的信息，确保其在充分了解信息后做出选择。Z规则主要规定了以下几类信息披露的内容：第一，Z规则要求贷款合同披露总的情况以及对细节的介绍。其同时列举了一个总情况的例子：提供给借款人的总的额度。这是对发薪日贷款中放贷人履行义务的基本要求。第二，Z规则要求贷款合同中披露借款人为这笔贷款所要支付的费用以及借款人总共需要偿还的金额。通过这些信息，借款人可以将其与其他消费者贷款进行对比。第三，Z规则要求贷款合同中披露年化率。第四，

---

〔1〕 See KE Francis, "A Behavioral Law and Economics Analysis of the Payday-Loan Industry", *Tex. I. rev*, 2010, p.88.

〔2〕 参见［美］莉莎·布鲁姆、杰里·马卡姆：《银行金融服务业务的管制——案例与资料》，李杏杏等译，法律出版社2006年版，第268页。

〔3〕 See KE Francis, "A Behavioral Law and Economics Analysis of the Payday-Loan Industry", *Tex. I. rev*, 2010, p.88.

Z 规则要求每一份贷款合同中都要披露每一笔借款的金额以及还款的时间，提醒借款人其需要明确自己在还款期到来时所要支付的费用。[1]同时，依据 TILA 及 Z 规则，放贷人进行的信息披露是阶段性的。首先，在信息披露的形式上，Z 规则要求必须以书面形式进行信息披露，借款人可以获取留存这些信息的方式；其次，进行信息披露的文件必须独立于其他的借款文件，关于费用、年化利率以及利息额的内容必须显著标明出来；最后，关键性信息的披露必须在借款人签订贷款协议之前进行，并且必须保证借款人充分了解了协议的内容以及可能承担的风险。[2]

例如德克萨斯州立法在信息披露上的要求：双方的贷款合同必须含有有资格的企业名称（放贷人名称）、交易日期、总的贷款数额、收取的费用金额（要求注明实际的费用数额和年利率）以及最早的还款日期，[3]在展期还款中还应注明还款的日期表。[4]除了合同需要注明的基本内容之外，还要求在合同中同时注明消费者信用局办公室的名称和地址以及消费者求助热线，并且要求向借款人进行风险提示："这份贷款并不能满足长期的资金需求，只能用于短期即时的现金需求。在还款日到临时必须还清借款额和相应的贷款费用。"[5]

（3）其他

除此之外，有的州对于发薪日贷款会采取更加直接的干预措施，例如使用分区法来限制发薪日贷款机构的位置选择，限制发薪日放贷人专门对某一类弱势群体针对性地放贷。

---

〔1〕 See Chris Cirillo, "Payday Loan Regulation: Any Interest?", *DePaul Business & Commercial Law Journal*, Vol.11, 2013, p.417.

〔2〕 See Chris Cirillo, "Payday Loan Regulation: Any Interest?", *DePaul Business & Commercial Law Journal*, Vol.11, 2013, p.417. 据此可以看出，TILA 及 Z 规则所要求的信息披露不仅是放贷人必须披露与贷款相关的关键性信息，并且必须确保借款人充分了解这些信息及贷款风险。

〔3〕 7 TEX. ADMIN. CODE 83.694(e)(2).

〔4〕 7 TEX. ADMIN. CODE 83.694(e)(6).

〔5〕 7 TEX. ADMIN. CODE 83.694(e)(3).

3. 监管宽松

与那些对发薪日贷款严格监管、甚至针对发薪日贷款制定了专门的法令的州相比，在监管宽松的州，还没有对发薪日贷款的贷款次数、贷款额度或贷款数量加以限制，但基本上也会按照 TILA 及 Z 规则的规定，要求放贷人披露信贷交易的关键信息，例如贷款总费用以及年利率等。

四、反思与借鉴

掠夺性贷款及贷款证券化的立法缺陷曾经使美国贷款市场由高峰瞬间跌入低谷，甚至成为引发次贷危机的重要原因，因而美国在此之后进行立法对掠夺性放贷（主要是次级房贷市场）的监管更为全面。与美国相比，我国住房抵押贷款证券化还处于起步和平稳发展阶段，目前还不存在真正意义上的掠夺性贷款现象。[1]但近年来，越来越多的贷款产品创新出现，金融创新日益活跃，加上利率市场化拉开序幕后，贷款利率管制在逐步放开，正在逐渐具备掠夺性放贷产生的各项条件，因而在专门规制掠夺性贷款的立法被正式颁布施行之前，我们有必要借鉴美国规制掠夺性放贷的经验，并吸取其立法缺陷的教训。

以近年来愈加受欢迎的小额现金贷款平台推出的发薪日贷款为例，在目前仍缺乏专门的监管规则，为防止这些小额短期贷款中出现掠夺性放贷行为，美国监管者的做法有一定参考价值：

其一，提高创新性贷款产品的透明度，保障借款人的知情权，明确违反信息披露义务的法律责任。在信息披露方面，我们可以借鉴美国 TILA 及 Z 规则所要求的内容，由放贷人通过专门的披露文件或在贷款合同中向借款人披露贷款中的关键信息，并向借款人提示贷款中的重大风险。

其二，合理适用“适当性原则”（也称“了解你的客户”原则），明确放贷人违规推介贷款产品的法律责任。

美国研究掠夺性放贷问题的学者在思考立法缺陷时，曾提出应在次贷市场中借鉴联邦证券法上的“适当性原则”，即销售人员应该只建议客户购买适

〔1〕 参见宗晓：《美国掠夺性贷款法律规制的再反思》，载《金融法苑》2012年第2期。

合的金融产品。根据这项义务，销售人员在推荐金融产品时就应首先考虑客户的偏好和个人风险承受能力。[1]而那些通过电话或其他方式向弱势群体强制推销证券的行为，与掠夺性放贷人盯上弱势借款人并开始诱骗其签订掠夺性贷款合同有某种程度上的相似性。放贷人极端的推介手段对借款人的正确判断造成了很大妨碍——表面上看没有人逼迫借款人去申请贷款，借款人应对自己的自由选择负责，但事实上，掠夺性放贷人利用信息不对称及借款人的不利地位，已经妨碍了借款人的自由选择。再者，放贷人更有能力了解借款人的财务状况和金融需求。一方面，放贷人更易于判断借款人到底能承担多少贷款，[2]放贷人可以通过专业的记录借款人过去清偿记录的数据库来预测借款人的风险承受上限和支付能力，甚至能获取较为完整的借款人的信用数据；另一方面，放贷人还能更好地了解他们提供信用可能会出现的后果。创新而复杂的贷款产品，以及贷款合同之中诸多复杂的条款，使借款人很难理解它们，而放贷人会比借款人更专业，也有更多的财力和资源，可以收集并分析某些关键问题（如违约率和利率走向）的历史记录。根据科斯的理论，放贷人应是能以最小的成本来避免借款人遭受掠夺性放贷损害的人，由其承担避免这种损害发生的责任也具有经济合理性。

其三，在上述“了解你的客户”原则之下，不合格的贷款申请人就不应获得与其风险承担能力不匹配的贷款。

近期事故频发导致“校园贷”再一次被推向风口浪尖，[3]也有人指出“校园贷”是“掠夺性”的。借贷平台提供的“校园贷”服务备受争议的原因在于

---

〔1〕 See Robert H. Mundheim, “Professional Responsibilities of Broker-Dealers: The Suitability Doctrine”, *Duke L.J, 1965*, pp.445, 449.

〔2〕 有的人可能会认为借款人更容易知道他们是否在主观上愿意偿还贷款，但是违约和取消回赎权方面的研究表明中低收入借款人违约往往是因为没有预见到的原因，而不是不愿意还款。See, e.g., Brent W. Ambrose & Charles A. Capone, “Modeling the Conditional Probability of Foreclosure in the Context of Single-Family Mortgage Default Resolutions”, *26 J. Am. Real Est. Urb. Econ.* 1998, Assn., p.391. 更进一步说，善意的借款人也常常难以判断自己能否偿还贷款，特别是贷款文件不清晰或者贷款涉及浮动利率等将来不确定的价格条款的时候。

〔3〕 参见《大学生陷校园贷负债自杀：以同学名义贷几十万》，载腾讯网：http://edu.qq.com/a/20160316/005633.htm，最后访问日期：2016 年 6 月 30 日。

其申请门槛过低、条件限制过少，收取的利息费用却可能偏高。其面向的群体是虽已经成年但大多数尚无稳定收入的大学生，贷款用途除了短期救急之外还可能用于大额消费活动，而如果放贷人信息披露不全面或风险提示不足，加上借款人自身的自控能力和金融风险意识缺乏，无妥善的财务规划、管理、投资能力，在“校园贷”服务门槛低、办理方便快捷等诸多诱惑下，借款人很可能忽视部分贷款产品背后的高额利息带来的金融风险，对远超自己消费能力的商品进行放纵消费，最终深陷债务危机。

我国现行《商业银行法》第35条第1款规定：“商业银行贷款，应当对借款人的借款用途、偿还能力、还款方式等情况进行严格审查。”银监会发布的《关于进一步规范信用卡业务的通知》也规定：“六、银行业金融机构应遵循审慎原则向学生发放信用卡。不得向未满18周岁的学生发放信用卡（附属卡除外）。向经查已满18周岁无固定工作、无稳定收入来源的学生发放信用卡时，须落实第二还款来源，第二还款来源方应具备相应的偿还能力。银行业金融机构发放信用卡前必须确认第二还款来源方已书面同意承担相应还款责任，否则不得发卡。银行业金融机构应积极向学生家长或其他有关管理人告知学生申请领用信用卡的相关信息。七、银行业金融机构应对信用卡申请人资信水平和还款能力进行尽职调查，申请人应拥有固定工作，或稳定的收入来源，或提供可靠的还款保障。申请人不能满足上述条件但确有必要发卡的，银行业金融机构应对发卡适用范围做出明确规定，建立相应的发卡管理机制。申请人必须落实第二还款来源，第二还款来源方应具备相应的偿还能力。银行业金融机构发放信用卡前必须确认第二还款来源方已书面同意承担相应还款责任，否则不得发卡。”可见，银行业金融机构向借款人贷款时，审批的重要前提是必须有具备合格偿还能力的还款来源方；在向大学生贷款时，还会积极向学生家长披露收费规则、计罚息规则等重要信息。

现在诸多借贷平台在向借款人发放贷款时，也应当参照银行业金融机构的审慎态度审核借款人的还款能力：对于无稳定收入来源且无合格的第二还款来源的借款人，他们的风险承担能力是很弱的，原本就不应该获得利息及收费还比较高的贷款，因此应拒绝其贷款申请；对于无稳定收入来源，但有合格的第二还款来源的借款人——其中可能有较大部分人是大学生，而第二还款来源大多是其父母，放贷人应向借款人充分披露贷款信息及提示贷款风险——尤其是在贷款用于大额消费时，更应提示借款人相应的贷款风险。同时，要求借款人提供第二还款来源方的详尽信息并进行审核，经审核认为第二还款来源方有固定收入、偿付能力与贷款产品相匹配之后，要求第二还款来源方签署书面同意书，同意承担相应还款责任，同时也应向第二还款来源方进行信息披露及提示风险，借款人的每一笔贷款的数额、限期以及还款情况都应及时告知第二还款来源方。以上这些义务，放贷人未履行到位时，就要承担相应的法律责任。

五、结语

掠夺性放贷原本不被关注，次贷危机爆发后，掠夺性贷款才真正成为了市场、政府、公众和媒体关注的焦点。掠夺性放贷的泛滥，既与放贷人追逐利益的天性和市场中的信息不对称密切相关，也与金融管制及法律监管的效果相关联。次贷危机之后，美国对掠夺性贷款的监管日益严格，尽管现行法律框架下存在固有的立法缺陷，仍无法完全限制掠夺性放贷行为。而在我国，掠夺性贷款原本也不是一个备受关注的问题，但随着我国住房抵押贷款市场逐步发展，金融创新日渐活跃，加之小额贷款公司及网络借贷平台的井喷式出现，掠夺性放贷问题也必将成为我国监管层必须考虑的问题之一。2015 年 8 月国务院法制办发布的《非存款类放贷组织条例（征求意见稿）》就已经明确提出并禁止掠夺性放贷。因此，我们不妨借鉴、吸取美国规制掠夺性贷款的经验和教训，致力于完善我国现行立法有关借款人保护的内容，规范贷款市场，切实保护借款人的合法利益。

发薪日贷款放贷人监管研究

周颖博*

内容提要

包括发薪日贷款在内的民间借贷具有高风险、高伤害性、高利率、放贷行为不规范和借贷双方不平等的特点，需要被纳入监管。美国、英国、澳大利亚等国家均从放贷人准入、实质资质审核等方面对放贷人进行监管，而我国缺乏针对发薪日贷款放贷人监管的法律文件，发薪日贷款面临着巨大的法律风险。因此，我国应当借鉴其他国家发薪日贷款的监管经验，从明确监管机构、发布法律规范及设立放贷人准入门槛等方面对发薪日贷款进行监管。

关键词

发薪日贷款　金融监管　放贷人　法律规制

除银行等“正规军”外，民间借贷等“非正规金融”作为市场资源调节功能的结果，也是金融体系重要的组成部分。[1]“非正规金融”是市场资源调节功能的结果，作为正规金融的补充自发形成，能够实现在市场的驱动下迅速发现资金需求或寻求资金供给。随着金融发展程度越来越高，人们对资金的需求越来越大，正规金融严格的审贷制度和繁复的手续很难完全满足资金需求者，

*　作者单位：北京大学金融法研究中心。

〔1〕　国内的金融体系主要由两部分构成，一部分是包括商业银行、证券市场、政策性金融机构等在内的金融主体；另一部分是“非正规金融”，包括民间借贷、典当行、私人钱庄等主体。

大量资金需求因为未达到放贷条件而无法被满足，而民间放贷能够及时填补这个空缺。

相较于银行等金融机构，民间借贷由于复杂性和不规范性而难以进行监管，加上一直以来不受监管部门重视，民间借贷一直处于监管盲区，产生了如“借贷宝”“校园裸贷”等事件。但民间借贷有广阔的市场，应当将其纳入监管之内，以促进民间借贷良性发展。

这其中，包括“现金巴士”在内的发薪日贷款（payday loan），是一种利率极高的小额超短期借贷，可以让借款人在下次发薪之前预先使用。借款人通常可以在交款出口或在线网站上交费时使用该项业务，借款人还可签署延期支付的账单，由相关公司同意直到消费者领工资之日再兑现。

这项金融业务集中体现了上述民间小额借贷的各种风险特性：（1）年利率通常高达三位数，一般在400%左右；（2）借款针对低收入个人，满足“月光族”的提前消费需求，但这部分人缺乏对风险的把控，易在还款困难时重复借贷；（3）极高利率刺激产生放贷人更高的逐利性，带来更大的金融风险。

在金融体系较为完备的国家和地区，政府非常重视民间借贷对整个经济市场的作用，大都以立法的形式规范民间放贷，如香港的《放贷人条例》、英国的《消费信贷法》等。上述专门的“放贷人方案”涉及放贷监管机制、放贷人主体界定、放贷人准入机制、放贷利率限制、广告宣传和营销规则等部分。本文主要针对国内放贷人监管问题，通过分析对放贷人进行监管的原因，通过比较分析域外放贷人监管的法律法规，为国内放贷人监管提供借鉴。

一、放贷人监管原因分析

民间小额借贷具有单笔额度小、借贷方式多样等特点，实践中不便于政府监管。此外，放贷人不涉及集资，用自有资金参与借贷、获取收益，且其从事放贷业务的目的是为了从闲置资金中获取收益，交易对象也以自然人居多，实质上属于具有私密性质的民事行为。既然如此，各国政府为何还要对放贷人进行监管？

（一）民间小额借贷具有高风险的特点

民间小额借贷具有地缘性、业缘性、血缘性，原本维系民间借贷的信用、关系网、社会资本等均为软性约束要素，民间借贷的道德风险远远高于正规金融。即使有了专业放贷人，高道德风险仍然是民间借贷最重要特征之一。此外，借款人一般来自低收入家庭，还款能力相对较差，一旦道德风险集中爆发，将会威胁区域经济市场的稳定。

（二）民间小额借贷具有高利率的特点

高利率是民间借贷，尤其是小额贷款的重要特点。小额贷款长期以来利率远远高于其他贷款产品，具有较高的金融风险。除了利率高昂，小额贷款还极易产生借款人因重复、持续使用代价昂贵的小额信贷服务而陷入债务危机。实际上，大部分小额借贷的实际利率远高于其约定利率，重要原因之一就是因借款人还款困难而产生的“利滚利”。

（三）民间小额借贷具有高伤害性的特点

民间借贷，尤其是在发薪日贷款中，借款人为低收入的家庭和个体。民间借贷的利率远高于金融机构发放的贷款，一旦资金链发生断裂，借款人财富可能被放贷人耗尽，并且低收入人群数量庞大，容易带来影响社会稳定的因素。因此澳大利亚、新加坡等国家倾向于对包括发薪日贷款在内的小额民间借贷实施严格监管，以减少发薪日贷款对经济困难的借款人可能产生的危害。

（四）民间小额借贷具有行为不规范的特点

放贷行为不规范体现在，由于民间借贷的高风险和高利率，可能导致放贷人在发放贷款时为追逐高利率将贷款发放给不适格的市场主体，而在回收贷款时，为了保证贷款的回收可能采用极端的手段，包括暴力讨债等可能构成违法犯罪的行为。放贷行为不规范还体现在民间借贷手续不规范，手续不规范导致原本依托于信用关系的小额借贷更缺乏合同订立、划款条件等约束机制，这也是民间小额借贷纠纷频发的重要原因之一。[1]

（五）民间小额借贷的借贷双方地位不平等

借款人在与放贷人的交易中处于弱势地位。借款人没有资金交易经验，

---

〔1〕 参见殷莉:《中国放贷人监管法律制度建设——借鉴日本贷金业法》，华东政法大学2014年硕士学位论文，第7页。

也没有谈判能力，订立的条款容易倾向于放贷人利益；在未按期还款后，借款人需要承担高额的利率；最后的收债行为中，作为个体的借款人依旧处于相对弱势的地位。借款人在整个借款过程中，无法有效保护自己，因此各国对于民间借贷，尤其是针对个人的小额借贷的放贷人的监管力度普遍较强。以美国为例，消费类非吸收存款类放贷机构（Non- Deposit- Taking Lenders，NDTL）分为消费类和商业类，相对来说消费类监管强于商业类监管，从事消费类放贷的机构有着更严格的监管要求，比如必须要有州发放的牌照，以保护投资者。

因此，不论是在理论上还是在实践中，民间小额借贷都需要法律规制，尤其是对放贷人进行监管。从源头规范放贷行为，加强事前监管，减少借贷纠纷的发生。

二、放贷人监管的域外经验研究

发薪日贷款与其他非存款类放贷业务相区别，部分国家据此规定了专门的监管规则。作为民间小额消费信贷，有必要对发薪日贷款进行监管，引导放贷人合法从事放贷业务，保护借款人在能力范围内参与借款服务。

（一）放贷人监管的法律规范

在发薪日贷款起源地美国，联邦政府未对放贷人进行统一管理，由各个州根据民间资本流通情况制定相应政策对本州放贷经营活动进行规制，以此保护借款人的权利。[1]此外，英国、日本、新加坡等国家均对放贷人有不同程度的立法监管。部分国家针对放贷人监管的法案见表1。

表1　部分国家监管放贷人的法案和修正案

国家	初始法案	修正案
美国	未有专门针对放贷人的立法，联邦层面参见《诚实借贷法》（Truth in Lending Act），对放贷人的具体监管由各州根据实际情况监管	

〔1〕参见刘萍、孙天琦、张韶华：《有关美国非吸收存款类放贷人（NDTL）的考察报告》，载《西部金融》2008年第9期。

续表

国家	初始法案	修正案
英国	《消费信贷法》(Consumer Credit Act, 1974)	Amendment 2005
澳大利亚	《消费信贷保护法》(National Consumer Credit Protection Act, 2009)	《消费信贷保护法修正案 2012》(Consumer Credit Legislation Amendment Enhancements Act 2012);《国家消费信贷保护修正案(小额贷款合同)规定 2014》[National Consumer Credit Protection Amendment (Small Amount Credit Contracts) Regulations 2014]
新加坡	《放贷人法》(Moneylenders' Act, 1959)	《放贷人法案 2008》(The Moneylenders Bill 2008);《放贷人法案(修正)》(Amendment 2010)

根据表1,发薪日贷款机构在美国属于NDTL。在美国,NDTL是指从市场借入资金并主要从事发放贷款业务的公司,除发薪日贷款机构外,还有信用卡发行公司、销售财务公司等发放现金贷款或提供借贷的机构。[1]相较于存款类金融机构,NDTL的监管条件较为宽松,属于州立管制;部分州的NDTL是银行业监管机构,也有一些州为州务卿办公室。因此,美国针对放贷人监管的法律较为分散,主要有:(1)州牌照法律;(2)贷款真实性法案(TILA);(3)平等信贷机会法案(ECOA);(4)公平信用报告法案(FCRA);(5)追债法案;(6)金融隐私法等。[2]

英国目前小额信贷的主要监管机构为金融行为监管局(Financial Conduct Authority, FCA)、竞争与市场监管局(Competition and Markets Authority, CMA),另有媒体广告监管局(Advertising Standards Authority, ASA)和英国教会。根据CMA的定义,发薪日贷款是"一种小额(通常不超过1000英镑)、短期、不附抵押的现金贷款,其还款期限通常为(但不限于)客户的下一次薪

〔1〕 参见刘萍、孙天琦、张韶华:《有关美国非吸收存款类放贷人(NDTL)的考察报告》,载《西部金融》2008年第9期。

〔2〕 参见刘萍、孙天琦、张韶华:《有关美国非吸收存款类放贷人(NDTL)的考察报告》,载《西部金融》2008年第9期。

水发放时或者是当月月底，但排除了家庭信用贷款，信用卡，自信用合作社取得的贷款以及信用卡的透支”。FCA 对小额贷款的监管主要为以下几个方面：(1)市场准入上的行政审批制度；(2)市场竞争上的最高价格限制；(3)对贷款人的特定行为要求；(4)对金融推广活动的规制。对放贷人主要通过市场准入等进行监管。

澳大利亚联邦政府对小额信贷进行严格的监管。2009 年之前，消费信贷立法权在各州和地区手中。从 2008 年开始，澳大利亚联邦政府收回各州和地区在消费信贷领域的立法权，出台了一系列法律及修正案对信贷市场，特别是对发薪日贷款进行监管。[1]根据《消费信贷保护法》(National Consumer Credit Protection Act 2009, NCCA)，澳大利亚证券和投资委员会(Australian Securities and Investment Commission, ASIC)负责受理信贷牌照申请、监督放贷人，督促企业按照信贷立法的要求开展业务，以及对发薪日贷款企业的违法行为能够采取一系列的执法措施。作为澳大利亚金融市场的法定监管机构，ASIC 对发薪日贷款具有监管义务，不仅有权根据最新的法律修正案及时对发薪日贷款行业进行独立客观的评审，还有权对相关法律提出修改建议。

新加坡早在 1959 年就颁布了《放贷人法》，于 2008 年颁布了专门的《放贷人条例(修正案)》。该法案的重要内容之一就是“调整借贷体系框架，给予放贷人管理部门更大的行使权以查出非法放贷机构”。根据该法案，“鉴于放贷人在现代经济中的作用，新条例允许其在获得管理当局许可的情况下发展分支机构。另外，该条例还解除了对于放贷人进行广告宣传的禁令，允许其在真实、准确、合法的前提下进行广告活动”。此后的几年，新加坡先后颁布了《放贷人条例》(2009)和《放贷人法案》修正案，不断完善放贷人监管立法。

综上，针对放贷人监管，四个国家体现出了不同的监管思路：地域面积广、州际之间差距较大的美国，将小额信贷归为“消费类非吸收存款类放贷机构”，属于州立管制，监管力度小于“吸收存款类放贷机构”，但大于商业类费

---

〔1〕 此一系列法律及修正案包括《国家消费信贷保护法 2009》《消费信贷保护法修正案 2012》《国家消费信贷保护修正案(小额贷款合同)规定 2014》。

吸收存款类放贷机构，以此来体现小额消费信贷的特殊性以及保护处于弱势地位的借款人。英国没有针对性的统一立法而由 FCA 等监管机构监管，行业自律在英国小额信贷的监管思路中体现得最为明显，教会在小额信贷监管中也起到了一定作用。澳大利亚联邦政府则对小额信贷进行了严格的监管，将小额信贷的管理权收归联邦政府，并接连颁布一系列法案及修正案对小额信贷进行全面监管。新加坡等国家则针对民间小额信贷颁布了专门的"放贷人法案"，统一法律对民间小额借贷进行法律规制。然而不论以何种模式，以上各国都将发薪日贷款的放贷人纳入监管。

（二）放贷人监管的要求

上述将发薪日贷款纳入监管的国家均规定了发薪日贷款放贷机构的准入条件。在美国、英国、澳大利亚、新加坡等国家，持有政府颁发的经营牌照是从事发薪日贷款业务的前提条件。（见表 2）

表 2　部分国家放贷人资质许可机构

国家	放贷人许可机构
美国	由州政府自行决定，部分州是银行业监管机构，或州务卿办公室
英国	Office of Fair Trading2
澳大利亚	澳大利亚证券和投资委员会（ASIC）
新加坡	Office of the Register（under the Minister ）

1. 美国对发薪日贷款放贷人的监管

（1）各州对发薪日贷款的监管

总体来说，美国各州对发薪日贷款的监管态度可分为允许、有限制条件允许和完全禁止三种。[1]美国有 36 个州的法律不禁止发薪日贷款，部分州对发薪日贷款主要参照联邦《反高利贷法》进行管理（即不得超过法定最高利率）。[2]

〔1〕 但亚利桑那州、阿肯色州、康涅狄格州、乔治亚州、缅因州、马里兰州、新罕布什尔州、新泽西州、纽约州、北卡罗来纳州、宾夕法尼亚州、佛蒙特州、西弗吉尼亚州，这 13 个州的法律明文规定发薪日信贷属非法。

〔2〕 发薪日信贷在乔治亚州不但非法，且属于严重的刑事犯罪，会被以诈骗罪提起集体诉讼。

但法律不禁止并不意味着放开发薪日贷款的市场，如马萨诸塞州法律虽没有明文禁止发薪日信贷，但该项业务也受到严格限制。[1]还有一些州，虽然没有明确规定发薪日贷款属于非法，但实际上通过限制高利率贷款等法律规定，禁止了发薪日贷款的实行，如纽约州。[2]

美国由州政府自行决定登记注册机构，大多数州对成立 NDTL 的实体类型并没有限制，它可以是一个公司、合伙或者个体；但在个别几个州，只有特殊类型的实体才可以获得放贷的牌照，如在州牌照法下受特许的公司。

除了阿肯色州外，每个州均有一项针对 NDTL 的法令。这些法令对 NDTL 的监管内容主要包括：（1）获许经营（牌照）：必须获得牌照来从事业务，通常要求一些财务信息，关于职员和负责人的资料、一份履约保证以及一些所提出业务的说明；（2）放贷人必须定期提交报告，定期换发执照；（3）监管者可以实施年度或其他定期检查；（4）监管者有权发布停止或终止命令，提请诉讼。[3]

根据本文上部分介绍，每个州都有一个州级机构监管经许可的放贷人，大部分州是银行业监管部门，有的州是州务卿办公室。监管部门有权审查和批准牌照申请，指导年度审查或者被许可人的检查，接受和审查年度报告，发起申请强制执行判决之诉以及调查消费者投诉。

（2）发薪日贷款放贷人监管典型案例——加利福尼亚州

加利福尼亚州（以下简称加州）允许发薪日贷款的存在，但必须获得政府（主管机构为业务监督部）的许可。发薪日贷款在加州又称“递延存款交易”，加州专门制定了《递延存款交易法》[California Deferred Deposit Transaction (Payday Loan) Law, CDDTL]规范发薪日贷款交易。该法律内容包括发薪日贷款的许可和业务办理所涉的相关法律条款。该法律规定州内外提供发薪日贷款的个人、组织均需要获得从业监督部门的许可。其许可要求如下：属于

---

〔1〕 参见刘植荣：《英国对小额信贷的管理》，载《新金融观察》2012 年 4 月 9 日，第 6 版。

〔2〕 纽约州法律禁止无授权的放贷人向借款人贷款的年利率超过 16%，超过 25% 即为犯罪。

〔3〕 参见刘萍、孙天琦、张韶华：《有关美国非吸收存款类放贷人（NDTL）的考察报告》，载《西部金融》2008 年第 9 期。

CDDTL下许可的可以个人、公司、合伙企业、合资企业、协会、合股公司、信托、非法人组织、政府实体等组织形式，申请人必须提交拟从事该项业务的地区。监管部门按照受理的顺序处理许可申请。

申请人获得许可证的要求为：(1)对于每一个营业地，申请人应该提供适当的典型案例、200美元的申请费和100美元的调查费；申请人每增加一个营业地区，都需要提交由处长建立的几个简短申请。(2)25，000美元的维持保证金。(3)提交按照一般公认的会计准则编制的申请人净资产至少为25，000美元的财务报表，获得执照后，被许可人在任何时候都需要保持净资产至少为25，000美元。(4)申请人、管理人员、控制人、持股10%以上的股东等关键人员的指纹信息。

理论上，材料齐全、符合条件的申请人会获得营业许可，但如果任何管理人员、董事、普通合伙人或持有10%以上优质权益或股权证券的股东在过去10年中被定罪或犯有涉及不诚实、欺诈或者欺骗的行为，且这些犯罪和行为实际上涉及发薪日贷款放贷人的资格和运行，可能会被驳回申请。[1]

2. 英国对发薪日贷款放贷人的监管

发薪日贷款在英国作为消费信贷进行监管。英国消费信贷市场的授权批准和登记注册最初由公平交易局(Office of Fair Trading，OFT)负责。2014年，英国政府关闭了OFT，消费信贷市场的监管权被转移到FCA。FCA作为独立的金融监管机构，直接对英国财务部和议会负责，以保护消费者、促进良性竞争、提高市场诚信度为目标。FCA延续了之前OFT的授权系统，并针对申请者的不同情况具体细分为授权(authorization)和临时许可(interim permission)，并按照业务类别设置营业执照费用。

针对发薪日贷款，FCA对放贷人的监管主要在以下方面：(1)负责发薪日贷款机构市场准入上的行政审批；(2)对从事发薪日贷款活动的经纪人提出了确认消费者收到信息等额外要求；(3)CMA从保护消费者的角度对发薪日贷

---

〔1〕 整理自加利福尼亚业务监督部官网：http://www.dbo.ca.gov/Licensees/Payday_Lenders/FAQs.asp#b1，最后访问日期：2016年6月26日。

款进行监管，其下属的公平交易委员会负责报告可能存在限制竞争的市场状况，之后由CMA进行审查后发布报告，并且提出救济措施。

在英国，从事发薪日贷款放贷业务需要获得事前行政许可。这意味着已经注册在案的小额贷款公司的行政许可将在2014年4月1日FCA继承OFT之前到期。OFT给出的过渡政策是自2013年10月起由这些公司向FCA提交许可延期申请，FCA进行形式审查后即颁布临时许可。但临时许可到期后，这些公司需要再度申请，此时由FCA进行实质审查，决定是否授予完整授权，得到完整授权的公司才能够继续从事发放贷款业务，未能获得全权授权者禁止从事高利短贷活动，若从事则会被认为是非法并受到处罚。这样一来，通过机构改革，英国也完成了发薪日贷款市场的一次洗牌。

FCA在考虑是否授予完整授权时主要关注以下方面：[1]

（1）申请人在信贷经纪领域是否有过不正当行为，比如引导性销售或泄露客户信息。[2]

（2）确保向客户提供的贷款在该客户的偿还能力范围内。

（3）对面临财务困境的客户给予公平待遇。

（4）公司治理层面和控制以符合政策和程序上的合规要求。[3]

综上，英国自2014年金融改革以来，不断加强对包括发薪日贷款在内的消费信贷放贷人的监管，逐步实现对小额信贷的实质监管，以控制风险保护合格投资者。

---

〔1〕 载英国金融行为监管局网站：http://webarchive.nationalarchives.gov.uk/20140525130048/http://www.fca.org.uk/firms/firm-types/consumer-credit，最后访问日期：2016年6月20日。

〔2〕 FCA要求小额贷款公司采取合理措施确保由信贷经纪人介绍的潜在客户是被以合适的方式介绍的。除非是根据合同约定向信用调查机构提供该消费者的负债情况，禁止公司向任何第三方提供客户的信息资料。

〔3〕 FCA认为，HCSTC公司普遍存在变量控制环境的不足，比如IT系统未能防止重复交易或者在错误计算利息时使客户发生的损失。因此FCA要求HCSTC公司有必要的风险管理机制，对可能的风险进行管控。要求有至少一名FCA批准的诚实、名声好、有能力、财务条件稳健的风险控制人员，有内部风险控制系统，定期报告数据和公布诉讼情况。

3. 澳大利亚对发薪日贷款放贷人的监管[1]

自 2008 年开始，澳大利亚各州和地区在消费信贷领域的立法权统一上交给联邦政府。时任澳大利亚金融服务部长曾强调，减少发薪日贷款对经济困难的借款人产生的危害，是澳大利亚对发薪日贷款进行监管改革的核心。因此，澳大利亚联邦政府自 2009 年起制定了一系列规制发薪日贷款等小额信贷的法案、修正案，ASIC 也加强了对发薪日贷款市场的监管。

（1）放贷人信贷许可证的申请

澳大利亚信贷牌照是授权被许可人从事特定的信贷活动的许可证。从事不同种类的信贷行业所需的条件不同，申请人只有达到不同信贷行业的特定条件才能被许可。许可证申请的整体流程见图 1。

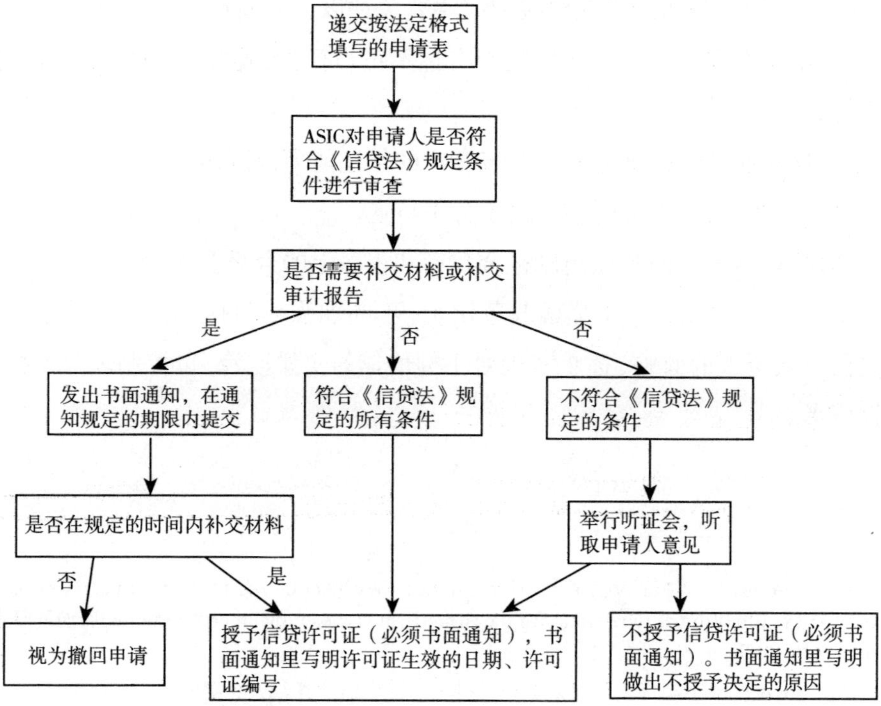

图 1　澳大利亚贷款人申请牌照流程

〔1〕 参见范晓：《澳大利亚发薪日贷款运行机制及监管模式研究》，载《法律与新金融》2017 年第 18 期。

发薪日贷款在澳大利亚属于非法定授权存款机构（非 ADIs）[1]而受到监管。按照法律的规定，申请人需在 2010 年 7 月 1 日或以后向 ASIC 递交申请。申请表必须以法定的格式填写，申请采用批准制。当满足以下条件时，ASIC 必须授予牌照：

①申请人已经按照《信贷法》第 36 条的规定递交了申请；

②如果获发牌照，ASIC 没有理由相信该申请人很可能会违反《信贷法》第 47 条适用的义务；

③ ASIC 没有理由相信该申请人不是一个适当的从事信贷活动的人；

④申请人向 ASIC 提交了 ASIC 要求提供的任何其他信息或审核报告；

⑤申请人符合《信贷法》规定的其他条件。

申请人是否为从事信贷活动的合格申请人，ASIC 需要从以下几个方面进行判断：

①是否按照《过渡法案》（Transitional Act）登记、该申请人的执照或澳大利亚金融服务牌照是否曾经被暂停或取消过；

②是否根据《信贷法》第 2 部分第 4 节对申请人做出过禁止令或取消资质令；

③是否根据 2001 年《公司法》（Corporations Act 2001）第八部分第 7.6 节对申请人作出过禁止令或取消资质令；

④根据一个国家或地区的法律该申请人是否曾经被禁止从事信贷活动；

⑤一个国家或地区，或一个国家或地区的权力机关，向 ASIC 提出的关于申请人的任何相关信息；

⑥如果申请人不是受托人的信托，申请人是否曾经破产；

⑦申请人是单个自然人，需要考虑申请人是否为 2001 年《公司法》下的不合格管理人、递交申请 10 年之内是否受过刑事处罚；

---

〔1〕 法定授权存款机构（Authorised Deposit-Taking Institution，ADIs）是澳大利亚《1959 年银行法》中提出的术语，是澳大利亚联邦政府根据《1959 年银行法》授权接受存款的公司。法定授权存款机构包括银行、建筑协会和信用社，此外则是非法定授权存款机构。

⑧申请人是非自然人，若是法人团体，需要判断法人团体的主任、秘书、高级管理人员谁对将要被授权的信贷活动履行职责；若是合伙企业或信托公司，需要判断哪一个合伙人或受托人对将要被授权的信贷活动履行职责。

ASIC 可以向申请人发出书面通知，要求申请人在通知规定的时间内提交与颁发许可证相关的额外补充材料，也可以要求申请人在通知规定的时间内到 ASIC 指定的具有合格资质的部门审计。申请人需要在规定期限内向 ASIC 提交相关审计报告，逾期不提交者，将被视为撤回申请。ASIC 也可能对申请人发出书面通知延长提交补充材料的时间。

（2）ASIC 对放贷人的法定监管义务

除发放许可证外，ASIC 对发薪日贷款具有法定的监管义务，其有权根据最新的法律修正案及时评审发薪日贷款业的守法状况，并对小额贷款相关法律进行客观独立的评审，以提出修法建议。其对发薪日贷款放贷人的监管还体现在：

①展开评审工作，发布报告。ASIC 每年对发薪日贷款机构发起评审，审查内容包括企业的交易文件、业务规则和流程等，并将评审报告放到 ASIC 官方网站上，供借贷双方查阅。

②对违反法律规则的发薪日贷款机构进行处罚。自《国家消费信贷保护法 2009》实施以来，对发薪日贷款企业的查处工作一直是 ASIC 工作的重点。现实中，对于发薪日贷款机构在放贷前未充分了解借款人的财务状况、未更正业务材料中自相矛盾的客户信息、未充分保留业务数据的行为，ASIC 给予了警告。针对发薪日贷款机构收费过高、试图规避《信贷法》、违反贷款人应尽的基本法律义务的行为，ASIC 还采取了一些重大的查处措施。

③ ASIC 代表诉讼。根据《国家消费信贷保护法》，对于发薪日贷款公司存在的违法行为，ASIC 有权提起诉讼。

④监督发薪日贷款企业。ASIC 对发薪日贷款的法定监督权，包括责令贷款企业退款、取消企业经营发薪日贷款的资质等。此外，ASIC 还会督促贷款企业严格按照信贷立法（包括《国家消费信贷保护法修正案》）的要求开展业务，并针对发薪日贷款企业的违法行为，采取一系列的执法措施。

综上，澳大利亚将发薪日贷款作为非法定授权存款机构监管，不仅对放贷人资质进行实质性审查，还能够行使借款人代表诉讼、处罚违法借贷双方等职能，以保护投资者利益。

4. 新加坡对发薪日贷款放贷人的监管

新加坡对放贷人的监管主要围绕其2008年通过的《放贷人法案》以及其后一系列法律文件进行，该法案的内容包括放贷业务的准入、运行、监管和诉讼等制度。

（1）放贷人准入监管

《放贷人法案》第二部分规定了放贷人准入制度，该部分从牌照获取和无牌照放贷的处罚两个角度确立了放贷人准入制度。[1]

首先，申请牌照是开展业务的前提。

①贷款发放的前提是领取牌照，申请人需要按照注册部长所要求的形式申报，并且支付相关费用。

②注册部长负责审查申请人的申报材料，并据此作出签订或拒绝的决定；且注册部长可以随时书面通知被许可人，更改或者撤销现有条件的申请或者增加新的条件。

③牌照期限为12个月，法律另有规定的从其规定。牌照可以续期，在牌照到期前1个月申请人按照注册部长所要求的方式提出续期申请。

④业务开展的地域限制。放贷人从事放贷业务将受到地域范围的限制，其只能在牌照上申请的地方开展放贷业务，如其想在其他地方开展放贷业务，则应提出书面申请。

其次，《放贷人法案》为无照放贷提供了处罚依据。

①如果贷款合同由无证放贷人作出，或者合同并无保证人或保证金，则合同的贷款担保和保证金不能强制执行，无证放贷人的贷款不受法律保护。

②任何申请人申请续期人或者申请在新的地方开展业务的人如故意或过

---

〔1〕 参见赵莹、雷兴虎：《新加坡〈放贷人法案〉及其对我国民间借贷立法的启示》，载《江汉论坛》2014年第6期。

失地向注册部长提交虚假材料，或者注册部长有理由相信其提交的材料存在上述状况的，则构成犯罪行为，判处不超过4万美元的罚款或者不超过12个月的监禁，也可以两者并处。

（2）放贷人退出法律制度

法案还规定了放贷人退出法律制度，放贷人退出制度主要为自愿退出和强制退出两种。其中自愿退出是指放贷人在牌照营业期间自愿停止放贷业务，向注册管理局提出申请，对其财务状况进行审查后由注册部长作出是否退出的决定。

强制退出是指由于放贷人存在过错，注册部长撤销或者暂停放贷牌照的情形。强制退出时，注册部长应当出示书面通知，并指定某个日期由放贷人说明理由，否则在决定作出21日之后，则许可证失效。

一般被强制退出的情况有：

①放贷人故意或过失地在申请材料"注册申请书或其他书面文件中遗漏了应当列明的事项或者存在错误"误导性的语言；

②以不合适的方式开展放贷业务；

③在申请注册地点以外的地方开展放贷业务；

④其他任何违反执照的情形。

此外，新加坡《放贷人法案》还规定了注册部长或者其他授权的官员可以随时检查放贷的经营场所以及与放贷行为有关的书面文件材料，并且要求放贷人提供任何与放贷行为相关的任何信息。任何阻止或妨碍注册部长或者授权的官员可能会构成犯罪。

可见，允许发薪日贷款的国家均对放贷人进行监管，尤其是对放贷人进行准入监管，且审核资质时均为实质性审核。不同的是，一些国家主要由州等地方负责，如美国；一些国家由统一机构负责，如澳大利亚、英国；新加坡则专门制定了《放贷人法案》作为监管依据。不同国家规定的审核标准不同，这体现了各国的监管差异。

三、对我国放贷人监管的启示

(一)我国放贷人监管立法现状

随着互联网平台的兴起,发薪日贷款借助互联网渠道提供了更便捷、迅速的服务。与国外发薪日贷款主要针对中低收入家庭不同,国内的发薪日贷款大部分是满足年轻消费者的负债消费需求。但目前国内没有统一法律对放贷人进行规制,更缺乏针对发薪日贷款放贷人监管的法律文件,对放贷人的监管散见于各法律规范中。如在《刑法》中规定了非法吸收公众存款罪、对民间借贷最高利率的限制等,这意味着发薪日贷款面临着巨大的法律风险。一旦法律明确规制,设立了严格的准入条件和最高利率限制,发薪日贷款可能会失去生存土壤。

中国人民银行在2008年发布的《第二季度货币政策执行报告》中提出要在时机成熟的时候推出《放贷人条例》,但迟迟未见出台。2015年,国务院法制办向社会征求《非存款类放贷组织条例(征求意见稿)》(以下简称《征求意见稿》)。[1]《征求意见稿》中明确,对经营放贷业务实行许可制度,除依法报经监督管理部门批准,并取得经营放贷业务许可的非存款类放贷组织外,任何组织和个人不得经营放贷业务。该《征求意见稿》相当于民间借贷的上位法,从宏观角度上建立一个规范的统一制度框架,核心是对非存款类放贷组织采取持牌制度。

对于非存款类放贷组织借助互联网平台经营放贷业务的情况,根据2015年7月中国人民银行等十部委联合发布的《关于促进互联网金融健康发展的指导意见》可知,网贷应当遵守非存款类放贷组织的监管规则,无论是京东白条、蚂蚁花呗,还是现金巴士,都属于非存款类放贷组织,需要遵守相应的监管规则。

(二)对我国放贷人监管的借鉴

本文第二部分介绍了部分国家对发薪日贷款的监管要求。各国监管思路虽然存在很大差别,但均对发薪日贷款的准入和运行监管提出了要求。

---

〔1〕 所谓"非存款类放贷组织",是指经营放贷业务但不吸收公众存款的机构,即国际上通称的"放贷人机构",属于非银行类放贷机构。

1. 确认放贷人监管的监管机构

在监管主体方面，没有一部统一的法律明确放贷人的监管主体，存在“多头监管、权责不明”的现象。1998 年《非法金融机构和非法金融业务活动取缔办法》中将中国人民银行作为主要监管机构，然而 2003 年《中国人民银行业监督管理法》中确定银监会为民间借贷的监管主体。2008 年发布的《关于小额贷款公司试点的指导意见》中，又规定由省级政府明确主管部门对小额贷款公司进行监管。前文所述几国都有统一的监管机构，负责具体法律条款的制定和实施，如澳大利亚由澳大利亚证券和投资委员会负责监管。[1]

鉴于目前的监管规定，国内民间借贷的监管主体很可能为中国人民银行或者银监会设立统一规制法，规定原则性标准，具体监管由各省级行政单位实施，另设立发薪日贷款行业自治组织减少行政监管成本。

2. 建立健全相关法律规范

首先，区分消费信贷与商业信贷。由于其他国家对非吸储类放贷人的监管一般都区分商业信贷与消费信贷，对商业信贷的监管远远弱于后者。因此，国内应当明确区分商业信贷和消费信贷。消费信贷中作为信贷对象的个人缺乏资金交易和商业谈判的经验，风险的防范意识与抵御能力较差，在交易中处于弱势，对消费类非吸储放贷人理应加强监管。而在商业信贷中，作为信贷对象的企业有较为规范的财务制度和信息披露机制，具有较高的风险意识和抗风险能力，监管力度可相应减弱。因此，我国对非吸储类放贷人的监管也应以商业信贷和消费信贷的区分为前提。

其次，制定《放贷人条例》统一规制发薪日贷款放贷行为。除了美国，澳大利亚、新加坡和英国等均有相应信贷法对国内发薪日贷款市场进行原则性监管。虽然民间小额信贷应当着重间接调控和自律监管，但在各类民间贷款不断发展，各省立法水平参差不齐的情况下，制定原则性的放贷人监管规范是必要的，如明确放贷人准入标准、退出机制等。而对于具体放贷方式、利率限制等具体规则应当由各省根据实际情况自行确定。

---

〔1〕 各国监管机构具体见表 2：部分国家放贷人资质许可机构。

3. 设立放贷人准入门槛

前文分析的国家均设立了放贷人准入制度，并且对提出申请的放贷人进行实质审核。因此，发展国内小额信贷，尤其是发薪日贷款，应当对放贷人进行准入监管，完善行业准入制度，确立发薪日贷款放贷人准入的许可制。综合上述国家对于放贷人的准入规则，总结出以下几点为我国提供借鉴：

（1）申请人需要按照法律规定提供申报材料，并由监管部门进行审核。在确定申请人需要符合的条件（如用于发放贷款的自有资金来源，有些地区还对净资产、保证金等提出限制）外，大部分地区还规定了限制性条件，如有地区针对申请人为自然人或法人身份进行限制性准入规定，如自然人之前有过违法行为或从事同类业务出现违规行为而受到处罚等，该主体的申请可能被拒绝。

（2）放贷人必须定期提交报告，且定期换发执照。澳大利亚、新加坡等国家都要求放贷人提供年度报告，审核通过后更换营业执照，才能继续存续经营。

（3）禁止在申请注册地点以外的地方开展放贷业务。无论是美国各州还是新加坡，都要求放贷人只能在所申请的地区开展放贷业务，禁止在未注册的其他地区发放贷款，具有强烈的地域性。但在互联网金融发达的今天，设置地域限制很可能对基于互联网实现放贷的放贷人产生影响，因此可以对互联网金融采取更为严格的准入要求，兼扩大其放贷范围。

四、结语

综上所述，发薪日贷款作为一种年轻的消费信贷产品，有其存在的合理性和发展空间。目前大部分国家通过法律认可了发薪日贷款，并对其进行一系列的监管规制。对放贷人的监管严格与否直接决定了发薪日贷款的市场空间。如在发薪日贷款监管较为宽松的美国部分州和英国，发薪日贷款发展较为迅速，规模较大；而在监管较为严格的澳大利亚，发薪日贷款的发展受到了极大限制。

在我国国内，发薪日贷款起步较晚，受到互联网金融的影响，短时期内迅速发展，已经形成一定规模。早日设立法律规定对放贷人进行监管，对促进消费金融产品多样化、满足不同的借贷需求有着重要作用。通过研究分析各国对发薪日贷款放贷人的监管实践，在承认发薪日贷款的存在合法的前提下，对放贷人及其行为进行监管，能够促进发薪日贷款良性发展，为消费者提供更多样化的金融服务。

发薪日贷款利率规制研究

方潇逸*

内容提要

利率管制是一项立足于保护消费者的制度，该制度有益于防止消费者过度冒险或在利息问题上受欺骗，因而大多数国家均对信贷实施利率管制。然而自20世纪90年代发薪日贷款出现后，美国、加拿大等国家对发薪日贷款实施利率豁免。这样做的原因在于，单纯地以年利率标准衡量消费者为此类贷款付出的费用并不合适。年利率标准适宜衡量长期贷款中的贷款成本，但在适用于短期贷款时将会被扭曲。实践中，各国一般通过限制连续贷款次数等方式有效地避免"短期贷款长期化"、消费者卷入债务螺旋。如一概以最高利率限制发薪日贷款，存在短期资金困难的消费者将不得不转向其他非法渠道以获得贷款，而这绝非监管者所欲。我国现阶段仍未放开对此类贷款的利率限制，建议未来可参考域外实践，重新构建对发薪日贷款的利率规制制度。

关键词

发薪日贷款　利率管制

发薪日贷款（payday loan）是指由放贷人提供的小额、短期、无担保贷款，借款人通常以此维持自己到下一次发薪日前的开销，并在发薪日还款。20世纪90年代，受经济下行影响，许多美国人因难以平衡收支而产生了对短期、小

* 作者单位：北京大学金融法研究中心。

额信贷的需求，发薪日贷款在该时期呈现爆炸性增长的趋势。

自发薪日贷款出现之初，便有对此类贷款利率过高的质疑。从传统的利率管制视角看，此类贷款的放贷人有可能利用了消费者的困窘状态或欠缺必要知识的弱点，以牟取高额利润。

然而我们可以看到，现阶段许多国家和地区放开了对发薪日贷款的最高利率限制。为何要对发薪日贷款实施利率豁免，是否存在除利率限制外其他可以保护消费者权益的规则？

一、借贷利率管制的实践

1. 美国

由于非存款类放贷人的资金源自市场，不直接对银行体系、公共资金造成冲击，美国对于此类放贷人的监管较为宽松，监管规则更多地集中在州层面，联邦层面的规制较少。因消费者个人缺少谈判能力及金融交易经验，在与企业法人打交道的过程中相对处于弱势，美国主要通过消费者权益保护相关的法规对发薪日贷款进行规制。

(1)联邦层面法案

具体来说，联邦层面与消费类非吸收存款类放贷机构(Non-Deposit Taking Lenders ,NDTL)的利率管制相关的法律如下：

《公平信用报告法》(The Fair Credit Reporting Act, FCRA)。自1971年生效以来，FCRA经过数次修订，改动最大的包括1999年的《金融现代化法案》(Gramm-Leach-Biley Act)及2003年的《公平获取临床试验法案》(Fair and Accurate Credit Transaction Act, FACT ACT)。FCRA主要内容包括信用报告中的消费者权利，以及信用报告机构和提供这些信息的公司的义务。FCRA要求金融机构在各种不同的情况下，向消费者提供不同的通知和信息，并对不同的内容披露承担相应的检查责任。

《诚实信贷法》(The Truth in Lending Act, TILA)。该法案旨在通过有意义的方式来披露贷款条件，使消费者能够在更有准备和更了解情况的背景下对信贷条款进行比较。其中，年利率的披露是该法案设想的统一信贷成本披露的核心。年利率是信贷总成本的衡量标准，以名义年利率的形式表示。法案对于封闭式贷款及开放式贷款的年利率披露设定了不同要求。[1]封闭式贷款的年利率必须以单一利率披露，不论贷款是单一利率、可变利率、可变优惠利率，或基于不同利率的累进支付（分段利率）。开放式贷款的年利率可以通过法案中提供的两种方法计算并披露。[2]TILA 并没有限制金融机构可收取的最高利息。

《欺诈影响和腐败组织法》（The Racketeer Influenced and Corrupt Organization Act, RICO）。1970 年，为惩治敲诈勒索、高利贷等带有黑社会性质的组织犯罪，美国国会通过了该法案。其中，对于贷款利率，法案认为如企业对外借贷中的利率高于州或联邦设定的利率两倍以上，[3]则可能构成 RICO 中的"不法债务"，需承担高利贷犯罪的责任。

（2）各州的利率监管

美国各州对于利率的监管存在差异性。少数州如缅因州、内华达州不存在最高利率上限。余下存在法定最高利率上限的州则依靠以下模式确定利率：

①浮动利率模式，即利率上限与市场相应指数挂钩。

②固定利率模式，即利率数值法定，不随市场变动而变化。如美国纽约州的最高年利率为 16%。[4]

③固定与浮动利率相结合模式，即利率上限在固定利率和取决于某些指数的择一而定。比如，密西西比州借贷利率的上限为年利率 10% 或美联储贴现率加 5% 中的更高者，[5]华盛顿州利率上限通常为年利率 12% 或合同签署前一个月美联储 26 周国债收益率加 4% 中的较高者，[6]田纳西州规定最高利

---

〔1〕 封闭式贷款指的是只有一笔的单一贷款，并在一段时间后偿还。开放式贷款指的是可以重复购买的正在使用的账户，应付金额可以在偿还后再次借出。

〔2〕 方法一：涉及每一个定期利率乘以一年中的周期数；方法二：商数法。

〔3〕 The Racketeer Influenced and Corrupt Organization Act.

〔4〕 See section5-501 of NY CLS General Obligation.

〔5〕 See Miss. Code Ann. 75-17-1.

〔6〕 See Rev. Code Wash.（ARCW）19.52.020.

率界限为年利率24%或平均最优惠贷款利率加上4%中的较低者。[1]

(3)判例

尽管各州存在着对借贷最高利率的限制,法院还是通过判例形式创造了相应的例外规则,美国的利率管制因此也具有更大的灵活性。在Marquette Nat. Bank of Minneapolis v. First of Omaha Service Corp.[439 U.S. 299(1978)]一案里,美国联邦最高法院在判决中指出,州《反高利贷法案》不适用于注册地为其他州的全国性银行。判决允许全国性银行提供信贷服务时,可按照其注册地所在州允许的利率范围设定利率。该判决之后,各州为吸引金融资本,纷纷不同程度地放松了反高利贷法案中关于最高利率的限制。[2]

2. 德国

德国采用事后监管的模式对借贷合同的利率加以限制。《德国民法典》区分了消费信贷及企业信贷这两类信贷交易。二者均不存在固定的利率上限,法官一般以善良风俗为原则判定借贷合同是否有效。

《德国民法典》第138条规定:"违背善良风俗的行为无效。尤为无效的法律行为是,被利用处于困窘情形、缺乏经验、欠缺判断力或显著意志薄弱而向另一方当事人或第三人承诺或履行与对待履行不相当的财产利益。"法院从借款合同是否满足暴利的客观要件以及获利一方是否违背善良风俗这一主观要件入手,对具体案件作出判断认定。对于消费者信贷,利息管制相当严格,年利率值超过30%(在利率较低的年代,超过18.6%),通常即可被认为满足了暴利的客观要件。而对于企业借贷,法院在认定暴利问题上通常采取比较宽松的态度。如在年利率为94%甚至180%时,也不当然认为构成违反善良风俗或暴利。[3]主观要件的判定则较为宽松,只要获得暴利一方存在"应受谴责的态度",有损"国民感受",即可认定为违背了善良风俗。同时满足主客观条件

〔1〕 See Tenn. Code Ann. 47-14-102.

〔2〕 参见廖振中、高晋康:《我国民间借贷利率管制法治进路的检讨与选择》,载《现代法学》2012年第2期。

〔3〕 参见许德风:《论利息的法律管制——兼议私法中的社会化考量》,载《北大法律评论》2010年第1期。

的借款合同即为显失公平，进而认定该合同无效。

3. 中国香港

中国香港地区放债业有悠久历史，早在具体法规出台前便已经存在，主要业务涵盖个人及商业信贷、按揭、信用卡融资、期票、有抵押贷款及银团借贷等。目前民间信贷市场上存在两套管理规则，其一为香港政府针对专业放债机构颁布的法规《放债人条例》，其二为自律组织香港持牌放债人工会为自律性业务运作制定的《放债人营运守则》。

1980 年 12 月 12 日，香港政府颁布了对放债人及放债业务管制与管理的《放债人条例》。“任何经营放债业务或登广告声明或宣称以任何方式表明从事该等业务之人士（不论是否兼营其他业务）”即为条例中的“放债人”。经营信贷业务的放债人需要向香港放债人注册处处长申请领取牌照。最终对牌照进行审核管理的并非放债人注册处，而是香港警务处牌照课。一般行政事务由公司注册处放债人注册组处理。

在利率规制方面，《放债人条例》没有区分贷款的类型或贷款的时间长短，统一为贷款利率划定了“两线三区”，即采用两层架构的利率限制。《放债人条例》以 48% 和 60% 为线，划定了三个区域。其中，年利率小于 48% 的借贷合法。[1]年利率大于 60% 的交易显然属于“超额利率”，放贷者需要承担违法责任——最高可判罚款 10 万元及监禁两年。超过 60% 的借贷交易的放债人，不仅需要承担民事责任，还要接受刑事法律的制裁。而实际年利率超过 48% 但未达到 60% 的信贷交易并非绝对无效，《放债人条例》将此类交易先推定为“苛索”，是否属于条例中的“超额利率”，有赖法官的自由心证。

---

〔1〕《放债人条例》第 24 条规定：“(1)任何人士（不论放债人与否）贷款或提供贷款，其实际利率如超过年息六分（60%），即属违法。(2)如实际利率超过第(1)款所规定之利率者，则有关偿还贷款或支付贷款利息之借约，与任何就该借约或贷款而给予之抵押，均不得予以执行。(3)立法局可通过决议案修订第(1)款所规定之利率：但任何有关偿还贷款或支付贷款利息之借约，如在修订有关利率之日乃属有效者，则该借约生效时第(1)款所规定之利率，仍应继续维持不变。(4)任何人士如违反本条所载之违例事项，可判罚款十万元及监禁两年。(5)本条规定不适用于——(a)附表一第 2 部第 12 项规定之贷款；或(b)就该等贷款而言，作出该等贷款之任何人士。”

《放债人条例》出台三十多年以来都未对上述限制作出改动，也不曾为民间蓬勃发展的小额借贷设定年利率豁免条款。实践中放债人为避免卷入司法争议，一般都将贷款协议中的利率设定为48%以下。

4. 不同规制模式的法律逻辑

以规制的时间点作为标准，上述利率监管模式可划分为以下三类：第一种是以美国为代表，采取事前管制的模式，立法者针对不同类型的信贷协议制定相应的利率上限，并对违反者加以惩罚。客观路径之下的利率上限又有两种确认方式，其一是与各国央行公布的基准利率相挂钩，其二为固定数值。第二种路径是以德国为代表，采取事后监管的主观主义模式。政府认可借贷行为属于双方意思自治之行为，事前不设定借贷合同的最高利息上限。事后由法官针对个案，自由裁量约定之利息是否属于“显失公平”的“高额利息”。第三种路径则是介于前述两种模式之间，事前虽然存在最高的利息限额，但法官可运用自由裁量权的方式调整利率上限，如中国香港地区。

然而，上述路径实际上又可简化为两类，最高利率管制模式以及取消最高利率限制模式，美国、中国香港属于前者，德国属于后者。

从消费者保护的视角来看，实施利率管制是一种控制个人乃至社会风险的方式。限制利息额客观上禁止了人们过度冒险，至少是禁止人们通过借贷进行过度冒险。同时，其可以帮助消费者在缺乏对贷款了解的情况下，避免在利息问题上受到欺骗，使借款利率维持在一个合理的空间内。[1]因此，实施最高利率管制的国家或地区通常会以事前限制的方式，保护消费者利益。

德国放弃具体、固定的利率管制模式，主要是考虑到，以纯客观方式判定容易危及交易安全。利率管制制度需要保护的是那些缺乏经验知识、欠缺判断力或意志显著薄弱的消费者。对于能够正确评估交易成本（可以正确衡量高利率成本）的商事主体，如强加利率限制、限制其冒险，将不利于商事交易的广泛开展。因此德国取消了事前的最高利率限制，采取主客观相结合的方

〔1〕 参见许德风：《论利息的法律管制——兼议私法中的社会化考量》，载《北大法律评论》2010年第1期。

式，事后判断在贷款交易中是否存在一方利用另一方处于困窘情境或缺乏判断力，而攫取了不合理的高额利润。

二、豁免发薪日贷款利率限制的必要性——以美国为例

发薪日贷款出现后，监管者是否继续坚持以利率管制的方式规制此类消费信贷，还是可以对此作出特殊的豁免进而通过其他方式保护消费者权益？

1. 年利率标准不适宜衡量短期信贷成本

对于并不熟悉发薪日贷款以及不了解年利率计算的借款人而言，年利率是具有迷惑性的标准，它并不能直观地表明发薪日贷款中的借款人所需要付出的成本。以两周后到期、本金为 100 美元、年利率为 391% 的发薪日贷款为例。这一年利率标准意味着该笔贷款在 1 年中共展期 26 次，且每一次展期借款方都需要重新支付费用。[1]然而，实践中借款人仅仅是将此类贷款用以解决短期的资金问题，同时美国许多州禁止发薪日贷款展期的次数，故借款人并不可能无限制地、长期地（如一年以上）使用此类贷款。那么，在前述为期两周的发薪日贷款中，借款人仅需要承担的费用为 15 美元。年利率标准无法直观地向消费者传达此类短期信贷中其所需要付出的成本。

将年利率标准适用在短于一年期的消费信贷时，在某些情况下，该标准在一定程度上被扭曲进而无法反映真实的信贷成本。同样以本金为 100 美元、固定费用为 15 美元的发薪日贷款为例。如图 1 所示，借款人越早偿还，该笔贷款的年利率就越高。由此产生了一个悖论：如果将年利率标准视为说明借款人需要为该笔贷款付出的成本，那么借款人越早偿还该笔贷款本息，该笔贷款年利率越高，理论上借款人应当承担更多的成本。然而，无论借款期限为 7 天还是 28 天，除本金外借款人仅需要多支出 15 美元的费用，即借款人成本不变。年利率标准更适合去衡量时间维度同在一年及一年以上的长期贷款。而对于短期的小额贷款而言，该标准并不能确切地反映其背后的信贷成本。

---

〔1〕 See William M. Webster, *"Payday Loan Prohibitions: Protecting Financially Challenged Consumers or Pushing Them over the Edge?"*, *Wash. & Lee L. Review*, 2012, p.1051.

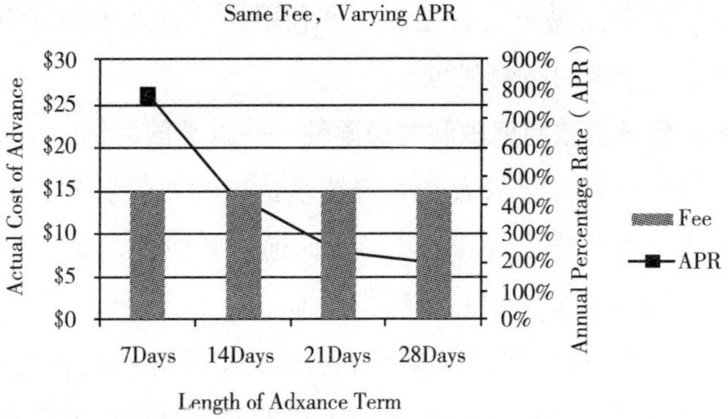

图1　同样费用下不同的年利率水平

2. 发薪日贷款定价的合理性

发薪日贷款人通过收取较高的利率而攫取巨额利润，因而需要对其实行最高利率限制。然而，如果从收支平衡角度考察，同等条件下，因发薪日贷款人的成本高于其他传统贷款成本，发薪日贷款的收益并非显著的不合理。研究显示，发薪日贷款有着相当高的坏账率。[1]鉴于发薪日贷款多为无抵押担保贷款，发薪日贷款人几乎不可能从坏账中得到补偿。坏账损失影响了发薪日贷款人的收益，如果一概将该类型贷款与其他贷款一样设定最高利率标准，则此类贷款将可能因无法获利而被市场所淘汰。

3. 发薪日贷款相较于其他贷款的成本更低

人们普遍存在对短期小额贷款的需求，监管者若不对发薪日贷款做出利率豁免的规定而统一以反高利贷法案进行规制，则需要确保消费者能够相对便捷地从其他合法途径获得此类贷款。此外，这一高利贷法案还需要确保在没有发薪日贷款的情况下，消费者不轻易地转向缺乏规制的其他替代交易甚至是违法交易中。

现有市场中传统银行很少或几乎不向高风险消费者提供短期、小额贷款。此类面向高风险消费者的无担保贷款违约率非常高。银行若以低利率标准发行此类贷款，其将因交易成本过高而无法从中获利。更为重要的是，发薪日

〔1〕 See Mark Flannery, Katherine Samolyk, "Payday Lending: Do the Costs Justify the Price", *FDIC Center for Financial Research Working Paper*, 2005.

贷款与透支服务形成了直接竞争关系，而后者通常能给银行带来更高的利润。信用卡透支服务为借款人设定了较高的门槛，同时其背后存在许多隐性、连续的收费，比如每月透支后的服务费。而发薪日贷款受信息披露、展期次数等法规的限制，费用往往是透明、单一的。银行更愿意向发展长期的、稳定的客户提供信用卡透支服务，而发薪日贷款的借款人往往不是其目标客户群体。

信用社也向消费者提供发薪日贷款。受最高利率法规的限制，美国联邦信用社一般以不超过 18% 的年利率向消费者提供短期小额贷款，州信用社则为不超过 36% 的年利率。信用社将很大一部分的服务费用（会员费、申请费、贷款发放费）隐藏在信贷协议中，或者在对借款人做出诸多限制。前一措施意在解决和前述银行一样的高交易成本问题，后一措施是为了减少违约风险。比如 Better Choice 贷款，额度 250 美元的 90 天贷款通常费用为 35 美元，年利率为 18%。消费者还需为每一笔贷款支出 25~500 美元不等的申请费。[1]如果将此类服务费用也计入年利率之中，那么由信用社提供的发薪日贷款费用通常也会高于一般金融机构所提供的发薪日贷款费用。（见图 2）

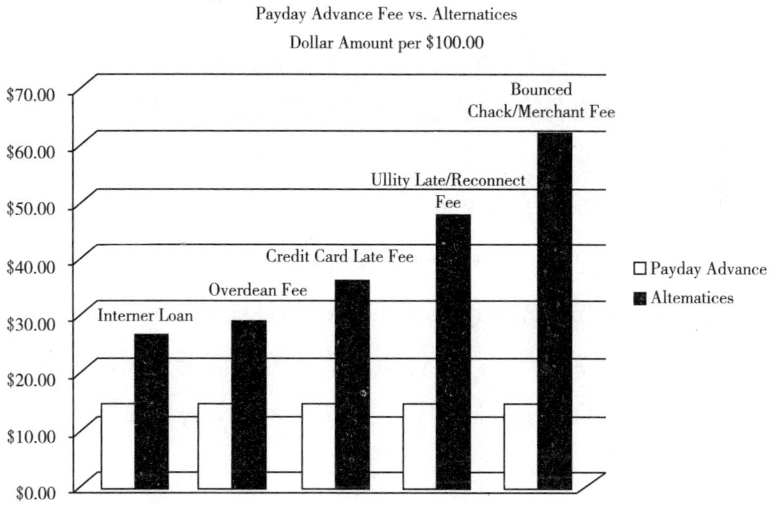

图 2　发薪日贷款与其他替代选择的费用比较

〔1〕 See Victor Stango, "Are Payday Lending Market Competitive?" http://object.cato.org/sites/cato.org/files/serials/files/regulation/2012/11/v35n3-5.pdf.

更为危险的是，如果不能获得任何金融机构为消费者提供的无担保发薪日贷款，消费者，尤其是低收入消费者将会选择高利贷或通过其他非法途径获得贷款。监管者在利益权衡后认为，以非法方式向消费者提供的信贷对于消费者潜在利益的损害高于发薪日贷款可能带来的危害。因此，监管者支持对发薪日贷款实施特殊的利率豁免。

三、豁免发薪日贷款利率的途径：以美国为例

对于准许发行发薪日贷款的美国各州而言，实行最高利率限制与制定信息披露、限制展期次数等功能性条款是两条不同的监管路径。功能性监管与最高利率限制最大的区别在于二者限制的节点不同：利率标准更多的是从市场准入层面对此类贷款的利率加以特别限制，[1]区别于传统的长期贷款利率限制。而功能性监管则是放开准入，不设置任何利率标准，在事后加强限制。

1. 功能性监管模式——特拉华州

以特拉华州为代表对发薪日贷款放弃了最高利率标准限制，转而以限制连续贷款次数等条款控制借款人成本，通过功能性监管条款保护消费者的利益。监管者对于将利率标准，尤其是年利率标准适用于短期信贷的监管方式存有疑虑。发薪日贷款若能发挥其应有之作用，不应一概以最高利率标准直接将其排除在市场之外。

特拉华州主要的功能性条款如下：（1）同一发薪日贷款协议仅允许展期4次；[2]（2）每一发薪日贷款协议须赋予借款人以解除合同之权利。[3]（3）除满足《公信信贷法》（Truth In Lending Act，TILA）的披露要求外，放贷人还需要在贷款协议中做出三项特别声明。即告知借款人消费信贷是用以解决短期现金流困难问题而非长期的资金周转问题，在该信贷展期的情况下借款人可能承

〔1〕 See Chris Cirillo, "Payday Loan Regulation: Any Interest?", *De Paul Bus. & Comm. Law Journal*, 2012-2013, p.417.

〔2〕 DEL. CODE. ANN. Tit.5, § 2234A (a).

〔3〕 DEL. CODE. ANN. Tit.5, § 2234A (a).

担额外的费用，处于资金困难的借款人将得到信贷咨询服务。[1]

功能性监管肯定了发薪日贷款有益的一面——帮助借款人脱离短期资金周转困境、避免其被卷入更大的经济危机。为了能够让发薪日贷款发挥作用，监管者应尽可能限制其负面的经济影响，使其以相对规范的方式运行。当前发薪日贷款市场存在的主要问题是放贷人与借款人之间相对不平等的地位。为解决这一问题，监管者制定了贯穿整个放贷过程的相应规则。事前，放贷人应负担更高标准的信息披露义务，通过披露的信息使消费者充分了解发薪日贷款设定的目的、是否有必要使用该贷款改善自身经济状况。事后，为避免借款人卷入无止境的债务旋涡（debt spiral）中，限制连续贷款次数。如该措施能有效避免借款人的短期借款长期化，则在此情况下借款人要支付的费用显然是可以承受的，不具有剥削性。

2. 最高利率限制的例外——德克萨斯州

在信贷利率管制方面，德克萨斯州首先以年利率 10% 作为最高利率限制，年利率超过 10% 的贷款将被认定为高利贷。[2]同时，针对包含发薪日贷款在内的消费信贷，德克萨斯州实施最高利率豁免（即免予适用上述 10% 的贷款利率限制），但同时根据贷款本金的数额相应限制放贷人可收取的费用，发薪日贷款的最高年化利率可能达到 570%。

表 1 展示了在 7~30 天的借款期限内，以 100、150、200、250、300、350 美元作为本金，放贷人可收取的最高费用及相应的年利率。

德克萨斯州与特拉华州一样，对放贷人有强制的信息披露要求，如放贷人须告知所有潜在的发薪日贷款借款人，发薪日贷款并不是为了解决长期经济困难问题，而只是用来解决短期资金周转问题。如不能按期偿还贷款而不得不展期，借款人需要付出额外费用。[3]

---

〔1〕 DEL. CODE. ANN. Tit.5，§ 2234A（b）.

〔2〕 TEX.FIN.CODE § 302.001.

〔3〕 TEX.ADMIN.CODE § 83.604（e）.

表 1　发薪日贷款费用及年利率[1]

Amount Financed:	$100.00		$150.00		$200.00		$250.00		$300.00		$350.00	
Term - days	Finance Charge	APR	Finance Charge	APR	Finance Charge	APR	Finance Charge	APR	Finance Charge	APR	Finance Charge	APR
7	$10.93	569.92%	$16.40	570.10%	$21.87	570.18%	$27.33	570.03%	$32.80	570.10%	$38.27	570.14%
8	$11.07	505.07%	$16.60	504.92%	$22.13	504.84%	$27.67	504.98%	$33.20	504.92%	$38.73	504.87%
9	$11.20	454.22%	$16.80	454.22%	$22.40	454.22%	$28.00	454.22%	$33.60	454.22%	$39.20	454.22%
10	$11.33	413.55%	$17.00	413.67%	$22.67	413.73%	$28.33	413.62%	$34.00	413.67%	$39.67	413.70%
11	$11.47	380.60%	$17.20	380.48%	$22.93	380.43%	$28.67	380.53%	$34.40	380.48%	$40.13	380.45%
12	$11.60	352.83%	$17.40	352.83%	$23.20	352.83%	$29.00	352.83%	$34.80	352.83%	$40.60	352.83%
13	$11.73	329.34%	$17.60	329.44%	$23.47	329.48%	$29.33	329.40%	$35.20	329.44%	$41.07	329.46%
14	$11.87	309.47%	$17.80	309.38%	$23.73	309.34%	$29.67	309.42%	$35.60	309.38%	$41.53	309.36%
15	$12.00	292.00%	$18.00	292.00%	$24.00	292.00%	$30.00	292.00%	$36.00	292.00%	$42.00	292.00%
16	$12.13	276.72%	$18.20	276.79%	$24.27	276.83%	$30.33	276.76%	$36.40	276.79%	$42.47	276.81%
17	$12.27	263.44%	$18.40	263.37%	$24.53	263.34%	$30.67	263.40%	$36.80	263.37%	$42.93	263.35%
18	$12.40	251.44%	$18.60	251.44%	$24.80	251.44%	$31.00	251.44%	$37.20	251.44%	$43.40	251.44%
19	$12.53	240.71%	$18.80	240.77%	$25.07	240.80%	$31.33	240.75%	$37.60	240.77%	$43.87	240.79%
20	$12.67	231.23%	$19.00	231.17%	$25.33	231.14%	$31.67	231.19%	$38.00	231.17%	$44.33	231.15%
21	$12.80	222.48%	$19.20	222.48%	$25.60	222.48%	$32.00	222.48%	$38.40	222.48%	$44.80	222.48%
22	$12.93	214.52%	$19.40	214.58%	$25.87	214.60%	$32.33	214.55%	$38.80	214.58%	$45.27	214.59%
23	$13.07	207.42%	$19.60	207.30%	$26.13	207.34%	$32.67	207.38%	$39.20	207.36%	$45.73	207.35%
24	$13.20	200.75%	$19.80	200.75%	$26.40	200.75%	$33.00	200.75%	$39.60	200.75%	$46.20	200.75%
25	$13.33	194.62%	$20.00	194.67%	$26.67	194.69%	$33.33	194.65%	$40.00	194.67%	$46.67	194.68%
26	$13.47	189.10%	$20.20	189.05%	$26.93	189.03%	$33.67	189.07%	$40.40	189.05%	$47.13	189.04%
27	$13.60	183.85%	$20.40	183.85%	$27.20	183.85%	$34.00	183.85%	$40.80	183.85%	$47.60	183.85%
28	$13.73	178.96%	$20.60	179.02%	$27.47	179.05%	$34.33	179.01%	$41.20	179.02%	$48.07	179.04%
29	$13.87	174.57%	$20.80	174.53%	$27.73	174.51%	$34.67	174.55%	$41.60	174.53%	$48.53	174.52%
30	$14.00	170.33%	$21.00	170.33%	$28.00	170.33%	$35.00	170.33%	$42.00	170.33%	$49.00	170.33%

由于德克萨斯州对发薪日贷款存在最高利率限制，所以德克萨斯州没有像特拉华州一样制定一些特殊的消费者保护措施，比如限制发薪日贷款的展期次数或赋予消费者随意解除合同的权利。德克萨斯州监管者认为，对于发薪日贷款实行最高的利率限制已经足以有效地避免消费者卷入长期的债务旋涡，这一手段比仅仅限制贷款展期次数更为有效。

四、我国规制发薪日贷款利率的可能进路

我国目前对于民间借贷的利率限制，主要规定在 2015 年最高人民法院《关于审理民间借贷案件适用法律若干问题的规定》中，其第 26 条规定："借贷双方约定的利率未超过年利率 24%，出借人请求借款人按照约定的利率支付利息的，人民法院应予支持。借贷双方约定的利率超过年利率 36%，超过部分的利息约定无效。借款人请求出借人返还已支付的超过年利率 36% 部分的利息的，人民法院应予支持。"

最高人民法院以 24%、36% 两个具体数字划分了"两线三区"：第一条线是民事法律应予保护的固定利率，为年利率 24%。第二条线是年利率 36% 以上的借贷合同为无效。而年利率 24%~36% 的争议由出借人和借款人自行协商，并尊重既定发生的事实，这一区域为自然债务区。自然债务乃不完全债

[1] TEX.ADMIN.CODE § 83.604(c).

权，享有自然债务的债权人不得请求法院强制执行该债务。债务人若自愿给付，则给付有效，债务人不得再以自然债务为由要求返还，债权人享有被动受领之权能。因此，如果借款人已经偿还了这部分利息，又提起诉讼要求法院保护该区间的利息，法院不予支持。

由法人或其他组织向消费者提供的发薪日贷款属于《关于审理民间借贷案件适用法律若干问题的规定》规制的范畴，放贷人可实施的最高利率受上述“两线三区”的限制。因为不存在对小额短期的利率豁免，对所有民间借贷都实施最高利率限制，中国的发薪日贷款很难像美国等国家一样去运作。

发薪日贷款并非用于满足消费者本来就需要支付的长期性的大额支出，如买房、医疗等。发薪日贷款的额度小且贷款期限短，它主要帮助消费者解决短期内较小的资金缺口问题。如果仅以年利率标准衡量，发薪日贷款多半落入高利贷的范畴。然而消费者为获得发薪日贷款所需要支付的费用，从消费者自身角度看，属于消费者在短期内可以承受的、合理的费用，并不存在对消费者利益的盘剥。现阶段“一刀切”式的利率规制模式，极大地压缩了发薪日贷款企业的生存空间，发薪日贷款无法发挥其应有的作用。

未来我国需要重新构建对于这一类特殊贷款的利率规制，而具体的进路可参考美国，尤其是德克萨斯州的实践。发薪日贷款最大的风险是若借款人未能按期还款，其短期贷款将变为长期贷款，借款人自身陷入债务循环之中。

防范这一风险有两类路径：其一，严格限制连续贷款的次数，同时赋予无力承担贷款的借款人以解脱的权利——满足一定的要求即可解除合同。在这一路径下，监管者可以完全取消对发薪日贷款的最高年利率限制。因为存在展期次数的限制，借款人不会支付高年利率乘以本金后的费用，而仅仅需要支付在一定期限内（较短期限）的费用，该费用是一定的且借款人自身可以承受。此为借鉴特拉华州的规制模式。其二，仍旧对信贷进行利率管制，但对短期小额贷款实行利率豁免。即为一般贷款设置最高年利率限制，为发薪日贷款设定最高费用限制。其中，依照发薪日贷款额度、贷款期限的不同分别设定最高费用。同时，为防止“短期贷款长期化”，限制连续贷款的次数或者要求同一借款人两次贷款之间须存在时间间隔。

第二类路径比较符合中国现状。我国长期以来对所有贷款实行最高利率管制，一下放开利率管制对于消费者观念的冲击过大，不利于引导其交易行为。在采用第二类路径的基础上，监管者需联合发薪日贷款企业，加强对消费者的理财教育，为消费者提供必要的理财咨询服务。

对发薪日贷款收债行为的监管

刘燎原*

内容提要

发薪日贷款作为一种个人消费信贷，必然存在收债行为。本文从对发薪日贷款收债行为的界定和特征出发，讨论规制发薪日贷款收债行为的必要性，并结合美国、英国对收债行为的监管模式、规定，以及两国在监管发薪日贷款收债行为上的案例，探讨如何建立我国对发薪日贷款收债行为的监管。

关键词

发薪日贷款　收债行为　监管

如果债务人不能按时偿还债务，债权人就有可能采取各种方式来实现债权，在信贷关系中当然如此。但是，对收债行为的监管效果直接决定着信贷行业是否能够健康发展。

一、收债行为的界定及特征

收债行为，是指作为债权人的发薪日贷款机构为了实现债权，在向贷款人收取债务过程中所实施行为的统称。

收债行为本质上就是救济手段。按照法律上的分类，分为公力救济和私力救济（见图1）。债务催收的公力救济包括诉讼和仲裁等，由一个中立的第三者介入债务催收活动中，帮助债权人实现债权。私力救济可以分为普通收

---

* 作者单位：北京大学金融法研究中心。

债和职业收债，职业收债是指专业的机构或个人为实现债务催收目的向债务人进行收债的行为，其催收主体既包括以债务催收为主要业务的职业第三方收债人，也包括放贷机构等债权人内设的催收部门；其他非以收债为常态的个人或机构因偶发的个别的民商事债权得不到实现而进行的收债行为，暂且称为普通收债。

信贷关系中的债务催收行为的行为对象是金融消费者，该行为通常属于私力救济中的职业收债。

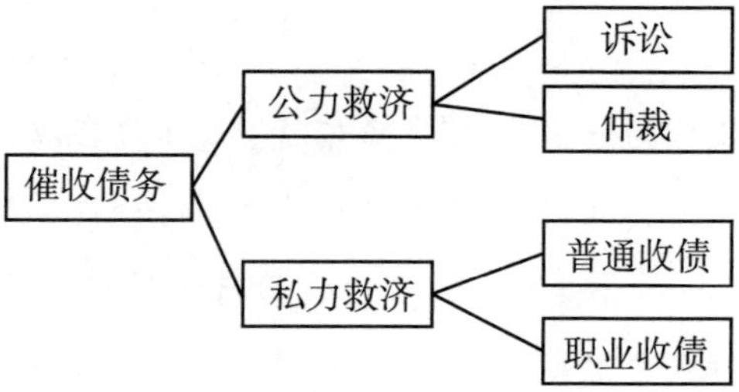

图1　催收债务救济手段

发薪日贷款作为信贷的一种，当然也存在消费者违约的情况。因其消费者群体的特殊性和发薪日贷款本身的特点，发薪日贷款的收债行为除了具有职业收债非程序性、专业化、职业化的特点以外，还具有一定的特殊性。

据统计，申请发薪日贷款的消费者大多数是年收入较低、受教育程度较低、金融知识欠缺且较为年轻的群体，其中还有相当一部分消费者存在不良信用记录，另一部分消费者申请发薪日贷款的初衷是为了满足维持生计的需要，这和主流信贷有所不同。可见发薪日贷款的消费者之所以没有选择如信用卡等主流信贷方式，并不是因为他们对发薪日贷款别有青睐，而是因其资信不足或资信受损、迫于生计，实为不得已之举。因此，相对于其他信贷服务的消费者，发薪日贷款的消费者更为弱势，借贷双方势力不均的状况更为突出。

因发薪日贷款本身具有小额、短期、无担保的特点，一旦消费者陷入债务危机，收债人更有动力去追求收债效率，以尽可能降低收债成本。同时，因发薪日贷款的债务人一般是因生活所迫才申请该贷款，可见其个人、家庭可能几乎没有可利用的家庭资产。此时，如果收债人将债务人的生活必需费用或生活必需品用以实现债权，势必影响债务人正常生活，因此还需要法律对其进行特别的约束和监管。

二、规制发薪日贷款收债行为的必要性

（一）不应一律禁止收债行为

虽然收债行为可能会损害债务人的权益，但因收债行为是基于民事债权债务关系而产生的，法律也应允许私力救济。实际上，在美国、英国等国家，职业债务催收是合法的，而在我国，虽然尚未有法律明确规定职业债务催收合法，甚至在过去曾屡次禁止经营讨债公司，但是我国民法对于非暴力私力救济并无明确禁止。[1]

市场上债务违约的现象普遍存在，由债权人或其委托的机构所从事的收债行为相对于公力救济明显更具效率优势。而债务催收，尤其是发薪日贷款的债务催收恰恰追究效率，催收所耗费的时间越短、成本越低，效率就越高。所以，区别于公力救济的收债行为本身具有一定的合理性，不能对其一律禁止，而应根据收债行为的具体情况，通过对收债行为的有效监管，债务人权益保护和债权实现这两个利益得到平衡。

（二）不公平收债行为

公平收债行为是指适当的收债行为，不公平收债行为指除了公平收债行为之外的其他收债行为。公平收债行为对于债权人的债权实现有积极意义，可作为公力救济的有力补充，法律应当允许；不公平收债行为或因损害债务人的合法权益，或因损害社会公共利益而受到规制。

根据相关新闻报道，我国职业收债的常见方式有公布债务人的个人信息、恐吓威胁、暴力伤害、跟踪骚扰等。在美国的债务催收业中，也有大量债务催收人通过暴力侵犯、骚扰、欺诈及其他不公平的方式进行债务催收。

有研究将不公平收债行为的具体方式归纳为以下三类：暴力行为、骚扰行为以及欺诈行为。判断一个收债行为是否公平，主要考量两个因素：一是债务人的合法权益是否因该收债行为而受到侵犯；二是该收债行为是否损害社会

---

〔1〕 参见沃耘：《民事私力救济的边界及其制度重建》，载《中国法学》2013年第5期。

公共利益。

（三）不公平收债行为的产生原因

之所以有不公平的收债行为存在，主要有以下两个现实因素：

1. 公平收债的效率不高

若债权都能实现的情况下，公平收债的成本较之不公平收债的成本自然要低，相信收债人基本都会选择实施公平收债行为。现实中，大部分的收债人也的确是先尝试公平的收债方式进行收债，在公平收债没有效果的情况下，才会投入更多的人力、物力选择不公平的收债方式。可见，虽然公平收债的投入成本较低，但效率也不及不公平收债行为高。

同时，因不公平收债行为对债务人的打压更为严重，若债务人所有资金只足以偿还部分债务时，债务人往往会选择先清偿对其实施不公平收债行为的债权人的债务，长此以往，亲自或委托第三方收债机构实施公平收债行为的债权人的债权得不到实现的概率比实施不公平收债行为的债权人要大。因此，收债人实施不公平收债行为的动机非常强大。

2. 实现债权的利益大于放弃债权

如果公平收债行为实施之后，债权仍不能实现，对于收债人而言，有两种选择——放弃追讨或实施不公平收债行为以实现债权。此时，收债人必定会选择两者中利益较大者。换言之，如果实施不公平收债行为的投入成本接近甚至超过债权金额本身，即使实施了不公平收债行为，也未必能够实现全部债权，一个单纯、理性的收债人，绝不会选择实施不公平收债行为。

（四）规制不公平收债行为的必要性[1]

就一般民事借贷纠纷而言，在民法允许私力救济的同时，侵权法、行政法、刑法上通过对一般行为的约束达到对收债行为的约束，除此之外，对收债行为没有其他针对性的规定。但由于信贷关系尤其是发薪日贷款中的收债行为具有职业性、追求效率等特点，行为主体通常是职业收债的第三方机构或放贷机

---

〔1〕 参见侯乐：《职业收债行为的法律规制研究——以美国〈公平债务催收法〉为例》，北京大学2016年硕士学位论文。

构内设的债务催收部门，行为对象是发薪日贷款的消费者。基于行为主体与行为对象的实力严重失衡的事实，消费者在此种收债行为中更容易受到不公平收债行为的侵犯，因此需要对消费者的权益给予一定的特殊保护。

1. 消费者权益保护

金融消费者同样享有消费者权利。在金融消费领域，金融机构与金融消费者属于不同的社会层次和社会群体，其占有的社会资源存在差异，因此存在权利和义务的不对等。在金融机构与金融消费者的冲突中，金融消费者处于弱势地位，国家应对其加以倾斜性的保护，以平衡两者的利益冲突，实现实质正义。[1]

2. 收债行为的行为主体与行为对象实力严重失衡

发薪日贷款收债行为的行为主体或为放贷机构内设收债部门，或为专业的收债机构，行为对象是金融消费者。两者之间实力的严重失衡加剧了规制的必要性。收债行为的行为主体相对于金融消费者而言，均具有雄厚的经济实力和人力资源，金融消费者由于知识、能力的欠缺，天然处于弱势地位，两者在收债过程中的地位明显不平等，从而导致收债主体经常可以利用自己的优势地位，实施侵犯消费者权益的收债行为。

3. 信息不对称以及消费者不理性

信息不对称是指不同市场主体对于信息的了解和掌握程度具有差异，信息掌握比较充分的主体较之于信息贫乏的主体，往往处于比较有利的地位。

发薪日贷款关系中，信息不对称往往体现得更为明显。消费者大多是因为资信情况达不到信用卡等主流信贷服务的门槛，才退而求其次选择贷款门槛较低的发薪日贷款。美国、英国、澳大利亚发薪日贷款的研究表明，发薪日贷款中消费者的学历、薪资等均处于较低水平，这意味着在发薪日贷款中，消费者自主获取信息的能力可能更低，信息不对称的现象更为严重。发薪日贷

---

〔1〕 参见曲一凡：《金融消费者保护法律制度比较研究》，中国政法大学 2011 年硕士学位论文。

款的收债人相比其他收债人也更倾向于使用欺诈、高压的手段进行收债。[1]

同时，发薪日贷款的消费者可选的信贷服务可能只有发薪日贷款一种，申请贷款时往往是迫于生计，在此情况下，消费者做出理性选择的可能性就微乎其微——据统计，发薪日贷款的借款人最关注的因素是“多长时间能取得贷款”，而很少关注“如果到期不能清偿会怎样”，而实际上借款人常常过于自信，认为他们一定能按期还款。

三、国外对收债行为的监管

（一）美国

1. 美国对收债行为的监管概览

目前，美国具有比较完备的金融消费者保护法律体系，因美国是联邦制国家，存在联邦和州两重权力架构，从联邦政府和50个州的权力划分来看，除非联邦法律有明确规定或出现跨州等联邦管辖事由，联邦法律才优先适用，否则由州法院管辖并适用州法，因此早期的金融消费者保护法律出现在州立法层面。

随着社会经济发展，法律不统一带来了法律适用的困难。为此，1977年美国制定了《公平债务催收法》（Fair Debt Collection Practices Act）。

2010年7月21日，美国总统奥巴马正式签署了《多德－弗兰克华尔街改革和消费者保护法案》（Dodd-Frank Wall Street Reform and Consumer Protection Act），其中第10部分《消费者金融保护局法案》（Consumer Financial Protection Act）对消费者金融保护局（Consumer Financial Protection Bureau，CFPB）作出了专门的规定，自从该保护局设立以后，与美国金融领域的收债行为监管有关的《公平债务催收法》（The Fair Debt Collection Practices Act）很大程度上就由CFPB来执行，CFPB成为美国政府监管收债行为的行政

〔1〕 资料来源：http://blog.credit.com/2013/04/trapped-in-payday-loan-debt-how-to-escape/ ，http://blog.credit.com/2012/02/ftc-cracks-down-on-payday-loan-debt-collector-53695/，最后访问日期：2016年6月15日。

机构。[1]

2. CFPB 监管收债行为的监管权限

CFPB 拥有广泛的监管对象，提供发薪日贷款的机构也不例外。其监管权限中与收债行为监管相关的职权是“禁止不公平、欺骗或滥用行为”以及执行权：包括联合调查、可要求获得相关信息、证据强制开示、听证和裁决等权力。CFPB 可以按照法律授权对任何人举行听证并启动裁判程序，任何人违反联邦金融消费者法律，CFPB 均可以对该人提起民事诉讼，要求法院对该人实施民事罚款，或寻求普通法、衡平法救济，包括法律许可的永久性或临时禁令、移交美国司法部长提起刑事诉讼等。

3.《公平债务催收法》（The Fair Debt Collection Practices Act）

《公平债务催收法》（The Fair Debt Collection Practices Act）于 1977 年制订，在 1978 年 3 月 20 日开始生效。

（1）适用对象

该法第三条对债务催收人做出了定义，规制的催账范围仅包括第三方收债机构对消费者个人进行催账的专业商账追收机构，不适用于债权人对企业进行商账追收的情况。

（2）执法主体

法律指定的政府执法部门是联邦交易委员会（Federal Trade Commission，FTC），但自从 2011 年 CFPB 设立以后，由 FTC 和 CFPB 合作执法。

（3）主要内容[2]

《公平债务催收法》共有 19 条，除一般的“立法目的”条款和“定义”条款外，该法首先对“位置信息的获取”（Acquisition of location information）、“与债务催收相关的沟通”（Communication in connection with debt

---

〔1〕 CFPB 虽然隶属于美国联邦储备系统（The Federal Reserve System），从法律上是一个行政机构，但是联邦官员不得干涉其活动，其独立的行政负责人经参议院同意后，由总统任命。参见刘力：《金融消费者权益保护理论重述与裁判研究》，华东政法大学 2012 年博士学位论文。

〔2〕 参见《美国公平债务催收法》（2006 年版），曾天琪译，载《金融服务法评论》2013 年第 2 期。

collection）进行规制；对“骚扰或虐待”（Harassment or abuse）、“错误或令人误解的陈述”（False or misleading representations）、“不公平的债务催收行为”（Unfair practice）明确禁止；在“债务的生效”（Validation of debts）一条中对债务催收人在催收债务过程中的债务通知和消费者的债务异议作了明确规定；最后，在“民事责任”（Civil liability）一条中规定了收债人违反本法应当承担的民事责任。

①“与债务催收相关的沟通”

按照沟通对象的不同，将沟通分为与消费者的沟通和与第三方的沟通。对与消费者的沟通进行规制的主要目的在于不得给消费者造成骚扰和隐私权的侵犯。对于与第三方的沟通，该法规定，除非另有法律规定或消费者的授权或法院的授权，收债人不得与除消费者的律师以外的人进行沟通。另外，消费者有权通过书面明确表示停止与收债人的沟通行为。

②“骚扰或虐待”

这是该法明确禁止的收债行为，禁止情形包括骚扰和虐待两类，暴力侵害、暴力威胁、言语攻击等均构成了虐待，持续不断的催收电话、公布消费者信息等行为构成了骚扰。

③“错误或令人误解的陈述”

该法明确禁止债务催收人使用错误的、虚假的或令人误解的陈述或手段进行债务催收，共列举了 16 种错误或令人误解的陈述的情形，其中包含了对收债人自身信息、消费者信息、债务信息、与债务有关的其他信息的错误或令人误解的虚假陈述。这本质上是一种欺诈行为，意在给消费者造成诱惑或压迫，促使消费者还债。

④“不公平的债务催收行为”

这是对除上述被禁止行为以外的不公平收债行为进行规制的条款，共列举了 8 种情形，这些不公平债务催收行为根据其法益侵犯的类型大概可以分为两种：侵犯消费者隐私权、侵犯消费者财产权。侵犯隐私权的行为，如通过明信片与消费者就债务事宜进行沟通；侵犯财产权的行为，如收取由债务合同明确规定的或法律明确允许的以外的任何款项。

（4）执法过程

CFPB 和 FTC 在执法过程中，均采用金融消费者投诉制度，即“接收投诉→审查分流→公司回应→消费者审查→ CFPB/FTC 审查和调查”的投诉处理流程。

根据 2015 年 3 月 CFPB 向美国国会提交的《〈公平债务催收法〉年度报告》[1]显示，2014 年度，CFPB 共收到 88，300 件有关收债行为的投诉，这些投诉中有 37% 是投诉金融公司持续向消费者追讨并不属于他们的债务（比如消费者声称债务已经还清、债务并未发生、由于他人盗取了消费者的身份信息而引起的债务）；有 20% 是投诉金融公司在自己收债或委托第三方收债公司收债过程中，对债务人进行不适当的电话骚扰；13% 的投诉是对于金融公司在收债时没有给予债务人明确的通知；投诉中有 12% 是针对收债行为违法，如恐吓、在债项之外收取其他费用等；另有 10% 的投诉是针对收债人在催收款过程中，使用不实、诈欺或误导的陈述或手段；剩余的 7% 投诉是针对收债人不适当的联系（比如在联系债务人的代理人之前直接与债务人进行联系、在债务人不同意的情况下联系债务人的雇主等）以及对债务人信息进行不适当的公开。

CFPB 在接到上述投诉之后，进行了审查并分流给各个金融公司，由相关的金融公司进行回应。其中 66% 的投诉因公司的解释而得到了解决；分别有 16% 和 2% 的投诉因公司的非金钱补偿和金钱补偿而解决；有 9% 的投诉没有得到公司的回复，1% 的投诉仅仅得到了公司行政性的回复，未能解决实际问题，进而进入由 CFPB 审查和调查的阶段。

（5）对发薪日贷款收债行为的监管案例

CFPB 在《〈公平债务催收法〉年度报告》中列举了 7 个监管的例子，其中 2014 年 CFPB 的第一个涉及收债行为的公共执法行动是针对发薪日贷款机构 ACE 现金快车（ACE Cash Express）启动的。[2]

---

〔1〕 See Fair Debt Collection Practices Act CFPB Annual Report 2015.

〔2〕 See “CFPB Takes Action Against ACE Cash Express for Pushing Payday Borrowers Into Cycle of Debt”, http://www.consumerfinance.gov/newsroom/cfpb-takes-action-against-ace-cash-express-for-pushing-payday-borrowers-into-cycle-of-debt/.

ACE现金快车是美国最大的发薪日贷款机构之一，CFPB发现ACE无论是其机构内部的收债机构还是其委托的第三方收债机构在收债过程中运用不公平、可能导致误解、虐待的行为进行收债。值得注意的是，CFPB发现ACE的收债机构在金融消费者拒绝清偿债务时，ACE引导消费者误认为他们会被提起刑事诉讼，并且恐吓消费者因此需要支付额外的费用、向信用报告机构披露消费者的信息等。另外，ACE还通过大量的收债电话骚扰消费者，在某些案例中，ACE向消费者的雇主、亲属催债，并向雇主、亲属披露了消费者的债务。

CFPB进行调查以后，针对违法收债行为，对ACE做出了以下监管命令：(1)停止违法的、错误的收债行为；(2)支付五百万美元的消费者退款，以补偿因ACE违法的收债行为受到伤害的消费者；(3)向CFPB支付五百万美元的罚款。

（二）英国

1. 英国对收债行为的监管概览

英国对于职业收债行为的监管，除了对所有债务催收行为的普遍监管外，信贷关系中的收债行为还受到特设的法例监管。

对所有收债行为，英国有刑事法律上的规制，并辅以民事救济途径。《1970年司法工作法令》规定了非法骚扰债务人的刑事罪行，《免受骚扰保护法令》规定了骚扰罪和令人恐怕遭受暴力对待的罪行，在对收债行为进行规制的过程中上述罪名均非常常见。同时，还为骚扰罪的受害人设立了民事补救。对于消费金融领域的收债行为，英国监管机构出台了《消费者信贷资料书》，对收债行为的监管进行了详细的规定。

2. 对消费金融领域的收债行为的特别监管

(1)监管机构

2012年《金融服务法案》(Financial Service Act)撤销了金融服务局(the Financial Services Authority，FSA)。FSA的职能由金融管理局(Financial Conduct Authority，FCA)和审慎监管局(the Prudential Regulation Authority，FRA)两个机构分别承担。其中，FCA接管OFT的监管职责，负

责监管各类金融机构的业务行为，包括消费者保护在内，其中包含了对收债行为的监管。

(2)监管依据——《消费者信贷资料书》

英国在2008年出台了《保护消费者免受不公平交易的法案》(The Consumer Protection from Unfair Trading Regulations)，2014年FCA根据法案出台了《消费者信贷资料书》(Consumer Credit Sourcebook, CONC)，有对收债行为更为具体的规定。

《保护消费者免受不公平交易的法案》旨在禁止商人做出不公平的行为，其中和收债行为相关的有：法案禁止侵略性的商业实践，如对交易对方骚扰、强迫或造成过分的影响，使之不得不作出交易决定；禁止使用恐吓、威胁的行为或语言；禁止在不合理的时间或地点强迫交易等。同时，法案也禁止误导行为，法案对于交易行为的规定均被FCA细化并纳入CONC中。

FCA在2014年1月4日发布的CONC是所有在英国提供消费信贷相关服务的公司或企业必须遵守的规则合集，并且这些公司(包括银行、信用卡公司、发薪日贷款机构、律师事务所、收债公司等)在提供消费信贷服务前均需要得到FCA的授权。

(3)监管内容

CONC第七章是对收债行为的规定。该章明确了适用的对象为消费信贷公司、雇用消费者的公司、P2P公司及收债公司。

CONC 7.3.10规定，公司不能通过使用对消费者经济状况影响较大的方式对消费者施压，也不能通过使用对消费者施加心理压力的方式催债，如频繁地、不合理地联系消费者；雇用多个公司对消费者进行收债，或者将债权转让给另一家公司而不通知消费者；对消费者做出恐吓的行为或陈述；在公共场合使消费者为难，例如，以将债务披露给第三方相威胁等。

CONC 7.9.14规定公司必须确保其在上门收债时没有对消费者作出威胁行为，同时，对公司进入消费者住宅的条件作出了明确规定。

CONC 7.11.1指出，公司在联系消费者时，不能对其有虚假陈述，以误导消费者陷入担心遭到政府行动的恐惧当中等。

（4）处罚方式

如果提供消费信贷相关服务的公司违反了CONC第七章关于收债行为规范的规定，则可能会受到FCA的处罚。处罚的方式有：撤销FCA对其的授权；对公司或相关人员进行罚款；在12个月内暂停其使用商号；禁止相关人员再从事同类活动；向法院申请禁止令或赔偿命令；对金融犯罪行为提起刑事诉讼等。

（5）监管案例

2014年，英国最大的发薪日贷款机构Wonga就因为实施了不公平收债行为而违反了CONC被FCA责令对消费者予以赔偿。

报道中称，Wonga在2008年10月至2010年11月，通过对消费者施压来使其偿还其本来不能承受的债务。在此期间，Wonga还对消费者进行虚假陈述，使消费者误认为他们的未偿债务已经传递到律师事务所或其他第三方，如果债务没有偿还还将受到进一步法律行动的威胁。本案在2011年时就被当时的消费信贷监管机构OFT发现并调查，自2014年4月1日FCA接管之后由FCA对本案进行处理。最终Wonga和FCA达成了赔偿协议，Wonga同意以支付现金或减少债项的方式对所有受到其不当收债行为影响的消费者进行救济，同时，FCA指派一名专业人员对Wonga的赔偿行动进行监督。

四、建立我国对发薪日贷款收债行为的监管

世界各国对发薪日贷款的监管，主要集中在利率限制、信息披露要求、对贷款额度和连续贷款的限制等方面，对于发薪日贷款收债行为的监管少有涉及。可能是因为发薪日贷款的产生时间晚于一般国家对收债行为有所监管之后，也可能是因为发薪日贷款的收债行为和其他消费信贷的收债行为并没有本质区别，无须通过特别的立法来进行规制。

在我国，发薪日贷款才刚刚起步，同时，我国对一般收债行为的监管也尚处于缺位状态。这种情况下，我国仍有必要讨论，对发薪日贷款收债行为是否需要进行特殊监管，以求能够在建立起对一般收债行为监管制度的同时，发薪日贷款收债行为的特殊监管制度。

需要对收债行为进行监管的逻辑，始于对处于弱势的消费者的倾斜保护，在发薪日贷款的信贷关系中，毋庸置疑，消费者处于弱势的特点更为明显。

首先，申请发薪日贷款的人一定是自然人，不可能是公司、企业或其他组织，因此，发薪日贷款的收债行为对象一定是自然人。

其次，一般情况下，只有达不到主流信贷门槛或持有的信用卡已达到最大额度、贷款能力堪忧的人才会迫不得已申请发薪日贷款，他们不太可能拥有可利用的家庭资产，或者说几乎没有可变卖的资产。在此情况下，收债人如果通过“以物抵债”的方式向发薪日贷款的债务人催收债款，即使整个收债的过程可能不会触犯上述的禁止性规定——非暴力且没有恐吓、威胁、欺诈、频繁骚扰等问题，但“以物抵债”本身很可能迫使债务人及其家庭的生活落入更加窘迫的境地。另外，是否在收债时给予债务人保留一定的生活必需费用，这也值得考量。

本文建议，参照我国在民事强制执行中对被执行人的关照，来对发薪日贷款的收债行为进行规制：

《民事诉讼法》第 243 条第 1 款规定：“被执行人未按执行通知履行法律文书确定的义务，人民法院有权扣留、提取被执行人应当履行义务部分的收入。但应当保留被执行人及其所扶养家属的生活必需费用。”最高人民法院《关于人民法院民事执行中查封、扣押、冻结财产的规定》第 5 条规定：“人民法院对被执行人下列的财产不得查封、扣押、冻结：……（二）被执行人及其所扶养家属所必需的生活费用。当地有最低生活保障标准的，必需的生活费用依照该标准确定；……”这些法律规定均体现了以人为本以及保障生存权的精神。

无论是出于法律的体系性考虑，还是出于朴素的人道主义关怀，均应当对发薪日贷款的收债行为特别予以类似上述的规定，如可以规定“发薪日贷款的收债人在对债务人收取债务时，应当给债务人保留其及其所抚养家属的生活必需费用和生活必需品”，同时需对“生活必需费用”和“生活必需品”作出较为明确的界定，从而对发薪日贷款的债务人予以特别保护。

第三部分

他山之石

美国《公平债务催收法》研究

侯 乐[*]

内容提要

债务催收在我国由来已久，随着我国市场经济的发展，许多急需资金的企业和个人转而投向民间借贷等方式。民间借贷存在严重的信息不对称问题，极易发生资金链断裂导致债权人债权难以实现。而我国对民间收债的监管还停留在禁止非法收债的简单粗暴规定，监管制度的不完善不仅导致合法的债务催收行为游走在法律边缘，无法发挥其制度功能，也不利于对不公平收债行为的规范与打击。

综观世界各国，美国是职业收债法律规制最为先进的国家之一。美国《公平债务催收法》从债务催收主体、债务催收行为以及执行机制三个方面确立了一套完善的债务催收行为监管法律制度，对我国具有重要的借鉴意义。

关键词

公平债务催收法　债务催收　法律规制

债务催收在我国由来已久，随着我国市场经济的发展，中国经济的转型带来了巨大的资金需求，然而传统的资金融通渠道无法满足这一需求，许多急需资金的企业和个人转而投向民间借贷等方式。民间借贷存在严重的信息不对

---

*　作者单位：北京大学金融法研究中心。

称问题，极易发生资金链断裂导致债权人债权难以实现。出于对借贷关系中债权债务人的保护，国务院法制办在2015年8月发布了《非存款类放贷组织条例（征求意见稿）》，以行政许可的方式将放贷机构纳入监管范围。实际上，国家对民间借贷监管的核心应在于对债务催收行为的监管，因为这是债权人对债务人压迫最明显的地方。[1]尤其是在职业讨债人与消费者的自身实力、市场地位存在巨大悬殊的失衡情况下，必须对职业收债行为进行有效的规制以实现对消费者的特别保护。而我国对民间收债的监管还停留在禁止非法收债的简单粗暴规定，监管制度的不完善不仅导致合法的债务催收行为游走在法律边缘，无法发挥其制度功能，也不利于对不公平收债行为的规范与打击。

综观世界各国，美国是职业收债法律规制最为先进的国家之一。为了规范债务催收人的收债行为，保护金融消费者合法权益，促进债务催收市场的公平竞争，美国在1977年制定了《公平债务催收法》(Fair Debt Collection Practices Act, FDCPA)。2008年世界金融危机后，[2]美国于2010年通过《多德—弗兰克华尔街改革与消费者保护法案》(又称《消费者金融保护法》)对《公平债务催收法》进行了进一步的修订，旨在加强对债务催收业消费者的保护。美国《公平债务催收法》从债务催收主体、债务催收行为以及执行机制三个方面确立了一套完善的债务催收行为监管法律制度，对我国具有重要的借鉴意义。

一、立法背景

(一)美国债务催收业概况

根据美国国际债权催收协会(ACA international)2014年做的《关于第三方债务催收人对美国国民经济的影响的研究报告》(The Impact of Third-Party Debt Collection on the U.S. National and State Economies)，2013年度美国的债务催收行业规模已达552亿美元，较之于ACA international上一次在2012

〔1〕 参见彭冰:《非存款类放贷组织的"安全港"规则——关于〈非存款类放贷组织条例(征求意见稿)〉的意见》，载《当代金融家》2015年第9期。

〔2〕 参见周学东:《国际金融消费者保护制度改革动态及启示》，载《中国金融》2011年第11期。

年所做的统计，收债规模稳步增长近 3 亿美元。[1]专门从事债务催收行业的从业者约 13.6 万人，其佣金高达 104 亿美元，[2]平均佣金率 18.1%，除去这些债务催收人的收益，债权人收回了近 449 亿美元的债务。

从债务的类型来看，美国第三方债务催收人催收的债务主要集中在医疗保健、学生贷款、金融服务、公共事业以及其他领域。[3]从债务的地区分布来看，美国第三方债务催收人债务催收额最高的五个州为纽约、德克萨斯、加利福尼亚、伊利诺伊与佛罗里达。[4]从债务的账龄来看，账龄不足 90 日的早期违约债务（early out debt）约占催收债务的 29%，90 日以上的不良债务约占催收债务的 71%。可见，第三方债务催收人催收的大部分是账龄较长的债务。[5]

（二）第三方债务催收机构的经营模式

1. 如何获得收债的权利

关于第三方债务催收机构的经营模式，从收债权利来源看，依债务催收人与债权人的关系可分两类：一是委托催收模式，收债人与债权人之间形成一

---

〔1〕 See The Impact of Third-Party Debt Collection on the National and State Economies, Prepared for ACA International, February 2012, p.2. 此处做一个勘误，中国人民银行孙天琦博士于 2013 年 1 月在《西部金融》2013 年第 1 期第 17 页发表的《美国等国家（地区）第三方债务催收行业的有关情况与启示》中所述“调查显示，2010 年，美国第三方债务催收机构共有总计收回 5490 亿美元账款，其中第三方债务催收机构获取了 1030 亿美元佣金，债权人得到了 4460 亿美元账款”存在错误，原文为：“Agencies recovered approximately $54.9 billion in total debt in 2010, on which they earned close to $10.3 billion in commissions and fees. Removing these agency earnings from the total debt recovered leaves nearly $44.6 billion in debt that agencies returned to creditors.” 故应更正为：“2010 年，美国第三方债务催收机构共有总计收回 549 亿美元账款，其中第三方债务催收机构获取了 103 亿美元佣金，债权人得到了 446 亿美元账款。”

〔2〕 此处为广义上的佣金，既包括狭义的委托收债所获得的佣金，也包括通过折价购买坏账获得的折扣金额。

〔3〕 See The Impact of Third-Party Debt Collection on the National and State Economies, Prepared for ACA International, July 2014, p.7.

〔4〕 See The Impact of Third-Party Debt Collection on the National and State Economies, Prepared for ACA International, July 2014, p.7.

〔5〕 See The Impact of Third-Party Debt Collection on the National and State Economies, Prepared for ACA International, July 2014, p.7.

种委托代理关系。第三方收债人作为债权人的代理人以债权人的名义进行收债，在这种模式下第三方收债人债务催收的权利来源于债权人的委托，受债权人委托联系违约的消费者收取债务。[1]二是折价转让模式，收债人与债权人之间构成债权转让关系，第三方债务催收人折价购买债权人的坏账，然后以自己的名义进行债务催收。这种模式实际上是债权人与第三方催收机构之间的债权转让，债权转让后，第三方债务催收人在法律上成为该笔债务新的债权人。上述经营模式的前提是，原债权人与消费者在签订借贷合同时就明确约定，如果消费者违约，债权人有权委托第三方债务催收人收债或将消费者的债务出售给第三方收债人。在美国债务催收业的发展过程中，第三方债务催收人一开始往往采取第一种经营模式。20 世纪 90 年代以来，由于第二种模式可以直接冲销债权人的贷款数额，让债权人快速获得现金流；对催收机构来说也意味着更大的利润空间，因而逐步成为主流。

2. 如何进行债务催收

如果消费者有到期的未偿还的债务，债务催收人可以通过信件、电子邮件、电话等方式与消费者进行沟通要求消费者清偿债务，甚至可能会直接到消费者家中收债。当债务催收人不能通过原债权人提供的联络方式找到消费者时，他们会进一步利用互联网或通过接触消费者周围的人来获得消费者的位置信息。他们也可以通过查找消费者的银行账户或经纪账户了解消费者的资产，确定消费者的偿债能力。另外，债务催收人还可以通过影响消费者的信用评分敦促消费者还债。

（三）债务催收业的积极影响

促使美国债务催收业发展如此迅速的原因，既有技术进步等外部因素，亦有催收行业经营方式转变以及催收机构整合等内部因素。自动拨号机、语音邮件等技术的运用提高了债务收取的效率和成功率，加速了该行业的发展。美国的债务催收业对美国经济发展具有重要的积极影响。首先，表

---

〔1〕 载 Step Change Debt Charity 官方网站：http://www.stepchange.org/Aboutus.aspx，最后访问日期：2016 年 3 月 17 日。

现为对美国税收的巨大贡献。根据 ACA international 的统计，第三方债务催收人进行债务催收带来的利润相当于美国公司税前总利润的 1.9%，直接贡献联邦税 7.24 亿美元，贡献州税 4 亿美元，贡献地方税 2.87 亿美元，合计税收贡献超过 14 亿美元。其次，债务催收业为美国创造了大量的就业机会，该行业有超过 13.6 万从业者，其中包括 13 万雇员以及近 6 万名催收机构业主。另外，该行业也在社会公益方面贡献了重要力量，第三方债务催收人在 2013 年的慈善捐款总额超过 1.3 亿美元，该行业从业人员从事志愿服务共计 190 万小时。最后，美国第三方债务催收人创造的经济效益不仅包括税收贡献、工作机会、公益慈善等直接贡献，也包括与债务催收行业相关的供应商创造的工作、薪酬等间接效益，对美国经济发展产生了显著的促进作用。〔1〕

二、立法目的

不公平的债务催收行为会造成消费者合法权益受损、债务催收业公平竞争受损以及州际贸易受损等严重危害，为了消除上述不公平债务催收行为的消极影响，规范债务催收业的运行和发展，美国国会于 1977 年通过了 FDCPA，并于 1978 年开始实施。颁布以来，FDCPA 经过了 8 次修改，现行版本修订于 2010 年 7 月 21 日。〔2〕

根据 FDCPA § 802（e）规定："本法的立法目的是消除债务催收人的侵犯性债务催收行为，保证不采取侵犯性债务催收方式的债务催收人不处于竞争劣势，以及促进各州行为的一致性以保护消费者不受债务催收侵犯。"

（一）保护消费者合法权益

在债务催收过程中，债务催收人采用暴力、威胁、骚扰、侵犯、侮辱及欺

〔1〕 See The Impact of Third-Party Debt Collection on the National and State Economies, Prepared for ACA International, July 2014, p.3.

〔2〕 FDCPA 的历次修正案为：Public Law Nos.99-361（July 9, 1986）, 101-73（August 9, 1989）, 102-242（December 19, 1991）, 102-550（October 28, 1992）, 104-88（December 29, 1995）, 104-208（September 30, 1996）, 109-351（October 13, 2006）, 111-203（July 21, 2010）.

诈等行为进行收债的现象广泛存在。随着科学技术的进步，债务催收人更是普遍利用先进的科技手段，如自动拨号机、语音邮件及互联网社交平台进行收债；新技术也为债务催收人收集消费者个人信息、掩盖自身身份提供了便利，这些情况加剧了不公平债务催收行为对消费者隐私权的侵犯。美国国会认为，不公平的债务催收行为严重侵犯了消费者的人身安全和自由、人格尊严以及财产安全，必须加以规制。然而当前的立法和损害救济程序均不足以保护消费者的合法权益。因此，FDCPA 的首要立法目的就是保护消费者合法权益，防止消费者受到债务催收人不公平债务催收行为的侵害。

（二）促进债务催收业的公平竞争

债务催收人不公平的债务催收行为挤压了其他债务催收人利用合法手段收债的空间，使公平债务催收人在竞争中处于不利地位。美国国会认为，加大对不公平债务催收行为的规制与执法力度，有利于帮助道德的债务催收人（ethical debt collectors）消除滥用行为带来的不公平的竞争优势。因此，制定 FDCPA 的目的就在于对不公平的债务催收行为人给予严厉的处罚，让道德的债务催收人在公平的市场环境下蓬勃发展。[1]

（三）促进州立法一致

在 FDCPA 颁布之前，美国有 13 个州完全没有规范债务催收业的法律，对于不公平债务催收行为的规制处于一片空白状态。另外 11 个州虽然有相关的法律制度，但对于第三方债务催收人的不公平催收行为规制效果并不理想。[2]造成的现实情况是，有一些债务催收行为在某个州是合法的，但在另一个州则是被禁止的。各州立法的不一致不仅有碍于美国债务催收业的发展，同时不利于州际贸易的发展。因此 FDCPA 旨在通过在联邦层面颁布统一的债务催收行为法律规范，弥补各州立法的不足。

---

〔1〕 See Matthew R. Bremner, "The Fair Debt Collection Practices Act: The Need for Reform in The Age of Financial Chaos", 76 *Brooklyn L. Rev.*, 2011, p.553.

〔2〕 See S. Rep. No. 95-382, pp.1-2 (1977).

三、规制框架[1]

（一）债务催收主体的界定

FDCPA 全称为《公平债务催收法》，可见该法是一部规制债务催收行为的法律，但这并不意味着任何有关收债的行为都会被纳入该法管辖，FDCPA 仅规范债务催收人的债务催收行为。那么，究竟何谓“债务催收人”，债务催收人应该如何界定？法律对适用主体做如此安排的原因何在？

既然 FDCPA 的适用主体仅限于债务催收人（debt collector），那么首先要明确债务催收人的界定。FDCPA 对债务催收人从正反两个方面分别作了界定。

1. 正面界定

FDCPA § 802（6）规定：“债务催收人是指那些 a）为了收债而使用州际贸易手段或商业邮件的人；或 b）经常（regularly）直接或间接地向他人收取或尝试收取，其所欠或到期的债务或者其被宣称所欠或到期的债务的人。”[2]

上述界定明确列明了判断债务催收人的几个关键要素：首先是目的要素，债务催收人的行为必须是为了实现债务收取的目的；其次是行为要素，债务催收必须是经常性的；最后是对象要素，债务催收的对象必须是消费者（或被宣称）所欠或到期的债务。

2. 排除界定

同时，FDCPA 对“债务催收人”做了排除性界定，此概念不包括：“a）债权人的高管或雇员；b）债权人的共有人或同一控制人，[3]且他们的主要业务并非债务催收；c）以债务催收为职的公职人员；d）为债务强制执行法律程序提供或尝试提供服务的人；e）非营利组织，他们根据消费者的要求善意地向消费者

---

〔1〕 本部分内容依据为 FDCPA2010 年最新修订本，英文文本来源于美国联邦贸易委员会官方网站：https://www.ftc.gov/system/files/documents/plain-language/fair-debt-collection-practices-act.pdf。《美国公平债务催收法》，曾天琪译，载郭锋主编：《金融服务法评论》（第 5 卷），法律出版社 2006 年版。亦对本部分有非常重要的参考作用，下文不再赘述。

〔2〕 15 U.S.C. § § 1692a（6）.

〔3〕 即与债权人受同一公司控制的人（affiliated by corporate control）。

提供消费信贷咨询服务帮助他们安排债务清偿，即使这些服务是有偿的；f）催收人所收取的债务属于以下情形的：（i）该债务附属于一个善意受托义务或托管协议；（ii）该债务是由此人设立的；（iii）该债务在取得时尚未被拖欠；或（iv）该债务是债权人在商业信贷交易中作为被担保人而取得的债务。”〔1〕

综上，FDCPA的排除性规定进一步明确了债务催收人的界限。首先，债权人的职员、共同所有人以及同一控制人不属于本法所述债务催收人，他们并非专门从事债务催收的人，只是为债权人的利益替债权人收债；其次，公职人员及法律程序中债务的强制执行人应被排除；另外，善意帮助消费者进行债务规划的非营利组织不属于债务催收人，即使他们是有偿的；最后，原债权人以及因受托、担保、单纯的债权转让而成为该笔债务的权利人也不属于FDCPA规制的债务催收人。

3. 补充界定

此外FDCPA还做了补充界定：“尽管有f款的除外规定，债务催收人也包括以他人名义收取自己债务的人，该行为表明有第三方正在收取或尝试收取该债务。根据 §808（f），债务催收人还包括主要为实现安全利益而使用任何州际贸易手段或业务邮件的人。”〔2〕

除了上述对债务催收人的直接界定，FDCPA还同时明确了债权人的含义，进而明晰了债权人与债务催收的界限，将原始债权人明确排除在此定义之外。FDCPA § 802（4）规定：“债权人是指通过提供贷款创造债务的人，不包括纯粹为了便于向他人收取债务而接受债务转让的人。”

上述FDCPA对债务催收人的补充性界定明确了两点内涵：一是无论是名义上还是实质上由第三方进行债务催收的收债人都应受FDCPA约束；二是只有创造该债务的原债权人非本法所称债务催收人，债务催收人通过债权转让的方式获得债权并不属于本法所述债权人，也属于债务催收人的范畴。

---

〔1〕 15 U.S.C. § § 1692a（6）.

〔2〕 15 U.S.C. § § 1692a（6）.

4. 小结

综上，并非任何人的收债行为都要受到 FDCPA 的规制，FDCPA 规范的仅是债务催收人的债务催收行为。根据 FDCPA，债务催收人就是那些以收债为目的经常性从事债务催收的收债人，无论他们是否为律师，无论他们是否实际拥有该笔债务的债权，无论他们是以谁的名义进行催收。

FDCPA 对适用主体做这样的安排具有现实因素的考量，因为在美国接近 90% 的债权人会选择由第三方收债人进行债务催收。[1]在实践中，债权人与消费者具有密切的长久的商业联络和日常来往，因此债权人对消费者自行催收时自然会非常注意自己的行为限度以及消费者的反馈，以维护良好的商业声誉。另外，债权人作为金融信贷机构往往有专门的法律对其进行规制，尤其是在消费者权益保护方面。而较之于债权人，独立的第三方收债人在完成债务催收后往往不需要再与消费者联络，消费者成为他们的业务对象而非客户，消费者对第三方债务催收人的评价不会直接影响债务催收人的业务拓展。在巨大的利润驱动下，第三方债务催收人往往成为实施不公平债务催收行为的主要群体，虽然从整个行业看他们的不公平行为并不是主流，但其给消费者带来的侵扰和影响却是巨大的，因此 FDCPA 旨在对上述第三方职业收债人的行为进行规制和约束。

（二）债务催收行为的规范

债务催收人向违约消费者收债的一般过程是：首先，债务催收人通过原债权人获得消费者的联络方式或位置信息，如果原债权人提供的联络方式不能有效联系消费者，债务催收人还要自行寻找消费者的联络方式或获取其位置信息。其次，在取得消费者的联系方式后，债务催收人与消费者进行首次沟通，向消费者表明自己的身份及收债的意图，并发出债务确认通知，列明债权人名称、债务金额以及债务确认等事项。最后，在取得了消费者的债务确认后，消费者偿还债务，完成债务催收行为。

因此，债务催收行为实际上是债务催收人为了让消费者还债而与消费者

---

〔1〕 Federal Trade Commission, http://www.consumer.ftc.gov/.

进行的各种与债务催收有关的沟通。从广义上讲,债务催收人为与原债权人进行沟通而寻找消费者联系方式或取得消费者位置信息的行为也应纳入债务催收行为的范畴。FDCPA § 804 至 § 809 运用列举式和概括式的方法规定了一系列债务催收人在收债过程中必要和禁止的行为,具体规定如下:

1. 位置信息的取得(Acquisition of Location Information)

位置信息的取得是指债务催收人与消费者以外的其他人为获得消费者的位置信息(包括联络方式)而进行的沟通。

根据 FDCPA § 804 的规定,在获取消费者位置信息的过程中,债务催收人应:"a)先表明自身及雇主(如被要求)身份,说明自己的意图;b)但债务催收人不得直接说明或因方式不当透露任何消费者拖欠债务的信息,比如使用明信片进行沟通或在信封上使用不当标识;c)与同一人的沟通不得超过一次,除非对方要求或之前的回答有误;d)消费者有代理律师的,不得与该律师以外的其他人沟通,除非不知情或该律师不予回复。"〔1〕

上述对获取位置信息的沟通的规定核心在于:首先,在任何沟通之前应首先表明身份,明确获取消费者位置信息的目的。其次,与消费者以外的其他人进行沟通应注意方式,不能泄露任何有关消费者拖欠债务的信息,否则将构成对消费者隐私权的侵犯。最后,沟通应在一定的限度内进行,包括方式、次数、对象等,不能给对方造成困扰。

2. 与债务催收有关的沟通(Communication in connection with Debt Collection)

正如前文所述,债务催收行为的本质就是债务催收人为了实现催收目的而与消费者进行的沟通。根据 FDCPA § 8032,"沟通是指通过任何媒介向任何人直接或间接地传递(convey)与债务有关的信息"。〔2〕按照沟通对象的不同,沟通可以分为与消费者的沟通以及与第三方的沟通。对前者规制的主要目的在于不得给消费者造成骚扰和隐私权的侵犯;而对第三方的沟通则基本

---

〔1〕 15 U.S.C. § § 1692b.

〔2〕 15 U.S.C. § § 1692a(2).

是被禁止的，例外情形为消费者本人同意或法院授权。另外，如果消费者明确表示，债务催收人应立即停止沟通。

（1）与消费者的沟通

根据FDCPA："消费者，是指有义务或被指有义务偿还债务的自然人。"[1]在本条的语境下，消费者还包括："消费者的配偶、父母、监护人以及遗嘱执行人和管理人。"[2]与消费者的沟通有以下禁止事项："a）不得在不寻常（unusual）或明知消费者不便（inconvenient）的时间[3]或地点进行；b）消费者有代理律师的则不得直接与消费者进行沟通，除非不知情、该律师同意或不予回复；c）禁止在消费者的工作地进行。"[4]

（2）与第三方的沟通

FDCPA禁止债务催收人与第三人进行有关债务催收的沟通，这一禁止规定有三种例外情形："一是消费者本人同意；二是有管辖权的法院授权；三是出于司法救济的必要。"[5]具体而言，本条所述第三人不包括："消费者、消费者的代理律师、消费者征信机构（法律允许时）、债权人、债权人的代理律师以及债务催收人的代理律师。"[6]由此可见，除上述人及上述情形以外，禁止债务催收人与第三方进行任何有关消费者债务催收的沟通。

（3）停止通知

FDCPA对沟通停止的情形也做出了明确规定，沟通应在以下两种情况下停止："一是消费者希望停止，二是消费者书面拒绝偿还债务。"[7]这一规定也有例外："如果债务催收人新的沟通是为了通知消费者，自己将a）停止进一步

---

〔1〕 15 U.S.C. § § 1692a(3).

〔2〕 15 U.S.C. § § 1692c(d).

〔3〕 FDCPA允许债务催收人假定消费者当地时间上午8时至晚上9时为消费者方便的时间，即原则上限制债务催收人在晚上9时之后或早上8时之前与消费者进行沟通。

〔4〕 15 U.S.C. § § 1692c(a).

〔5〕 15 U.S.C. § § 1692c(b).

〔6〕 15 U.S.C. § § 1692c(b).

〔7〕 15 U.S.C. § § 1692c(c).

的沟通；或 b）寻求其他救济。”[1]当然，即使是以上所述例外情况，也应在第一时间做出。

3. 债务确认（Validation of Debts）

FDCPA § 809 对债务催收人的债务通知以及消费者的债务异议做了明确规定。

（1）债务通知

债务催收人应在与消费者的首次沟通后给消费者发送债务通知，该通知应符合以下要求：“a）以书面形式做出；b）列明债权人的名称、债务的数额，如果现债权人非原债权人，若消费者在异议期内提出书面请求，债务催收人应告知其原债权人的名称和住址；c）声明消费者若未在收到该通知的 30 日内做出异议，视为债务成立；d）声明如果消费者在 30 日内提起异议，债务催收人将把用以抗辩的债务证明或裁判书副本寄给消费者；e）上述债务通知应在首次沟通后的 5 日内做出。”[2]

（2）债务异议

消费者在收到前文所述债务通知后，如对债务存在异议，应在 30 日内以书面方式通知债务催收人。异议的内容包括：“债务的效力、数额等相关事项；债权人的信息或要求获知原债权人的名称住址；请求债务催收人停止继续沟通；以及其他异议事项。”[3]收到消费者的异议，债务催收人应立即停止与异议有关的催收行为；反之，债务催收行为可以继续。

4. 债务催收中的禁止行为

以上位置信息的取得、与债务催收有关的沟通以及债务确认三个部分分别从债务催收的三个阶段介绍了 FDCPA 的规制框架。除此之外，在上述债务催收过程中，债务催收人均不得实施以下不公平债务催收行为，包括骚扰或虐待行为、错误或令人误解的陈述以及其他不公平债务催收行为。

---

〔1〕 15 U.S.C. § § 1692c(c).

〔2〕 15 U.S.C. § § 1692g(a).

〔3〕 15 U.S.C. § § 1692g(b).

（1）骚扰或虐待（Harassment or Abuse）

FDCPA 规定，债务催收人不得在催收中造成对他人的骚扰（harass）、压迫（oppress）或虐待（abuse），并列举了几种构成骚扰或虐待的情形。包括："a）使用暴力或暴力威胁，侵害他人人身、财产或名誉；b）使用污言秽语进行言语辱骂或侮辱；c）公布消费者欠债名单，征信机构做出的除外；d）以广告方式出售债务迫使消费者还债；e）重复或持续地拨打催收电话；f）电话催收不表明身份。"[1]

综上，以上骚扰虐待行为大体上可以分为两类：一是虐待行为，包括暴力侵害、暴力威胁以及言语辱骂，均构成了对消费者的虐待。二是骚扰行为，包括重复持续拨打催收电话、公布消费者信息等，侵犯了消费者的隐私权、生活安宁权以及人格尊严。

（2）错误或令人误解的陈述（False or Misleading Representations）

FDCPA § 807 禁止债务催收人使用错误、虚假或令人误解的陈述或手段进行债务催收，比如："a）对自己身份的错误陈述，包括隐瞒自身身份、目的，使用公职人员的徽章、制服或假称自己具有公权力授权，假称自己是律师，假称自己受雇于征信机构；b）对债务的性质、金额、法律状态做错误陈述；c）对消费者的相关信息作虚假陈述，如错误陈述或传播消费者的信贷信息等；d）对债务催收相关的其他信息作虚假陈述，包括错误陈述消费者不还债的后果，错误陈述相关文件、企业的信息等。"[2]

债务催收人在债务催收中无论是对自身信息、消费者信息、债务信息还是与债务催收有关的其他信息的虚假或令人误解的陈述，本质上是一种欺诈行为，意在给消费者造成诱惑或压迫，促使消费者还债。

（3）其他不公平债务催收行为（Unfair Practices）

FDCPA § 808 对债务催收人的其他不公平催收行为进行了规制。这些不公平债务催收行为根据其法益侵犯的类型大概可以分为两种："第一，侵犯了

---

〔1〕 15 U.S.C. § § 1692d.

〔2〕 15 U.S.C. § § 1692e.

消费者的隐私权，如通过明信片进行沟通或在信封上使用不当标识；第二，侵犯了消费者的财产权，比如非法侵占消费者担保利益或其他财产、收取合法债务以外的其他款项等。"[1]

另外，出于对消费者的保护，美国法院在适用FDCPA时采用的是"最不成熟消费者标准"(least sophisticated)，并非一般的"理性消费者标准"(reasonable)。这一原则对债务催收人形成了非常严格的责任要求，最大限度上保护消费者免予受到不公平债务催收行为的侵害。但也有批评者认为，这个标准脱离了消费者对收债行为的一般认知能力，对那些形式奇特的催收行为反而形成了庇护。

(三)债务催收监管的执行机制

FDCPA的执行可以通过两种方式实现：一是民事诉讼，私人可以提起诉讼要求债务催收人承担民事责任；二是行政监管，主要监管机构为联邦贸易委员会(Federal Trade Commission，FTC)。这两者的一个显著区别是FTC无权起诉债务催收人无意的技术侵犯，而私人可以提起技术侵犯之诉。另外，美国消费者金融保护局(Consumer Financial Protection Bureau,CFPB)也对FDCPA的执行具有监管权，可以通过解释、修改及规则发布权保障FDCPA的有效实行。

1. 民事诉讼

债务催收人如果违反FDCPA的规定将承担相应的民事责任，受害人可以依据FDCPA就债务催收人的侵害行为提起诉讼获得民事赔偿；另外，不仅可以个人诉讼，还可以提起集体诉讼。

(1)赔偿金额

债务催收人违反FDCPA承担民事责任的主要方式为民事赔偿，赔偿金额由以下几个方面构成"首先是行为人因违反FDCPA给受害人造成的实际损害；另外法院还可以判决行为人支付额外的损害赔偿，在个人诉讼中不超过1000美元，集体诉讼中总额不超过500，000美元或者债务催收人净利润的

[1] 15 U.S.C. § § 1692d.

1%；以及诉讼费和合理的律师费。”[1]FDCPA § 808 规定：“对上述损害赔偿的认定，考量因素有债务催收人的违法行为的频率和持续时间、该违法行为的性质以及该违法行为的故意程度，在集团诉讼中还应考量债务催收人的财力以及受到有害影响的人员数量。”[2]

（2）善意的错误抗辩（Bona Fide Error Defense）

对于民事责任承担需要考虑行为人的主观要素：“如果债务催收人可以证明实施违法行为并非故意，而是由一个善意的错误导致的，并且已经实施了避免该错误发生的合理程序，在这种情况下债务催收人可以免予承担法律责任。”[3]此款又称“善意的错误抗辩”条款。

2. 行政监管

（1）FTC

FTC 作为 FDCPA 的执行监管机构，其职责包括：FDCPA 的实施、宣传教育以及政策研究和倡导。FTC 通过收集消费者投诉的债务催收业普遍存在的不公平债务催收行为进行监管，对于集中的投诉 FTC 可以展开调查并与债务催收人进行谈判解决。如果不能通过谈判的方式解决，FTC 可以依据 FDCPA § 814 以及《联邦贸易委员会法》§ 54 直接请自己的律师提起诉讼或由司法部代为提起诉讼。较之于私人提起诉讼，FTC 提起诉讼有两点核心优势：一是不受法定赔偿金额的限制，其可对债务催收人每次的侵害行为请求不超过 16，000 美元的赔偿；二是可以请求禁令救济以严重限制债务催收人的行为。因此，FTC 在促进 FDCPA 的施行方面是非常有力的，其诉讼成功率非常高。FTC 的监管缺陷也体现在两方面：第一，FTC 每年仅处理不足 5 起案件，大部分不公平债务催收行为逃避了 FTC 的监管；第二，FTC 没有对于 FDCPA 的规则制定权，因此不能发布有约束力的行政规范。[4]

---

〔1〕 15 U.S.C. § § 1692k（a）.

〔2〕 15 U.S.C. § § 1692k（b）.

〔3〕 15 U.S.C. § § 1692k（c）.

〔4〕 See Matthew R. Bremner, “The Fair Debt Collection Practices Act: The Need for Reform in The Age of Financial Chaos”, 76 *Brooklyn L. Rev.*, 2011, p.1553.

（2）CFPB

2010年美国国会颁布《消费者金融保护法》（Consumer Financial Protection Act）建立了CFPB。[1]设立CFPB的目的在于加强联邦消费者权益保护监管机构的合作与协调，通过监管现行法律的执行以及颁布新规则加强对金融消费者权益的保护。据此，CFPB对FDCPA具有解释、修改和颁布新规则的权力。这一规则制定权可以有效解决FDCPA实施过程中因新技术带来的法律滞后问题，促进FDCPA的实施和完善。[2]由此可见，在FTC对债务催收行为的行政监管之外，CFPB的设立弥补了FDCPA在行政立法规制方面的不足。

〔1〕 Dodd-Frank Act, Pub.L. No. 111-203, 124 Stat. 1376（2010）.

〔2〕 See "Dodd-Frank Act Creates the Consumer Financial Protection Bureau", 124 *Harv. L. Rev.*, 2123（2010）.

富国银行丑闻：一场“优等生”的信誉危机

郑舒倩 *

内容提要

2016 年 9 月，美国富国银行被曝出长期从事违法销售行为。洛杉矶市检察官办公室、美国消费者金融保护署以及美国货币管理局分别对富国银行实施了监管措施。监管机构要求富国银行支付共计 1.85 亿美元的巨额罚款并对企业管理政策和相关制度进行整改。作为美国“最受尊重的企业”之一的富国银行因此丑闻陷入了严重而持久的信誉危机，该事件也为美国进一步的金融监管改革提供了新方向。

关键词

富国银行　违法销售行为　激励机制　美国金融监管

富国银行（Wells Fargo Bank），一家在 2008 年金融危机中依旧能保持盈利，并在 2013 年荣登全球银行市值排行榜榜首的美国联邦银行，凭借着其引以为傲的交叉销售（cross-sell）和“以客户为中心”的“清苦”文化被《财富》杂志称赞为“避免同业者愚蠢错误的历史教科书”。

然而，这位成绩优异的银行界榜样，却因违法销售行为被洛杉矶市检察官办公室（Office of the Los Angeles City Attorney）指控，并于 2016 年 9 月 8 日被美国金融消费者保护署（Consumer Financial Protection Bureau，CFPB）和美国货币管理局（Office of the Comptroller of the Currency，OCC）开出巨额罚单

---

* 作者单位：北京大学金融法研究中心。

并责令其在限定时间内对内部制度进行整改。从优等生到作弊者，富国银行优异成绩背后的阴暗面逐渐暴晒在烈日之下。

一、与企业文化冲突的商业实践

富国银行是富国公司（Wells Fargo & Company）的主要子公司，它是一家关系导向型商业银行。[1]富国公司的文化理念是“始终坚持以客户为中心，满足客户在财务上的全部需求，帮助他们在财务上取得成功，与客户共同成长”。这种满足客户财务需求的文化理念催生了为富国公司和富国银行创造巨大利润的交叉销售模式。

（一）激进的激励机制

所谓交叉销售，是指银行基于对客户的了解和管理，发现顾客的多种需求，并通过满足客户需求而销售多种相关服务或产品的一种新兴营销方式。[2]举例来说，在富国银行开立存款账户的客户，可能同时有购买理财产品或投资证券的需求。当富国银行基于数据共享和对客户的了解发现客户这些新需求时，银行的销售人员就会向该客户推荐本银行的理财产品或者富国公司的证券投资服务。[3]

从金融混业经营的角度来看，这种交叉销售模式在理论上是一种“双赢”的销售策略。对消费者而言，只要选定一家银行，便可通过该银行提供的综合性服务进行最佳的资源配置组合。而对银行来说，交叉销售可以大大提高银行对客户资源的利用能力、有效锁定客户，从而提高银行的市场竞争能力和经营回报水平。

---

〔1〕 美国法强制商业银行与投资银行分离，但银行可以通过成立银行控股公司来实现混业经营。富国公司则是成立于特拉华州的金融控股公司，提供保险、投资、信贷等全方位的金融服务。富国银行虽然是一家主要为个人、家庭和中小企业提供存取款、贷款、汇兑、投资理财等服务的商业银行，但通过富国公司，富国银行的业务范围实际上拓展到了各个领域。

〔2〕 参见 Bradley S. P., *Harvard business school case selections:inside online financial services*, 中国人民大学出版社 2002 年版，第 37～65、99～115 页。

〔3〕 1999 年，美国国会立法通过《金融服务现代化法案》。该法案要求金融机构在客户开户时，必须向其告知有关客户隐私的政策，之后至少一年通知客户一次其对客户隐私所采用的准则。在金融机构履行告知义务后，客户不能阻止联合机构内部分享其私人信息，不过有权反对信息被提供给第三方（如电信运营商）。

富国银行曾就客户平均购买产品数量与客户给公司贡献利润之间的关系做过研究。当客户购买的产品从6个增加到9个时，人均为公司创利将从147美元跃升到391美元。在美国，对大多数银行而言，每位客户平均在该行拥有3~4个产品或服务，而在富国银行，客户平均拥有的产品或服务超过了6个。[1]

即便如此，富国银行有着更大的野心——富国银行在其印制的一本名为《富国银行的企业文化与价值》的刊物中表示，他们的目标是将客户在富国银行平均拥有的产品或服务数量提升到8个，也就是所谓的"Going for gr-eight"计划。

作为一家以营利为目的的企业法人，富国银行内部形成了一套以配额销售为核心的销售策略和激励机制。富国银行对其雇员（主要是支行的基层雇员）每日开立的新银行账户和信用卡账户数量有很高的要求。[2]

支行经理们经常向雇员灌输不择手段达标的理念并对雇员实行强制达标管理。如果雇员没有达标，将被经理痛斥并需要无薪资加班来完成任务，甚至会受到解雇威胁。与此对应，成功向现有客户销售其他业务的雇员将获得相应金钱奖励。雇员可以获得的奖励高达其薪水的15%~20%，推荐人最多也能获得该雇员薪水3%的回报。[3]另外，开户数量还是雇员晋升的重要考核依据。

其实从理论上讲，交叉销售模式与"以客户为中心"的企业文化之间并不必然冲突。问题在于，逐利始终是商业经营者的本性，依靠商业自觉实现鱼与熊掌兼得基本是不可能的，市场失灵在此体现得尤为明显。从富国银行激进的激励约束机制可以看到，其交叉销售模式并不是为了达成银行盈利与消费

---

〔1〕 参见张锐：《富国银行丑闻寻踪与剖析》，载《上海证券报》2016年10月21日，第8版。

〔2〕 富国银行的激励政策不只存在于公司管理层，而且针对银行所有级别的员工。但是，银行高层的分红与定额销售数量无关。也就是说，激励政策带来的巨大压力的直接受害者是基层雇员。

〔3〕 See Brian Tayan, "The Wells Fargo Cross-Selling Scandal", Harvard Law School Forum on Corporate Governance and Financial Regulation, https://corpgov.law.harvard.edu/2016/12/19/the-wells-fargo-cross-selling-scandal/，最后访问日期：2016年12月23日。

者利益的均衡，达成销售目标才是该商业模式的核心。

（二）高压下的不正当销售行为

富国银行施加于雇员的严格销售配额通常无法通过传统销售方式达成。理由很简单，并非每一位客户在被银行工作人员推销后都愿意购买相关产品和服务。因此，雇员们需要接触大量的客户群，但每天光顾银行的客户却是有限的，自然地，雇员们为了完成每日配额要采取各种非传统销售方式。比如，采取高压销售策略（如持续的电话骚扰）来迫使客户开设附加账户、以不实或带有误导性的信息诱使客户开户、游说亲友帮助开立无资金账户等。

然而，这类不合理销售手段依旧不足以让雇员们摆脱残酷的竞争压力，几乎不可能实现的销售目标迫使雇员们采取更加冒险的销售策略（gaming）来增加销售额。这些不正当销售行为在富国银行的经营中普遍存在，甚至被内部员工冠以专属的名称。

调查发现，富国银行雇员采取的不正当销售行为主要包括以下几种：[1]

1. 捆绑销售（Binding）

在许多支行，经理们通常会要求雇员确保每一个活期存款账户开立时要随同开通至少3项业务。因此，在客户要求开户时，前台的雇员常常会告知客户如果要开户必须同时开设附加账户或购买其他产品。雇员以这种欺骗客户的方式将信用卡、保险和跨境收支等其他业务打包销售给客户以完成其销售任务。

当客户发现未授权账户时，富国银行会以这些账户与授权开立的主账户一同开立为由来搪塞客户投诉。

2. 沙袋销售（Sandbagging）

沙袋销售行为是指雇员不按时处理客户的开户申请。这种情况通常在新年或新的销售报告期间开始时发生。比如，在新年假期之后，富国银行通常会提出“新的开始”（Jump into January）计划，该计划要求雇员在特定时间内完

---

〔1〕 以下内容根据市检察官办公室指控书整理。指控书附载于2015年5月5日市检察官办公室公告之后，获取地址：http://www.lacityattorney.org/allegations-against-wells-fargo，最后访问日期：2017年1月4日。

成更高定额的开户任务以提高银行第一季度的销售量。因此，雇员常常通过积压一部分开户申请来人为地分配开户数量，从而保证能持续性地完成基本配额要求。

当客户投诉银行没有在规定时间内完成开户时，富国银行通常会以系统出现故障等理由来隐瞒其迟延开户的真正原因。

3.PIN 码销售（Pinning）

这种开户方式的手段是，雇员通过客户档案系统获取客户的借记卡号码并设置一个 PIN 码（通常为 0000），利用 PIN 码和伪造的客户电邮地址（通常为富国银行自己的电邮地址，如 1234@wellsfargo.com），雇员可以在客户不知情的情况下为客户开通网上银行。

4. 其他违法销售行为

为了达成不现实的销售目标，雇员几乎用尽了一切可能的手段。比如，雇员会误导开设活期存款账户的客户，除非同时拥有一个储蓄账户，否则该活期存款账户每月都将产生额外费用。或者相反，雇员会以新账户不会产生费用来欺骗客户开设会产生费用的账户。甚至，有的雇员会利用其非法获得的客户个人信息向客户寄送信用卡并擅自将卡片激活。

利用一系列不透明甚至是欺诈性的销售行为，富国银行开设了大量“幽灵”账户和未经客户同意的信用卡账户，客户因为这些未经授权的账户受到了不同程度的损失。

损失首先来自此类账户产生的管理费用或相关服务的服务费用。一些情况下，客户主账户中的存款会以各种理由被擅自转到未授权账户中。在另一些情况下，因不知情而未缴纳相关费用的客户的信息会被传送到催款公司，客户将因此受到催款公司的骚扰。这些费用的欠缴可能还会影响客户的信用记录。除此之外，许多无法得知损失发生真实原因的客户为了防范损失再次发生，不得不向富国公司购买防盗险。

（三）纵容违法行为的内部管理

对于基层雇员这些损害客户利益的不当销售行为，富国银行并非无法发现或制止。富国银行内部有一整套开户审核和员工行为监督机制。根据富国银行的开户流程，开立新账户需要经理或经理助理的审核。新账户开立后，相关信息需要全部报送客户管理中心留存。未授权账户通常是无现金账户（zero balance），这些账户开立时的信息在完整性和真实性通常有明显的缺失。审核部门和资金监控系统完全可以监测到大量无现金账户的存在。

其实，有许多客户向富国银行投诉了“幽灵”账户和雇员未经客户同意发行信用卡等行为，富国银行甚至因此经历了多次由受害客户提起的民事诉讼。但是，或许是由于销售配额要求仅仅针对基层雇员，银行高层没有充分意识到激励机制存在的问题，又或许是出于对利益的追求而不愿放弃为银行带来丰厚利润的销售政策，富国银行始终没有真正正视过其雇员的违法销售行为对客户造成的损害，而是以各种说辞掩饰公司治理中的问题。

虽然事实上富国银行确实解雇或处罚了部分从事不正当销售行为的雇员，[1]但它从不曾主动告知消费者，银行对其实施了不正当销售行为，也不向其返还费用或赔偿损失。更重要的是，催生此类违法销售行为的销售政策和激励机制依旧在实施，基层雇员和管理者的压力并没有得到缓解，升职加薪与失去工作的强烈对比依旧引诱着雇员冒险从事违法销售行为。

洛杉矶市检察官尖锐地批判道：“富国银行正运行着一台虚拟的费用生成机器，它的客户受到了损害，它的雇员承担着指责，而它将利润收入囊中。”

可以看到，尽管富国银行的价值理念是“以客户为中心”，但从富国银行的激励政策和内部管理制度上看，其在商业实践中并没有落实这一价值理念。富国银行建立的交叉销售计划并非如其一直以来所宣称的致力于帮助客户在财务上取得成功，实际上，它是以销售产品为中心、为银行自身获取利润服务的。压力、行为合理化机制加上公司治理缺陷带来的机会，富国银行向雇员提供了催生欺诈的“神奇三角”。富国银行的不良销售行为违背了以诚实信用为核心的基本商业道德。

---

〔1〕 在参众两院主持的听证会中，富国银行称自2011年以来，已因为不当销售辞退5300名员工，占银行26.5万名全职雇员的2%。

二、洛杉矶市检察官的反不正当竞争控诉

从事着欺诈行为，享受着“优等生”的光环，被当作零售银行经营范本的富国银行可谓名利双收。这一切的变化始于2013年11月《洛杉矶时报》的一篇报道。[1]《洛杉矶时报》对28名因在客户不知情的情况下通过伪造客户签名开立新账户或发行借记卡和贷记卡而被解雇的前富国银行雇员和7名富国银行现雇员进行了采访，他们向公众揭示了富国银行辉煌业绩背后残酷的配额销售政策。

面对雇员在日常交叉销售目标的高压下从事不正当销售行为的报道，富国银行对外依旧坚持声称，其企业文化从未从以客户为中心进行谨慎经营变为激进地追求利益，[2]这些不正当行为仅仅是少数雇员的道德所致，银行已经严肃处理了这部分雇员。

然而这一次，富国银行的管理问题并没有随着官方辟谣和新闻报道的结束而被再次掩盖起来。洛杉矶市检察官办公室对富国银行的内部激励政策和雇员的违法销售行为进行了大量调查，并基于《加利福尼亚反不正当竞争法》§17200及其以下之规定，于2015年5月4日代表加利福尼亚公民向加利福尼亚高级法院提起了民事诉讼。[3]

根据《加利福尼亚反不正当竞争法》§17200，[4]不正当竞争行为包括：(1)违法的(unlawful)商业行为或商业实践；(2)不公平的(unfair)商业行为或商业实践；(3)欺骗性的(fraudulent)商业行为或商业实践；(4)不公平的(unfair)、欺骗性的(deceptive)、不真实的(untrue)、具有误导性(misleading)

---

〔1〕 参见“Wells Fargo’s pressure-cooker sales culture comes at a cost”, *the Los Angeles Times*. 转引自 http://www.latimes.com/business/la-fi-wells-fargo-sale-pressure-20131222-story.html，最后访问日期：2016年12月23日。

〔2〕 彼时的CFO，Tim Sloan表示，富国银行的员工手册明确不得以达成开户目标为目的滥用客户账户信息，银行定期对员工进行道德培训帮助其解决利益冲突并有员工行为预警机制等来保证银行始终以客户需求为导向。

〔3〕 市检察官是被选为市政府检察官和轻刑罪控方的政府官员，根据《加利福尼亚商业和职业法》§17204，首席检察官、地方检察官、市和县检察官有权代表受害人提起诉讼。目前，洛杉矶的市检察官是麦克富尔(Mike Feuer)。

〔4〕 相关条款汇编于《加利福尼亚商业和职业法典》中。

的广告宣传;(5)任何为 §17500-17577.5 所禁止的行为。[1]

市检察官办公室认为,富国银行和富国公司作为拥有并被许可使用个人数据的商业利用者,有保护并依照客户授权使用其个人数据之义务。然而,银行雇员却以欺骗、误导、隐瞒之手段,蓄意不经客户同意获取其个人数据,并在未经客户授权的情况下利用非法获取的客户个人数据为客户开设银行账户或订购相关产品和服务以谋求利润。[2]在客户告知富国银行个人数据被泄露之后,富国银行仍然未终止该侵权行为,也未在发现客户个人数据被滥用后尽到及时通知客户该情况的义务。这些行为使客户蒙受损失,富国银行和富国公司借此获取利润并在商业竞争中占据优势地位是不道德且不公正的。因此,富国银行及富国公司的行为属于 §17200 下的不正当竞争行为。[3]

基于此,市检察官办公室请求法院发布禁止令来制止富国银行的不正当商业行为和商业实践,并要求富国银行采取有效措施改善管理以防范侵权行为再度发生。[4]同时,市检察官办公室还诉请法院责令富国银行将从不正当竞争行为中获取的利益返还予客户,并向法院建议对每一个单独的不正当竞争行为处以 2500 美元的民事罚款。[5]

根据市检察官办公室统计,在向加利福尼亚高级法院提起诉讼后,超过 1000 名富国银行客户和前雇员向其反映了他们遭遇或参与了富国银行不正当

---

〔1〕 §17500-17577.5 列举的是一些更有针对性的具体行为,比如, §17500 下的不当行为主要指虚假和具有误导性的广告,范围较 §17200 窄。

〔2〕 根据 12U.S.C. §502(c),未经他人授权使用任何数据、计算机、计算机系统或计算机网络以实施诈骗、勒索、不当控制或取得财产或数据的行为,以及未经授权获取、复制和利用任何计算机、计算机系统、计算机网络中的信息的行为都是违法的。 §530.5(a)规定,将他人的个人数据用于违法目的也是违法的。

〔3〕 以上内容根据市检察官办公室指控书整理。指控书附载于 2015 年 5 月 5 日市检察官办公室公告之后,获取地址: http://www.lacityattorney.org/allegations-against-wells-fargo,最后访问日期: 2017 年 1 月 4 日。

〔4〕《加利福尼亚反不正当竞争法》§17203 允许法院通过颁布禁止令或采取其他相当的措施来防止不正当竞争行为。

〔5〕 根据《加利福尼亚反不正当竞争法》§17206 上的惩罚性赔偿规定,对于从事或意图从事不正当竞争行为者,法院可要求其对每一个违反 UCL 的行为负担不超过 2500 美元的民事罚款。

活动的情况。[1]

在本次控诉中，富国银行否认从事过被指控的行为，但向客户进行了道歉并承诺会采取措施改善雇员的销售行为。为了让消费者能够得到及时救济，2016年9月初，市检察官办公室代表加利福尼亚公民同富国银行以及富国公司达成了和解协议（Stipulated Final Judgment），结束了这起诉讼。加利福尼亚高级法院认为该和解协议涉及公共利益，因此，法院将其制作成法律文件（Law Enforcement Action）以加强协议的约束力。

和解协议虽然不能在法律上确认富国银行对违法销售行为负有法律责任，但是市检察官所要求的对消费者的救济基本得到了实现：（1）根据和解协议，富国银行需要在约定时间内以特定方式书面通知在特定时间范围内开户的客户，承诺富国银行将帮助关闭该客户不承认或不想要的账户和服务。同时，对于由客户授权开立的账户和服务可能存在的问题，富国银行也会与客户商讨解决方案。（2）富国银行应当保证在协议生效之日起至少2年内，客户可以随时在支行获取其名下所有账户的书面信息（包括网上银行、信用卡、储蓄卡等产品和服务的开户情况、费用明细等）。对客户关闭或取消账户的请求，富国银行也应当出具书面凭证。（3）富国银行应当在协议生效日起90日内，对于在2011年5月至2015年6月（信用卡为2016年9月）期间因富国银行的原因而遭受直接财产损失（包括因银行雇员泄露客户信息导致客户被第三方咨询公司识别而受有财产损失）的客户提供书面补偿通知，并全额返还客户支付的相关费用。（4）富国银行同意向客户提供便捷、有效的投诉渠道，并将与市检察官办公室共同选定独立的第三方调解机构对相关纠纷进行调解。（5）富国银行承诺将执行详细的风险防控计划以防止不当销售行为再度发生。（6）富国银行同意依照《加利福尼亚反不正当竞争法》§ 17206向洛杉矶县、

〔1〕 参见洛杉矶市检察官办公室公告，载 http://www.lacityattorney.org/allegations-against-wells-fargo，最后访问日期：2017年1月4日。

市财政部门各支付2500万美元民事罚款(共计5000万美元)。[1]

为了保证和解协议的有效性,富国银行需要定期向市检察官办公室提供有关承诺履行情况的书面报告,法院也保留以诉讼方式解决该纠纷的权利。

三、美国消费者金融保护局的保护金融消费者行动

在市检察官办公室与富国银行及富国公司达成的和解协议中,双方对未来风险防范计划的约定十分粗糙。这是因为市检察官的职责是代表民众对侵害消费者权益的不法行为提起诉讼、进行和解,其落脚点是救济实际损害,而保护消费者权益的执法权应当由监管机构行使。

美国消费者金融保护局是由《多德－弗兰克华尔街改革和消费者保护法》设立的独立监管机构,其监管对象为提供信用卡、住房抵押贷款等消费者金融产品及服务的银行和非银行金融机构。[2]CFPB的诞生是美国对2008年金融危机中欺诈性贷款案件进行反思的结果,因此,它的监管任务是确保金融消费者能够获得清晰和充分的信息,避免金融消费者受到不公平、欺诈性的金融工具或产品的侵害。

对资产规模超过100亿美元的银行,CFPB在消费者权益保护方面拥有独家的立法和首要执法权。[3]富国银行作为美国资产总额排名前五的超级大行,其资产规模超过了100亿美元,显然受到CFPB的监管。

CFPB调查发现,2011年5月~2015年6月,富国银行参与不当销售的雇员数以千计。根据初步估算,这些雇员未经客户授权开立的储蓄账户和未经客户申请发行的信用卡数量分别达到了153万和56.6万,这些账户因为余

---

〔1〕 以上内容总结自经加利福尼亚高级法院确认的和解协议,获取自市检察官办公室2016年9月9日公告:http://www.lacityattorney.org/single-post/2016/09/08/Los-Angeles-City-Attorney-Mike-Feuer-Achieves-Historic-Result-in-Consumer-Action-Against-Wells-Fargo-Bank-to-Make-Restitution-to-Customers-Pay-50-million-in-Penalties-Unprecedented-Coordination-with-Federal-Regulators-to-Benefit-Consumers-Nationwide,最后访问日期:2017年1月4日。

〔2〕 在机构设置上,CFPB设置在美国联邦储备系统之下,但其委员由总统直接任命并经参议院批准,因此是一家独立的机构。

〔3〕 参见陈小敏主编:《美国银行法》(第2版),法律出版社2013年版,第27页。CFPB执法权的法律依据为12 U.S.C. § 5515(a)。

额不足产生的管理费和信用卡透支费、滞纳金等相关费用大约为 240 万美元。除此之外，CFPB 还证实了在未经客户允许的情况下，发行并激活借记卡，甚至私自为客户注册个人识别码以及假冒客户电邮地址在客户不知情的情况下为其开通网上银行等不端行为在富国银行内部普遍存在。[1]

《消费者金融保护法》(Consumer Financial Protection Act, CFPA)禁止银行和银行业实施不公平的行为(unfair)或恶意的行为(abusive)。[2]根据 CFPA § 1031，所谓不公平行为是指那些造成消费者无法通过合理方式避免的重大损失，并且这些损失超过了为消费者或市场带来的利益的行为。而 § 1036(a)(1)(B)下的恶意行为，是指那些实质上妨碍消费者理解某一金融消费产品或服务相关情况的行为，另外，不合理地利用某些消费者在选择或使用金融产品或服务时因专业性不足或信息不对称而不能充分维护自身利益这一弱点的行为也将被视为恶意行为。

CFPB 认为，富国银行未经客户授权开立账户、转移资金以及非法利用客户信息向其发行信用卡等行为给消费者造成了损失，消费者在不知情的情况下无法避免相关费用的产生，该行为属于不公平的行为。富国银行在开立账户时未经客户知情或同意，妨碍了消费者了解相关产品和服务。此外，未经授权开立的账户会产生费用，这与消费者维护自身利益之本意相悖。而伪造客户电邮地址为其注册网上银行，更是直接剥夺了消费者选择金融服务的权利。因此富国银行的销售行为是恶意的。[3]

基于此，CFPB 向富国银行签发了同意执行令(consent order)。[4]根据该同

---

〔1〕 以上内容总结自 CFPB 的同意执行令(检索编号：2016-CFPB-0015)，获取地址：http://www.consumerfinance.gov/about-us/newsroom/consumer-financial-protection-bureau-fines-wells-fargo-100-million-widespread-illegal-practice-secretly-opening-unauthorized-accounts/，最后访问日期：2017 年 1 月 4 日。

〔2〕 分别位于《美国法典》(United States Code)第十二卷(银行和银行业) § 5531 和 § 5536(a)(1)(B)。

〔3〕 分别位于《美国法典》(United States Code)第十二卷(银行和银行业) § 5531 和 § 5536(a)(1)(B)。

〔4〕 同意执行令是指自愿执行监管机构禁止令的双方协议。包括具体限制性行为和合规救济措施。违反将导致民事惩罚甚至被强制清算。该命令可由联邦地区法院强制执行。

意执行令，富国银行应当：(1)制定并执行赔偿计划。CFPB 要求富国银行主动向客户全额返还客户因未授权账户而支付的费用。(2)采取积极措施保证雇员销售行为的适当性。CFPB 要求富国银行必须聘请独立咨询机构对整个银行的销售行为进行全面核查，从而对富国银行的现有政策和相关制度是否足以保证其雇员销售行为符合法律规定做出评估。[1]富国银行需要根据该评估制定合规计划，并将独立第三方做出的评估报告和合规计划提交于 CFPB 西部地区监督办公室的区域总监审核。(3)支付 1 亿美元罚款。这是 CFPB 至今开出的金额最大的罚单。[2]

为了确保富国银行的销售政策足以保护消费者权益，CFPB 要求富国公司承诺将最大限度地配合 CFPB 的监管和对其雇员的调查。并且，同意执行令将从生效之日起 5 年内持续有效，在此期间，富国银行需要无条件地服从该命令。若 CFPB 发现富国银行有违反该执行令的行为，CFPB 可诉请联邦地区法院强制执行并对富国银行处以其职权范围内最大金额的处罚。与此同时，该执行令的存续时间将重新计算。另外，CFPB 还可以根据其新发现，在同意执行令之外对富国银行采取强制措施。

四、OCC 对有失安全稳妥行为的制裁

作为联邦银行，富国银行的行为还受到 OCC 监管。OCC 根据《1863 年国家货币法》设立，是美国财政部内相对独立的机构。OCC 的监管对象为联邦银行、联邦储蓄和贷款协会、外国银行的分支机构和代理机构。OCC 是一个综合性监管机构，根据《美国法典》§ 1818，OCC 可以对监管对象运营过程中不合法、不安全或不透明的行为采取监管措施，督促金融机构向消费者提供公平的金融服务，并且公平地对待消费者。

---

〔1〕 包括但不限于核查富国银行是否对其雇员进行合理且有效的培训以防止从事不当的销售行为、是否有顺畅的客户投诉渠道、是否有有效的机制来处理和反馈客户的投诉等。

〔2〕 分别位于《美国法典》(United States Code)第十二卷(银行和银行业) § 5531 和 § 5536(a)(1)(B)。

OCC 对富国银行的调查始于 2011 年年底。[1]OCC 审计官调查发现，富国银行的商业模式着重于销售产品和服务的数量。作为这种商业模式的一部分，富国银行内部实行以达成销售目标为核心的激励机制，该激励机制和目标要求不合理，雇员面临着巨大的销售压力。

更糟糕的是，富国银行的风险管理制度和对销售行为的监督制度存在不足和有失安全稳妥（unsafe and unsoundness）的情况，不能有效监测和防止这些不安全或不透明销售行为。首先，银行内部风险管理和责任机制不完善，对分支机构雇员的考核和监督存在不足，未能有效发现和防止不透明销售行为，也未能有效缓冲风险带来的影响。其次，富国银行的客户申诉管理制度有所缺失。在接到客户投诉后，富国银行没能持续跟进并通过合理的分析发现潜在风险，未能充分发挥客户的外部监督作用。最后，富国银行的审计工作不充分，在进行审计时未能将整个银行的销售行为纳入审计范围。这些不足为雇员冒险违规以达成销售目标提供了可乘之机。根据 OCC 的调查，富国银行雇员从事美国法所禁止的销售行为的情况至少持续了 5 年。[2]

OCC 审计官于 2016 年 6 月公布了检查结果报告，并致信告知富国银行董事会。富国银行董事会向审计官表示其对 OCC 指控的销售行为不予表态，但书面表示愿意服从 OCC 发布的同意执行令，放弃听证和行政复议的程序性权利，自愿配合 OCC 的监管。考虑到富国银行的不安全稳妥销售行为较为严重，且富国银行在内部管理上存在较大不足，2016 年 9 月 8 日，OCC 向富国银行发出了民事罚款同意执行令（Consent Order for the Assessment of a Civil Money Penalty），要求富国银行向美国财政部支付 3500 万美元的罚

〔1〕 根据 OCC 审计官在听证会中的陈词，OCC 在 2012 年 6 月到 2016 年 6 月，已经对富国银行采取了多种监管措施。审计官口头陈述和书面陈述获取自 OCC 官网，https://www.occ.gov/news-issuances/news-releases/2016/nr-occ-2016-115.html，最后访问日期：2017 年 2 月 22 日。

〔2〕 以上内容总结自 OCC 公布的禁止令（检索编号：AA-EC-2016-66），获取地址：https://www.occ.gov/news-issuances/news-releases/2016/nr-occ-2016-106.html，最后访问日期：2017 年 1 月 4 日。

金。同时，OCC 还通过禁止令（Consent Cease and Desist Order）[1]要求富国银行向审计官提供并执行综合行动计划，以确保富国银行运营的安全性和透明性。

根据 OCC 禁止令的要求，该计划应当至少包括：（1）在指定时间内聘请独立咨询师对整个银行过去 5 年的销售活动风险进行排查和分析，咨询师应当对与银行销售目标和产品销售策略相关的任务以及合作政策、公司各类业务的风险管理结构、与产品销售相关的激励机制是否有适当的风险审查制度与之配套等问题出具独立报告。（2）针对咨询师出具的报告建立企业内部销售行为风险管理机制和责任机制。在分析了富国银行未能及时发现雇员违法销售行为的原因后，OCC 有针对性地对新的风险管理制度和雇员责任机制提出了最低要求。比如，激励机制应当通过综合性评估以确保不会催生违法销售行为，并应包含有效的道德控制策略。银行应向案件的主审计官提交企业申诉管理方案，该方案应能及时追踪、管理和反馈用户投诉。另外，银行还应当对内部审计制度进行修正，确保风险管理部门、内部审计师等享有执行事务所必需的权力和地位，等等。（3）根据内部审计师的补偿评估制定补偿计划。[2]

为保证富国银行及时纠正其不良销售行为并有效预防未来风险的发生，禁止令要求富国银行制定综合执行计划的执行日程，该执行日程未经助理审计官同意不得变更。同时，银行的适当、透明管理的最终责任由银行董事会承担。银行董事会应当组建监察委员会来督促综合执行计划的执行，董事会还应当定期向主审计官提交执行报告。另外，在富国银行执行同意执行令和禁止令的过程中，若 OCC 认为确有必要，还可进一步采取其他强制措施。

五、信誉重创后的富国银行

根据富国银行与各监管机构达成的协议，特定协议不豁免其他机构对富

〔1〕 禁止令的内容与同意执行令相似，但是为非自愿强制措施。违反可构成强制清算依据。

〔2〕 载 OCC 官网：https://www.occ.gov/news-issuances/news-releases/2016/nr-occ-2016-115.html，最后访问日期：2017 年 2 月 22 日。

国银行采取任何措施。因此，除了对消费者进行补偿外，[1]富国银行还将为其不良销售行为支付总共 1.85 亿美元的民事罚款（其中，市检察官要求 5000 万美元，CFPB 要求 1 亿美元，OCC 要求 3500 万美元）。

但其实，对于富国银行这位家境殷实的“优等生”来说，这场丑闻真正让其恐惧的不是需要付出 1.85 亿美元的罚款，而是丑闻本身对其多年经营的信誉和企业形象的侵蚀。

从市场反应上看，仅 2016 年 9 月 8 日到 10 月 13 日短短一个月左右的时间，富国银行的市场价值缩水了 1.3%（约 200 亿美元）。[2]2016 年 10 月 4 日，惠誉对富国银行的评级展望由原来的“稳定”下调至了“负面”。[3]除此之外，加利福尼亚州宣布未来 12 个月暂停投资富国银行的证券，伊利诺伊州、芝加哥和西雅图等地政府也表示将限制与富国银行的业务关系作为对其欺骗行为的制裁。

与此同时，其他监管机构也开始怀疑这个银行界的“优等生”是否还有其他不为人知的不良行为。美国劳工部、美国证券交易委员会、各州检方、参众两院相继宣布已启动了对富国银行的调查。

丑闻曝出后，为了向公众证明问题已经得到了控制，富国银行对外公布了许多补救计划和改善计划。富国银行已经聘请了独立咨询机构对 2011 年以来开立的所有账户进行核查来寻找未授权账户，并向 115，000 名客户返还了共计 260 万美元的相关费用。另外，富国银行还废除了产品销售目标政策，也对支行的激励机制进行了调整，使其更注重为客户提供服务而不是实现交叉销售。除此之外，富国银行还重新设计了开户审核程序、员工培训计划和风控机制来防止雇员从事不良销售行为。[4]

---

〔1〕 如上所述，富国银行承诺根据调查结果向未经许可开设账户的客户至少退还 250 万美元的相关费用，同时，还将向 1% 的被调查账户给予平均每户 25 美元的补偿。

〔2〕 数据来源于 Wall street journal 股票走势图。

〔3〕 参见张兴荣、熊启跃：《富国银行罚款案的原因及启示》，载《清华金融评论》2016 年第 12 期。

〔4〕 See Brian Tayan，“The Wells Fargo Cross-Selling Scandal”，Harvard Law School Forum on Corporate Governance and Financial Regulation，https://corpgov.law.harvard.edu/2016/12/19/the-wells-fargo-cross-selling-scandal/，最后访问日期：2016 年 12 月 26 日。

另外，虽然富国银行高层始终否认其在企业管理上存在过错，但在参众两院主持的调查听证会后，富国银行董事会分别向CEO斯顿夫（John Stumpf）和COO蒂莫西（Timothy J. Sloan）追讨了4100万美元和1900万美元的薪资待遇，并且决定两人不能享有2016年的分红。斯顿夫是史上被收回薪资的最多的CEO，两周后（10月12日），他自愿卸任并承诺在相关监管机构调查期间不会出售其所持有的公司股份。

六、监管机构的"失职"与监管权的争夺

对富国银行来说，这段丑闻将成为其发展历史上无法抹去的污点。但事实上，从客户投诉情况上看，富国银行并不是从事违法交叉销售行为最严重的银行。〔1〕可以说，如何平衡商业利益和客户权益或是公共利益之间的矛盾、如何建立有效的内部控制和风险管理制度是几乎所有金融机构都会面临的问题。一方面，银行具有很强的外部性；另一方面，"金融行业具有内在的野性"。这或许是强调市场自我规制的美国选择以森严壁垒的监管来维护银行业健康发展的原因。

美国对银行和银行业的监管体系由多方监管者组成。对于同一违法行为，不同监管者可以从各自的角度进行调查并分别在职权范围内采取强制措施。本案中，州层面的洛杉矶市检察官办公室和联邦层面的CFPB以及OCC都可以对富国银行的不良销售行为进行监管，这是美国在银行和银行业监管方面实行严密的多层次多结构监管体系的结果。然而，富国银行丑闻却向公众暴露了美国在历经几番改革形成的金融监管体系依旧存在许多问题。

首先，重重监管并未将银行的不良销售行为扼杀在摇篮之中。尽管OCC主审计官在接受参议院质询时表示OCC在监管银行销售行为方面做出了诸多努力，CFPB方面也多次强调其始终致力于保护金融消费者。但单从结果来看，监管机构确实存在"失职"。

从OCC主审计官的陈词中可以得知，OCC从2011年开始便注意到富国

〔1〕 由CFPB运行的投诉数据显示，2015年1月1日至2016年9月20日，以每10亿美元存款印发的银行账户管理行为投诉来计算，富国银行为1.3起，花旗集团为1.8起，美国银行为1.7起，摩根大通为1.1起。

银行存在违法销售行为。[1]同样，由 CFPB 运行的投诉数据库也向监管机构警示了美国银行业界可能存在较为普遍的违法交叉销售情况。[2]然而，在监管机构知晓银行在运营中存在不良行为的情况下，富国银行的违法销售行为仍持续了 5 年之久，不禁让民众怀疑美国银行业外部监督的成效。

监管成效不良有多方面原因。除了 CFPB 等监管机构可能因资源投入有限而难以发挥应有功能、监管机构未予以足够重视等原因之外，监管成效还受制于监管措施的执行情况。事实上，OCC 从 2012 年开始多次对富国银行的违法销售行为采取了强制措施，但这些措施对富国银行来说无异于隔靴搔痒。直至此次因美国大选两党为争取选票而将此事件大肆渲染并产生了较大的负面影响后，富国银行董事会才真正积极配合监管机构的调查并主动变革其内部管理制度以应对舆情危机。

除此之外，本案还暴露了美国金融监管体系过于混杂的问题。由于美国监管部门的权限划分有多种角度，各个监管机构的监管依据和角度虽不同，但在实际操作中却很容易发生监管重合甚至是监管权互相竞争的情况。[3]在本案例中，三个监管机构的执法依据虽不同，但从总体上看都对富国银行提出了停止不良销售行为并改善内部管理以及支付赔偿的要求。在督促银行改善内部管理方面，OCC 与 CFPB 的监管职责相关并且有所交叉。根据市检察官办公室与富国银行的和解协议，具体的风险防范计划应由 CFPB 以同意执行令的方式提出详细要求，CFPB 也将是唯一能够督促富国银行执行和解协议中相关风险防范约定的机构。但实际上，本案中真正提出并督促富国银行

〔1〕 参见 OCC 审计官陈词，载 OCC 官网：https://www.occ.gov/news-issuances/news-releases/2016/nr-occ-2016-115.html，最后访问日期：2017 年 2 月 22 日。

〔2〕 由 CFPB 运行的投诉数据库显示，2015 年 1 月 1 日 ~ 2016 年 9 月 20 日，以每 10 亿美元存款引发的银行账户管理行为投诉来计算，富国银行为 1.3 起，花旗集团为 1.8 起，美国银行为 1.7 起，摩根大通为 1.1 起。

〔3〕 虽然美国根据银行的性质划分了首要监管者（比如，联邦商业银行的首要监管者是 OCC，州立美联储和非美联储银行的首要监管者分别是美联储和联邦存款保险公司），但是根据银行从事商业活动行为的性质又有相应的首要监管者。因此，在监管实践中经常出现多头监管的情形。

执行详细的重构风险管理机制以及雇员不良销售行为监测与预警机制要求的却是OCC。

州层面和联邦层面以及各个监管机构之间对于监管权争夺并非一朝一夕。尽管各个监管部门于2012年便签署了跨部门协同监管谅解备忘录，2016年6月，OCC和CFPB也联合公布了10套合作原则，表示双方将在联合工作中保持信息共享和公开交流，并在尊重各自的目标和职责的前提下协调工作方法，但从本案中可以看到，美国金融业监管机构之间的监管权之争依旧在进行着。

窥一斑而知全豹，即便金融监管制度成熟如美国，其“标杆式”银行依旧存在严重侵害金融消费者权益的问题。美国银行业不缺少行为准则，但当下美国依旧需要探索如何通过监管机构来确保金融机构在既定的规则框架内实现其商业目的。在此次事件发酵的过程中，产生了诸如进一步完善高管薪酬追回（Claw back）方案、强调银行高管的个人责任，以及加速完成拖延已久的关于银行高管报酬的规则等加强金融监管威慑力的呼声。[1]这场负面影响严重的丑闻或将成为推动美国金融监管改革的重要事件。

---

〔1〕 参见张兴荣、熊启跃：《富国银行罚款案的原因及启示》，载《清华金融评论》2016年第12期。

图书在版编目(CIP)数据

法律与新金融. 2017年. 第1辑 / 彭冰主编. -- 北京：法律出版社，2018
ISBN 978-7-5197-2346-0

Ⅰ. ①法… Ⅱ. ①彭… Ⅲ. ①金融法—研究—中国 Ⅳ. ①D922.280.4

中国版本图书馆CIP数据核字（2018）第131830号

法律与新金融 2017年第1辑
FALÜ YU XINJINRONG 2017 NIAN DI 1 JI

彭 冰 主编

策划编辑 高 山
责任编辑 王 珊
装帧设计 贾丹丹

出版 法律出版社
总发行 中国法律图书有限公司
经销 新华书店
印刷 固安华明印业有限公司
责任校对 王晓萍
责任印制 陶 松

编辑统筹 学术·对外出版分社
开本 720毫米×960毫米 1/16
印张 17.5
字数 246千
版本 2018年8月第1版
印次 2018年8月第1次印刷

法律出版社/北京市丰台区莲花池西里7号(100073)
网址/www.lawpress.com.cn
投稿邮箱/info@lawpress.com.cn
举报维权邮箱/jbwq@lawpress.com.cn
销售热线/010-63939792
咨询电话/010-63939796

中国法律图书有限公司/北京市丰台区莲花池西里7号(100073)
全国各地中法图分、子公司销售电话：
统一销售客服/400-660-6393
第一法律书店/010-63939781/9782
西安分公司/029-85330678
重庆分公司/023-67453036
上海分公司/021-62071639/1636
深圳分公司/0755-83072995

书号: ISBN 978-7-5197-2346-0
定价: 59.00元